U0653708

我国上市公司分拆上市
法律制度研究

徐　聪　著

上海交通大學出版社

SHANGHAI JIAO TONG UNIVERSITY PRESS

内容提要

　　本书在对上市公司分拆上市利弊分析的基础上,较为全面地介绍了主要发达国家和我国台湾、香港地区上市公司分拆上市的基本情况、法律法规和实践情况,比较分析了这些国家和地区上市公司分拆上市的基本特点;论述了我国上市公司分拆上市的法律关系及分拆上市的形式要件和实质要件;厘清了我国上市公司分拆上市的路径和内外部程序;重点探讨了我国上市公司分拆上市所涉及的股东、债权人及公司员工的权益保护;提出了我国上市公司分拆上市在立法、司法和监管层面具体制度构建的建议。本书适合相关专业人士阅读。

图书在版编目(CIP)数据

我国上市公司分拆上市法律制度研究/ 徐聪著. ——
上海: 上海交通大学出版社,2019
ISBN 978 - 7 - 313 - 22171 - 1

Ⅰ. ①我… Ⅱ. ①徐… Ⅲ. ①证券法－研究－中国
Ⅳ. ①D922.287.4

中国版本图书馆 CIP 数据核字(2019)第 243022 号

我国上市公司分拆上市法律制度研究
WOGUO SHANGSHI GONGSI FENCHAI SHANGSHI FALV ZHIDU YANJIU

著　　者: 徐　聪
出版发行: 上海交通大学出版社　　　　　　地　　址: 上海市番禺路 951 号
邮政编码: 200030　　　　　　　　　　　　电　　话: 021 - 64071208
印　　制: 上海天地海设计印刷有限公司　　经　　销: 全国新华书店
开　　本: 710 mm×1000 mm　　1/16　　　印　　张: 13.5
字　　数: 243 千字
版　　次: 2019 年 12 月第 1 版　　　　　　印　　次: 2019 年 12 月第 1 次印刷
书　　号: ISBN 978 - 7 - 313 - 22171 - 1
定　　价: 70.00 元

版权所有　侵权必究
告读者: 如发现本书有印装质量问题请与印刷厂质量科联系
联系电话: 021 - 64366274

前序

　　徐聪博士几次邀我为他即将出版的博士论文《我国上市公司分拆上市法律制度研究》作序，我口头允诺，但迟迟未能动笔，一来的确公务在身，各种事务之外很难有闲暇时间；二来本人也不太善于写序，除了为自己的学生，很少给人写序，总觉得自己还不够格。更主要的原因是，本书的作者是我的孩子，为自己的孩子写序，总觉心里有点别扭和不适应。但本书临近出版，出版社催"序"在即，只能仓促提笔一试。但握笔凝神，抚今思昔，竟也心生万千感慨！

　　与作者的博士毕业论文相似，本人1993年的博士论文《人格损害赔偿论》，1996年由上海社会科学院出版社出版，时间一晃如白驹过隙，但往事历历在目：26年前，民商法学专业的博士论文选题，受资本市场和法制环境及条件的限制，可选择课题范围极其狭窄，大多局限于传统民法和传统商法的课题，而类似于分拆上市等资本市场前沿的法律问题选题在当时是想不到，也不敢想。90年代初，我国的资本市场刚刚起步，法律很不健全，《证券法》《公司法》还处于空白阶段，实践中证券发行、上市、交易、结算等制度还较为简单。这样的市场背景，自然使我们那一代的法律人无缘触碰到当今这些复杂、深层次的公司法、证券法问题。所以，从研究和实践的角度而言，本文作者这一代人是幸运的，他们有如此多的机会去研究或者感受资本市场发展过程中的各种开创性的法律问题，并有大量的实践去论证他们的论点并发表他们的见解。

　　作为时代的宠儿，新一代的法律人得益于国家的发展和时代的进步，充分享受着国家和时代发展的红利，在法律研究和实践中尽情地发挥着自己的才能。二十多年来，我们的国家发生了翻天覆地的变化，从计划经济到商品经济，GDP持续增长，经济业态突飞猛进，改革与创新层出不穷！精彩纷呈的经济形势，势必也带来了大量尖锐而复杂的法律问题，民商法的研究领域，自然也就有了丰富的源头活水。同样资本市场的法律研究也得益于我国资本市场的高速发展，二十多年来，我国的资本市场从无到有、从小到大,时至今日,已成为全球第二大资本市场。市场化、法制化、国际化的建设使得资本市场法律体系日渐健全,法制创新层出不穷。日新月异的资本市场发展,为法学研究提供了巨大的发展空间。近年来,无论是在证券法领域,还是公司法领域;无论是现货市场还是衍生品市场;无论是研究资本市场的宏观法治现象还是研究微观法律问题;无论是法治理论的阐述还是法律实证研究,都是百花齐放、一片生机盎然。

作为长期扎根资本市场的从业者与研究者,客观审阅《我国上市公司分拆上市法律制度研究》这本论著,我认为有三个较为鲜明的特点:

其一,论著具有较强的前瞻性。作者在三年前将我国上市公司分拆上市法律问题作为博士研究课题,是具有较强前瞻意识的。当时,国内的资本市场对于上市公司的分拆上市还是一片空白,国内上市公司境外分拆上市也为数不多,涉及到上市公司分拆上市的法律规定和法律研究,更是寥寥无几。但作者敏锐地意识到,分拆上市必将成为我国资本市场上市公司资源配置、优化组合、做大做强的一种重要工具,从而对这一问题作潜心研究。可以说,这样的选题无疑具有相当的创新性和较强的现实意义。事实上,2018 年 11 月 5 日,习近平总书记在首届中国进出口博览会上宣布在上海证券交易所设立科创板并试行注册制。2019 年 1 月 30 日,中国证监会明确了在上海证券交易所设立科创板"达到一定规模的上市公司,可以依法分拆其业务独立、符合条件的子公司在科创板上市",首次明确了我国资本市场可以实行上市公司分拆上市。2019 年 8 月 23 日,中国证监会进一步公布了《上市公司分拆所属子公司境内上市试点若干规定》征求意见稿,向全社会公开征求意见。《若干规定》主要对上市公司分拆上市试点的条件、分拆上市的流程和对分拆上市行为的监管做了规定,上市公司国内分拆上市即将进入到实际操作阶段。《我国上市公司分拆上市法律制度研究》就我国上市公司分拆上市进行专门的研究,恰逢其时,其前瞻性是不言而喻的。

其二,论著具有较强的系统性和较深的理论意义。论著是国内首次对我国上市公司分拆上市以法律关系为原点进行系统深入的论述。作者提出了上市公司分拆上市的概念、内涵和外延、特征,对国内外上市公司分拆上市的相关规定进行比较分析,梳理了上市公司分拆上市法律关系的主体、内容和客体,分析了我国上市公司分拆上市的路径、实体和程序,包括上市公司分拆上市的形式要件和实质要件,上市公司分拆上市的股东、债权人和相关主体的法律保护,并对上市公司分拆上市立法、司法和监管的制度构建进行了探讨。从章与章之间以及章节之间的关联性和逻辑性来看,论著对上市公司分拆上市课题的研究基本上形成了较为完整的体系。从目前已经查阅的相关研究成果看,我国学者研究和重视的绝大多数是公司的合并,对上市公司并购重组的研究较为系统和深入,研究的文章多,内容也很丰富。对于公司分立的研究较为有限,对公司分拆研究的就更少,且将公司的分立和分拆大多混为一谈。即使有所研究,所研究的问题大多泛泛而谈,立足的也多半是对公司分立的探讨,由于具体案例不多,相关法律也不健全,涉及上市公司分拆上市的研究,介绍国外情况的多,国内情况探讨的少。我国上市公司分拆上市的理论性研究不足、深度不够,而论著无疑对改变此研究现状,做出了自己的贡献。

其三,论著具有较强的实践性。我国上市公司分拆上市所涉及的问题相当复杂,牵涉众多的当事人且利害关系重大。一方面如何进行分拆上市、采用什么样的方式分拆上市,如何处理好分拆上市过程中所涉及的种种法律关系,满足分拆上市的条件和要求,设计好分拆上市的路径对于分拆上市的相关方至关重要;另一方面,在分拆上市的过程中,上市公司的大股东、控股股东、实际控制人、内部管理人等,出于自身利益的考虑,有可能利用优势地位滥用权力、利益输送、关联交易、内幕交易、炒作市场、操纵股价、转移资产、掏空公司等损害中小股东和利益相关者的合法权益。因此加强分拆上市的监管,防止违法违规也是我国上市公司分拆上市必须解决的问题。我国资本市场有3000多家上市公司,其中许多上市公司的体量相当庞大,且存在主要业务和经营多头并行、发展势头都好的情况。有的公司虽未形成主营并行,但公司的某一业务和经营颇具特色,具有一定的独立性,发展前景也很好,需要扩大发展或单独发展。因而在实践中,这些上市公司具有将其下属公司或者相关业务分拆上市的强烈需求。上述问题如果不很好的加以解决,我国上市公司分拆上市的实践中就会遇到问题。但是,目前无论法律还是监管政策,国内分拆上市规定的并不十分明确,境外分拆上市的法律、监管规定也非常简单。虽然中国证监会已经公布征求意见稿,但总体上还比较简单,且国内目前并无在上海证券交易所科创板分拆上市的实践。因此,研究我国上市公司分拆上市,明晰相关基本法律规范和重大问题,对满足上市公司分拆上市的需求,完善我国上市公司分拆上市法律制度和监管政策,对我国上市公司分拆上市具有较大的实践意义。

当然,论著也存在一些可提高及改进之处,还需作者虚心向学,悉心修正。学无止境,研究有不足才有动力,人生也因缺憾而更趋完美!作者刚届而立,年轻本身就是赤诚坦荡,豪情满怀,能够激起无限的追求和向往!希望徐聪博士潜心笃志,不断努力,砥砺前行!

徐　明

2019.10.15

Contents

目录

绪　论

第一节　选题的来源、研究对象与研究意义

一、选题的来源

选题最初起源于笔者从事投行工作实践中所接触到的大量的并购重组业务。在这些业务中，上市公司出于结构调整、转型和产业升级需要进行资源整合，利用资本市场收购兼并、资产重组。并购重组对上市公司的发展和做大做强起到了积极的作用。尤其是近年来，在 IPO 发审趋缓、趋严的情况下，利用资本市场并购重组使优质企业能够进入资本市场，实现上市更具有现实的意义。但在实践中，笔者发现现有的上市公司也有许多公司存在多头经营、双主业经营或公司某一块业务具有较强独立性的情况。有的上市公司提出了将公司的相关业务分离出去，再行上市的愿望。但这些上市公司苦于不知法律是否允许分拆上市、分拆上市政策有哪些，也不知如何操作分拆上市。这一现象及问题引起了笔者的注意和兴趣。就我国上市公司的分拆上市问题，笔者进行了资料收集和初步研究，发现目前我国资本市场有关上市公司分拆上市，法律上几乎空白，大量的是有关上市公司收购兼并的规定；在监管政策上同样规定得不多。有关上市公司分拆上市相关政策的内容相当简单。中国证监会仅在 2004 年颁布了《关于规范境内上市公司所属企业到境外上市有关问题的通知》，实际上是认可了境内上市公司所属企业到境外资本市场分拆上市，对境内上市公司的下属企业境外分拆上市作出了规定，但该规定只有 8 条，内容十分简单。2019 年 1 月 30 日，中国证监会发布了《关于在上海证券交易所设立科创板并试点注册制的实施意见（征求意见稿）》和《科创板上市公司持续监管办法（试行）（征求意见稿）》分别在（十五）"建立高效的并购重组机制"和第 33 条规

定达到一定规模的上市公司,可以依法分拆其业务独立、符合条件的子公司在科创板上市。但中国证监会对国内上市公司分拆到国内市场上市并没有明确、具体的规定。实践中虽然有上市公司分拆上市的案例,但相对并购重组,这样的案例显得微不足道,且大多是境内上市公司分拆下属企业到境外上市,主要是到香港证券市场上市。

目前,我国上市公司分拆子公司上市主要有以下三种情况:一是上市公司分拆子公司境内 A 股上市。国内上市公司分拆子公司在境内 A 股 IPO 的成功案例很少,大部分系通过股权转让或增资等方式间接实现分拆上市,如康恩贝分拆佐力药业创业板上市、轻纺城分拆会稽山主板上市、外高桥分拆畅联股份主板上市等。二是上市公司分拆子公司到新三板挂牌。国内上市公司分拆子公司在新三板挂牌目前基本没有法律和监管障碍,实践中也有一些案例,如中科曙光分拆曙光节能新三板挂牌、海通证券分拆海通期货新三板挂牌、徐工机械分拆徐工信息新三板挂牌等。三是上市公司分拆子公司到境外发行并上市。国内上市公司分拆子公司到境外包括到香港发行上市的相关法律法规相对成熟,案例相对较多,基本上采取两种模式:一是采用 H 股模式。境内上市公司分拆下属公司到香港市场 H 股上市,如中国铁建分拆子公司铁建装备、同仁堂分拆同仁堂科技、天业股份分拆天业节水、海王生物分拆海王英特龙、同方股份分拆同方泰德、江河集团分拆子公司梁志天设计集团;二是采取红筹模式。境内上市公司分拆下属公司到香港市场以红筹股形式上市,如同仁堂分拆同仁堂国药、同方股份分拆科诺威德香港红筹。除此之外,也有国内上市公司将下属公司分拆到国外上市的情况,如:兖州煤业子公司兖州澳洲在澳大利亚、香港地区双上市,昆仑万维子公司 OperaLimited 在美国纳斯达克上市等。

二、选题的对象

基于我国上市公司分拆上市法律法规和规章制度不够完善,实践中也确有需要,厘清上市公司分拆上市所涉及的基本法律关系和相关重大问题就显得非常重要。笔者以我国上市公司分拆上市的法律问题为基本研究对象,围绕上市公司分拆上市的基本概念、上市公司分拆上市的法律关系、上市公司分拆上市路径和程序、上市公司分拆上市所涉及的中小股东、债权人和其他利害关系人合法权益的保护、上市公司分拆上市的立法、司法和监管的制度构建等展开论述。在界定上市公司分拆上市概念内涵和外延的基础上,重点研究分拆与分立的关系。这是因为,分拆和分立在许多情形下具有极其相似的一面,同时分拆和分立又有不同的一面,两者既有联系也有区别;同时,许多国家的立法也将公司分拆纳入公司分立的范畴,只规定或重点规定公司分立,并不单独规定公司分拆。因此,在研究上市公司分拆上市时关注公司分立就十分必要。

上市公司分拆上市的法律关系是研究上市公司分拆上市最为基本的法律问题,厘清上市公司分拆上市过程中这一法律关系的主体、内容和客体,知晓谁是上市公司分拆上市的当事人、利害关系人,各自拥有什么样的权利义务,上市公司分拆上市中具体分拆什么、上市什么是十分重要的。本书主要对上市公司分拆上市的母公司、子公司及公司股东、董事、监事、高级管理人员等内部关系人,债权人、债务人,公司内部职工等相关主体及他们所具有的在公司法上和证券法上权利义务进行分析;对母子公司资产的分离,分拆后的发行和上市的股票等进行了研究。

分拆上市的路径和程序是我国上市公司分拆上市不可或缺的内容。分拆上市采取什么样的模式,国内上市公司在境内上市还是在境外上市? 在境内上市是到证券交易所上市还是到全国性证券交易场所上市,到香港地区上市还是到外国上市? 在上市公司分拆上市的程序上,上市公司在分拆上市过程中要履行何种内部程序,又要履行什么样的外部程序? 这些问题都是本书的研究对象,应加以剖析。

上市公司分拆上市涉及的问题相当复杂,涉及较多的相关当事人。在上市公司分拆上市过程中,上市公司大股东、控股股东、实际控制人、内部管理人作为强势的一方,出于自身利益的考虑,有可能存在权利滥用、利益输送、关联交易、内幕交易、市场炒作、操纵股价、转移资产掏空上市公司等一系列违法违规行为,损害中小股东、债权人、公司员工的利益。分拆上市中保护中小股东、债权人、公司员工等利害关系人的方式方法应该是多种多样的。在上市公司分拆上市的法律和监管制度上可以多措并举,多方位关注分拆上市中他们的权益保护问题,比如:特别关注上市公司分拆上市的资格条件,给上市公司分拆上市设置一定的门槛;特别关注上市公司分拆上市的程序正义,给予相关利益者主张权利的机会;建立类别股东表决制度;发挥独立董事和相关专家作用;实施异议股东现金选择权,即异议股东股份回购请求权;关注上市公司分拆上市的信息披露,阳光操作分拆上市;关注上市公司大股东、董事、经理人的信义义务;关注弱势相关利益者的其他权利,比如中小股东在公司法上的表决权、提案权、质询权、知情权等,债权人在合同法上的权利、公司员工在劳动法上的权利以及上述利害关系人在民法上的损害赔偿等方面的权利。此外,还应加强对违法违规的监管力度。建立具体的监管措施和处罚措施,加强事中事后监管[①]。笔者认为在这些办法和措施中,中小股东的分类表决机制和异议

---

① 陈洁、徐聪:《上市公司分拆上市的利弊分析及监管要点》,《证券法苑》2017 年第 19 卷,第 42—47 页。

股东回购请求权、债权人的异议制度、连带责任制度,公司员工的劳动合同的继承权、员工异议权和经济补偿权等极为重要,本书详细论述了上述制度。

结合我国上市公司分拆上市的实际情况,在研究我国上市公司分拆上市的基本法律制度和重大问题后,最为关键的是如何构建我国上市公司的相关制度,以使我国上市公司分拆上市能够在制度上和监管上加以落实。本书以三个维度即我国上市分拆上市的立法制度、司法制度和监管制度为对象,提出了在立法上要在公司法、证券法等法律制度上、在规章和自律规则上建立相关制度;在司法上要明确相关原则,建立先行赔偿制度、保护基金制度、行刑责任加重制度、中介机构责任分担制度、公益诉讼和示范判决制度等;在监管上要确定功能监管和差异化监管,确立分拆上市的标准和运作程序,加大利益相关人的保护、强化分拆上市的信息披露,等等。

三、选题的理论和实践意义

从目前已经查阅的相关研究成果看,就上市公司结构调整、资源整合而言,涉及到公司合并和分立两个方面,而我国目前学者所研究和重视的绝大多数是公司的合并,对上市公司并购重组的研究较为系统和深入,研究的文章颇多,内容也相当丰富,而对于公司分立的研究十分有限,对公司分拆研究则更少,且将公司的分立和分拆大多混为一谈。即使有所研究,所研究的问题大多泛泛而谈,立足点也多半是对公司分立的研究。由于国内上市公司分拆上市的具体案例不多,具体的法律法规也不健全,涉及上市公司分拆上市的研究,介绍国外情况的多,研究国内情况的少。因此,对上市公司分拆上市的系统性、理论性研究不多、深度不够,许多问题的研究几乎处于空白状态。研究该问题具有较强的理论意义不言而喻。

研究上市公司分拆上市具有极强的实践意义。截至 2018 年 12 月 31 日,我国资本市场有 3 600 多家上市公司,其中:许多上市公司的体量相当庞大,且存在主要业务和经营多头并行、发展势头均良好的情况;有的公司虽未形成主营并行,但公司的某一业务和经营颇具特色,具有一定的独立性,发展前景也很好,需要扩大发展或单独发展。因而在实践中,这些上市公司具有将其下属公司或者相关业务分拆上市的强烈需求。但是,目前无论法律还是监管政策,对我国上市公司在境内分拆上市都没有具体明确的规定,对赴境外分拆上市在法律和监管上规定的也非常简单。因此,研究我国上市公司分拆上市,明晰相关基本法律规范和政策规定,对满足上市公司分拆上市的需求,完善我国上市公司分拆上市法律法规和监管政策,使我国上市公司分拆上市于法有据、监管明确具有相当的现实意义。

第二节　国内外研究现状及参考文献

目前,总体来看,国内关于我国上市公司分拆上市研究的,论文、报告不多,且不够系统和深入。总体上是学位论文类文章多于杂志期刊类文章,杂志期刊类文章又明显多于专著,国内学者的论文多于国外学者的论文。在学位论文中又以硕士论文居多,博士论文较少,经济类论文多于法律类论文。对于上市公司分拆上市的专著寥寥无几。在整个研究资料中,绝大多数论述的是点的问题,很少涉及面上的整体性问题,也很少系统深入地论述上市公司分拆上市问题。经过梳理,其内容主要有以下几类:

第一类,带有一定的宏观性,涉及到法律问题的研究,如陈振南《上市公司分拆上市法律问题研究》、李娜《上市公司分拆上市的法律思考》、李园园《上市公司分拆上市法律问题研究》;宋燕《我国上市公司分拆上市法律问题研究》、李小娟《分拆上市引发敌意收购风险的法律问题防范》、张玉芳《论分拆上市中小股东权益的法律保护机制》等。

第二类,分拆上市的单个法律问题或单个案例的研究,如凤建军《防御视角下公司分立中的股东权益保护问题研究》、念延辉《我国创业板分拆上市问题探析》、张玉芳《论分拆上市中小股东权益的法律保护机制》、周黎《上市公司分拆上市研究——基于对同仁堂分拆上市的案例分析》、马其家《公司分拆上市中中小股东权益保护研究》、费南瑛《分拆上市对公司绩效的影响——基于康恩贝分拆佐力药业的案例分析》、徐新宇《康恩贝分拆佐力药业案例研究》、李昂《企业分拆上市研究——基于佐力药业和同方泰德的对比研究》、向姗姗《公司分立司法界定法律问题研究——以典型案例进行分析》、季芸的《PE 孵化器模式分拆上市及其影响——基于同方股份的案例分析》、辛思佳《中海油分拆上市中海油服绩效研究》等。

第三类,带有综合性的分拆上市的研究,其中也涉及相关法律问题,如上海证券交易所公司监管一部《上市公司分拆分立专题研究报告》、赵俊《整体上市与分拆上市对上市公司信息披露质量的影响——基于 A 股市场数据的实证研究》、郭海星《分拆上市相关研究综述》、周大巍《整体与分拆上市对股票收益的影响研究——基于中国证券市场的分析》、周程《中央企业整体上市和分拆上市的比较分析》、李卓琳《我国上市公司分拆上市初探》、袁钰菲《上市公司分拆子公司境内上市之研究》等。

第四类,非法律问题的分拆上市问题的研究,如刘永泽《境内上市公司创业板分拆上市的价值创造机制》、毛洪涛《整体上市与分拆上市财务战略研究》、吴丹《上市公司分拆上市财务战略研究》、方重《上市公司分拆挂牌的利弊》、念延辉《上市公司分拆上市的财务效应分析——以康恩贝分拆佐力药业上市为例》、贺丹《上市公司分拆上市的差异性分析》、季爱华《上市公司分拆上市的深层次分析》、张诗华《上市公司分拆上市经济后果研究——来自佐力药业的案例研究》、严洪《上市公司整体上市与分拆上市财务战略研究》、王正斌《我国上市公司分拆行为的分析与思考》、湛泳《我国上市公司分拆上市的市场反应研究——基于东北高速的案例分析》、韩涛《分拆上市在我国的发展与价值创造效应——回顾与思考》等。

第五类是对分拆上市的相关评论，这一类文章学术性不足。如皮海洲的《现阶段不宜提倡分拆上市》；韩春海的《分拆上市：馅饼还是陷阱？》；吴勇毅的《分拆上市——盛宴还是泡沫》；王冉的《分拆上市的是非与价值》；天亮的《分拆上市监管应堵疏相宜》；刘永泽的《境内上市公司创业板分拆上市的价值创造机制》等。

第六类，与分拆上市有关联的涉及公司分立的研究。这类文章较多，涉及法律问题较多，也较为深入，如白慧林《控制权在公司分立中的规制》、彭冰《论公司分立行为的界定》、陈英骅《论公司分立在司法实践中的界定》、张颖杰《论我国公司分立制度之构建和完善》、神作裕之《日本公司法中的公司分立制度》、朱大明《上市公司分立中的法律问题研究》《论我国公司分立制度的现状与改革》、陈英骅《我国公司分立的法律规制》、片星海《试论我国公司分立制度之完善》、周子辉《我国公司分立上市制度完善之我见——从东北高速分立上市引发的思考》、陈敏《我国证券市场应用公司分立制度研究》、陈英骅《公司分立动因论》、蔡姗姗《公司分立若干法律问题研究》、马小菊《公司分立资产负责权益划分方案研究》、车传波《公司分立法律问题探析》、赵立彬《分立、公司治理与市场反应——东北高速公路股份有限公司案例研究》、孟继超《公司分立中债权人利益保护研究》、李晓梅《公司分立与债权人的法律问题研究》、陈国红《公司分立的债权人利益保护研究》等。

就目前收集情况看，境外关于上市公司分拆上市的参考文献并不多。在有关国家的立法、证券监管和自律机构的相关规定中，大多数涉及的是上市公司分立制度，其中少数涉及到对上市公司分拆上市的规定，这些规定较为分散和零星，如：美国证监会《第四公报》、纽约交易所《对关联公司的上市审查标准》、日本公司法关于公司分立的条文，欧盟公司法第六号指令，德国公司改组法关于公司分立的规定、德国交易所法关于上市条件的规定，英国公司法及证券交易所有关分立的相关规定，台湾地区"公司法"、"并购法"关于分割的相关规定以及台湾证券交易所营业细则、上市审查规则的相关规定，香港交易所上市规则第15项应用指引，新加坡交易所关于二次上市的规定，等等。

尽管我国内地资本市场没有对上市公司分拆上市进行详细规定,但在 2019 年 1 月 30 日,中国证监会发布《关于在上海证券交易所设立科创板并试点注册制的实施意见》,在(十五)"建立高效的并购重组机制"中指出"证监会依法批准上交所制定的科创板上市公司并购重组审核标准及规则体系。达到一定规模的上市公司,可以依法分拆其业务独立、符合条件的子公司在科创板上市",可以说是对内地资本市场上市公司分拆上市的首次规定。但这一实施意见相比中国证监会 2004 年颁布的《关于规范境内上市公司所属企业到境外上市有关问题的通知》要简单得多。

第三节　本书研究思路及其他说明

一、研究思路

采取从整体到个别的研究思路。首先,就上市公司分拆上市的基本概念,国内外分拆上市法律法规监管规则的情况,上市公司分拆上市涉及的法律关系,上市公司分拆上市的要件、路径和程序,上市公司分拆上市所涉及的利害关系人合法权益的保护,我国上市公司分拆上市的相关制度构建等,从整体上进行研究;同时也对上市公司分拆上市法律关系、投资者保护及制度构建等重大问题进行了详细的讨论。

本书采取了从一般到重点的研究思路。对每一问题进行了深入讨论,尤其对上市公司分拆上市概念的内涵和外延所涉及的"控制派"和"非控制派"的观点、公司分拆和公司分立的关系进行了剖析;具体而深入地介绍了国内外主要国家和地区分拆上市的相关规定,从公司法、证券法及其他相关法律以及证券监管机构、自律管理机构的有关规定中分析分拆上市的实体和程序方面的规定。在论述分拆上市法律关系时,对涉及的相关内容不但从各相关当事人,还从公司法、证券法、合同法等相关法律的内容来阐述。在论述上市公司分拆上市相关利害关系人合法权益保护时,对各种合法权益在初步讨论的基础上,将重点放在分类表决机制、异议股东回购请求权、债权人异议制度、连带责任制度等对中小股东和债权人保护最为重要的权利等问题上,并对分类表决在国外的相关情况、我国分类表决和类别股东的实践进行了较为详细的论述,对异议股东回购请求权的概念和内涵、异议股东回购请求权的主体、异议股东回购请求权的行使程序、债权人行使异议权的条件及行使异议权的主体、期间、效力,连带责任的主体、内容、期间等进行了深入剖析。

本书采取了从表象到本质的研究思路。对各主要国家和地区的公司法、证券法以及相关部门规章制度、上市规则等就有关公司分拆规定进行了具体描述,在此基础上,分析、归纳、提炼出美国、英国、日本、中国及台湾、香港地区分拆上市的基本特点,之后更进一步将分拆上市的规则体系、实体和程序、分拆上市的独立性和公平性等加以分析、比较借鉴。

二、研究难点

一是目前无论是国内还是国外,涉及上市公司分拆上市的编著不多,有关这方面的法律法规也显得很不足,尤其是我国目前对上市公司分拆上市几乎没有法律规定。由是,笔者无法收集较为丰富的资料。境外尽管对公司分拆有所规定,但理论性文章并不多。在此情况下,笔者阐述我国上市公司分拆上市的基本法律问题就变得十分困难。尤其是在分析上市公司分拆上市时,要特别注意其与上市公司分立上市的区别,避免写成与上市公司分立上市相同的内容。

二是对上市公司分拆上市的研究较难系统性。目前对上市公司分拆上市的研究较为零散,且大多是研究某一点问题,很少从整体上系统性研究上市公司分拆上市,尤其缺少对我国上市公司分拆上市所涉及到的重大法律问题进行讨论和研究。笔者只能在对已有的零星研究中或者某一方面的研究中,进行筛选梳理上市公司分拆上市所涉及的相关法律问题,加以系统化和体系化,深化分拆上市公司的重大法律问题,并提出相关建议和措施,形成我国上市公司分拆上市的制度性构建。

三、研究创新点

一是系统性。首次系统深入地对我国上市公司分拆上市进行了研究和分析,试图在此方面有所突破。笔者从分拆上市的概念入手,阐述了分拆上市的内涵和外延,讨论了分拆上市和分立上市的相似性和差异性,分析了分拆上市的利弊得失,较为完整地介绍了国内外分拆上市的相关法律规范和制度,并加以比较,总结分拆上市涉及的独立性、公平性等方面的基本特点和相关共性,为我国上市公司分拆上市提供有益借鉴。笔者对分拆上市所涉及的基本法律关系进行了较为详细的论述,分析了分拆上市所涉及的法律关系的主体、内容和客体;分拆上市的要件和程序,对分拆上市的形式性要件、实质性要件,分拆上市的路径,内部程序和外部程序进行了讨论;对分拆上市中所涉及的利益相关者包括中小股东、债权人和其他利益相关者合法权益的保护进行了较为详细的论述。总体上看,本书基本上形成了较为完成的体系,章与章之间以及章节之间有一定的关联性,相对而言较为系统和完整。这是目前上市公司分拆上市的相关论著所缺乏的。

二是制度构建。对我国上市公司分拆上市制度进行构建。由于我国目前在上市公司分拆上市方面尚缺乏相关法律规范,而实践中上市公司分拆上市又迫切需要。为此,建立相关制度就显得极为重要。本书在分析上市公司分拆上市的若干重大问题后,就我国上市公司分拆上市的制度构建从立法、司法和监管等方面进行创建,提出了具体的意见和建议,使我国上市公司分拆上市有法可依、监管有据。

三是权益保护。注重上市公司分拆上市中的相关利益者合法权益的保护。与并购重组一样,上市公司分拆上市涉及到复杂利益关系。由于分拆上市中大股东、控股股东、实际控制人有可能利用自身优势,做出损害中小股东、债权人甚至公司员工的利益,因此,分拆上市过程中如何保护他们的合法权利极为重要。笔者在第五章重点就如何保护相关人合法权益进行较为具体的论述。

四、研究方法

拟采取的研究方法:

(1) 逻辑分析:运用归纳、演绎等法律逻辑分析方法进行研究。

(2) 法理分析:利用法学基础理论、民商法学理论等进行分析。

(3) 比较研究:对立法文本、典型案例等进行比较分析,研究境外相关规则和实践,对我国境内市场相关规则制度有所借鉴。

(4) 案例分析:通过相关案例归纳、总结上市公司分拆上市制度的关键和核心问题,分析典型实践案例,收集必要数据,作为理论研究的重要支撑。

第一章

概　论

第一节　分拆上市的概念与内涵

一、"控制派"与"非控制派"

（一）关于两派观点的论述

何谓分拆上市，国内外学者对其内涵理解多有不同，概念较多，并不统一。例如，"分拆上市通常指上市公司运用具有独立盈利能力、稍加整合就具有上市资格的部分业务或者经营单位，独立上市的过程和结果"；[1]"分拆上市是指上市公司将其部分资产，或者其以风险投资形式控股的企业进行改造，实现上市的一种资本运作方式"；[2]"分拆上市是指上市母公司通过将其在子公司中所拥有的股份，按比例分配给现有母公司的股东，从而在法律上和组织上将子公司的经营从母公司的经营中分离出去并推动其上市，这时便有两家独立的（最初的）股份比例相同的上市公司存在"；[3]"分拆上市是一个源于资本市场的话语，通常指一个上市公司将其部分资产、业务或者某个子公司独立出来，另行公开招股上市，子公司上市后，母公司仍然占有相对控股或者绝对控股地位"；[4]"分拆上市是指上市公司作为分拆公司的控股股东，后者作为从控股关系转变为参股关系的股东，将分拆公司的股份出售给社会公众，使分拆的公司作为独立的法律实体单独上市，在证券市场上公开发行

---

① 李园园：《上市公司分拆上市法律问题研究》，《证券市场导报》2009 年 3 月号，第 16 页。
② 念延辉：《我国创业板分拆上市问题探究》，《现代经济信息》2010 年第 16 期，第 89 页。
③ 毛蕴诗、许倩：《范围紧缩为特征的公司重构与我国企业战略重组》，《管理世界》2000 年第 5 期。
④ 王彦明、傅穹：《论公司转投资及其立法完善》，《吉林大学社会科学学报》1997 年第 5 期。

股票的一种资本运作方式";① "分拆上市是指上市公司通过一系列资本运作分割出旗下部分资产、业务或者子公司,并作为发起人另行组建一个新的股份有限公司,而后到境外资本市场公开上市的资本运营行为。通常情况下,分拆上市完成后,原上市公司是新上市公司的发起人身份的控股股东,两个上市公司之间是母子公司关系";② "上市公司分拆是指上市公司将其部分业务或者某个控股子公司相对独立出来,另行公开募集股份并上市的行为,子公司公开募集股份上市后,母公司继续保持对子公司控股或者实际控制人地位"。③ 国外学者对此有不同定义,有的认为上市公司分拆上市是"为母公司完全所有的子公司首次向投资者公开募股的行为"④;有的认为上市公司分拆是"母公司将完全所有的子公司部分或全部出售给公众"。⑤

上述观点尽管表述不一,但存在一定的共性,即均认可上市公司分拆是将原来的上市公司(分拆公司)的一部分拆解后形成新的股份公司(继受公司),公开发售股份并上市,使分拆公司和继受公司同时变成上市公司。在此前提下,对上市公司分拆又有不同的观点,在两个上市公司彼此的关联性上,形成两派不同的看法。一派是"非控制说":认为分拆公司将其财产分拆出去形成继受公司,其所发行的股份除了公众认购的外,其余的由继受公司按比例转移给分拆公司的股东。其强调的是公司的财产(股份)转移给分拆公司的股东,而分拆公司和继受公司彼此之间相互独立,不再具有控制与被控制的母子式的关联关系。另一派是"控制说":认为尽管分拆公司将其财产分拆出去形成新的继受公司,继受公司公开发行股票并上市,但分拆公司仍然对继受公司具有控制性,在股权关系上成为分拆出去的新上市公司控股股东,使分拆公司和继受公司彼此之间为实际上的"母子公司关系"。

(二)对两派观点的评析

笔者赞同"控制派"观点。"非控制派"的观点并不是上市公司分拆,实际上是上市公司的分立。

在公司分立的理论中,公司分立有多种类型,可按照不同标准进行划分,其中唯一共同的因素就是分立公司转移全部或者部分资产给继受公司,继受公司以其股权支付资产转移对价。以继受公司的股权是支付给分立公司还是分立公司的股东,公司分立可以区分为物的分立与人的分立,也可分别称为分社型公司分立和分

---

① 张玉芳:《论分拆上市中小股东权益的法律保护机制》,对外经贸大学 2011 年硕士论文,第 4 页。
② 宋燕:《我国上市公司分拆上市法律问题研究》,吉林大学 2010 年硕士论文,第 4 页。
③ 参见上海证券交易所《上市公司分拆分立专题研究报告》,2013 年 8 月。
④ Shipper and Fmith. A comparison of equity carveouts and seasoned equity offerings: share price effects and corporate restructuring [J]. Journal of Financial Economics, 1986, 15(1/2): 153 - 186.
⑤ Vijh. long-term retunms from equtycarveouts [J]. Joural of Financial Economics, 1999, (51): 111 - 133.

割型公司分立。① 物的分立是指分立公司将营业或者财产转移给另一公司,同时分立公司取得继受公司所发行的股份,以为对价。因此,物的分立的后果是分立公司因为分立成为继受公司的股东。人的分立则是指在分立时继受公司的股权被直接分配给分立公司的股东。② 尽管以公司分立的资产转移的对象的不同,各国的立法例采取了物、人分立的两分法,但物的分立是否构成真正意义上的公司分立是值得探究的。

从具有公司分立立法的国家看,大体分为两种模式,即法国模式和德国模式。

在法国模式下,针对公司分立立法考虑到继受公司是新设公司还是既存公司会导致不同的分立程序,主要将公司分立分为纯粹分立(吸收分立)和分立合并(新设合并)。在一般情况下,分立公司本身应当在分立之后消灭,因此,继受公司所支付的股权对价当然会直接分配给分立公司的股东,现实的是人的分立。但法国模式在分立公司仍然存在的情况下,并不完全排除物的分立,将其称之为不完全分立。法国《商业公司法》第387条允许其当事人选择适用公司分立的程序,对于不完全分立公司所取得的继受公司股份,允许其选择由分立公司持有还是直接分配给分立公司的股东,③但这种情况未直接规定在公司分立的类型中。④ 可见,法国模式将人的分立作为公司分立的主流,并在不完全分立的情况下将物的分立作为当事人的选项加以补充。

德国模式则以公司分立是否存续为主要标准,并辅之以继受公司的股份是否交付给分立公司的股东为标准,将公司分立分为三种类型:⑤一是分裂式分立,即一般所说的消灭分立,原公司消失,其财产被分给多个公司,原公司的股东获得存续公司的股份;二是分割式分立,即转移财产的公司仍然存在,接受财产的公司将股份交付给转移财产公司的股东;三是派生式分立,这种类型与分割式分立一样,但区别是由此产生的股份不是提供给转移财产的法律主体的股份所有人,而是转移财产的法律主体的本身(即从一个公司分出一个母公司和一个子公司)。三种类型中前两种认可了人的分立,后一种认可了物的分立。

由上可以看出,尽管物的分立并没有直接排除在公司分立概念之外,但物的分立较之于人的分立对于公司分立并非主流,因此,"有些人才会认为公司分立就应当只包括人的分立这一种类型"。⑥

---

① 王志诚:《企业组织重组法制》,北京大学出版社2008年版,第75—76页。
② 彭冰:《论公司分立行为的界定》,黄红元、徐明主编:《证券法苑》2013年第9卷,第630页。
③ 柯芳枝:《法国公司法上公司分割制度之研究》,《公司法专题研究》,台湾自刊1976年。
④ 彭冰:《论公司分立行为的界定》,黄红元、徐明主编:《证券法苑(2013)》第9卷,第630页。
⑤ 格茨·怀特、克里斯蒂娜·温德比西勒著:《德国公司法》,殷盛译,法律出版社2010年版,第727页。
⑥ 彭冰:《论公司分立行为的界定》,黄红元、徐明主编:《证券法苑》(2013)第9卷,第630页。

我国现行《公司法》《证券法》对上市公司分拆没有做出明确的界定。我国1994 年《公司法》第 7 章只对公司分立制度进行了专门规定,[①]但并没有对公司分立进行定义,没有对公司分立的构成要件进行规定,更没有对上市公司分拆上市进行规定。2005 年修订后的《公司法》仍然如此。但在部门规章层面,对上市公司分拆却有所涉及,实践中也有诸多上市公司分拆案例。[②] 2004 年 8 月 20 日,中国证监会颁布《关于规范境内上市公司所属企业到境外上市的有关问题的通知》(简称《通知》)对上市公司分拆有所规定,指出"上市公司所属企业到境外上市,是指上市公司有控制权的所属企业到境外证券市场公开发行股票并上市的行为"。[③] 虽然该《通知》没有提出上市公司分拆上市的确切定义,但从该通知的具体内容看,所指事项具备了上市公司分拆上市的具体特征和内涵,一般认为这是我国关于上市公司分拆上市的首个部门规章。2009 年,财政部、国家税务总局联合颁布《关于企业重组业务企业所得税处理若干问题的通知》[财税(2009)59 号],对公司分立及其股东获得对价从征税的角度作了规定。依照这个规定,从另一个角度似乎可以推定我国公司分立中的对价应该支付给分立公司的股东,[④]确定了公司分立只是人的分立。进而可以认定,我国的部门规章间接认可了上市公司"物的分立"实际上是上市公司分拆,那种根据该《通知》的规定"推测我国公司分立中的对价可以支付给分立公司,也可以支付给分立公司的股东"[⑤]是对该《通知》的误解。

之所以要厘清上市公司分拆的概念和内涵,是因为学界对这一概念和内涵的含糊不清和实践中的混乱适用,常将上市公司分拆上市和上市公司分立上市混为

---

① 《公司法》第 175 条规定:"公司分立,其财产作相应的分割。公司分立,应当编制资产负债表及财产清单。公司应当自作出分立决议之日起十日内通知债权人,并于三十日内在报纸上公告";第 176 条规定:"公司分立前的债务由分立后的公司承担连带责任。但是,公司在分立前与债权人就债务清偿达成的书面协议另有约定的除外。"

② 我国上市公司分拆上市始于 2000 年,该年即有境内主板上市公司青岛天桥和同仁堂,分别分拆下属子公司青岛环宇公司和同仁堂科技公司到香港上市。随后几年,又有托普软件、TCL 集团、新疆天业、海王生物、友谊股份、华联控股等 8 家公司将自己的控股子公司分拆至香港创业板上市。A 股上市公司分拆上市在境内 IPO 上市的成功案例极少。目前,具有分拆上市特征的案例主要是通过资产重组实现的,比如浙大网新参与浙江海纳的股改,将其部分业务借壳浙江海纳,实现了子公司网新机电的分拆上市;同方股份收购晶源电子分拆上市。主板上市公司康恩贝的子公司佐力药业于 2012 年 2 月成功在创业板上市,市场普遍认为这是境内在创业板分拆上市的首例。但康恩贝经过 IPO 前的股权调整,仅是佐力药业的第二大股东,不具有控制权,并非严格意义上的分拆上市。

③ 中国证监会:《关于规范境内上市公司所属企业到境外上市有关问题的通知》,证监发(2004)67 号文件。

④ 《关于企业重组业务企业所得税处理若干问题的通知》[财税(2009)59 号]第 1 条(六)规定企业"分立,是指一家企业(以下称为被分立企业)将部分资产或全部资产分离转让给现存或新设的企业(以下称为分立企业),被分立企业股东换取分立企业的股权或非股权支付,实现企业的依法分立"。第 4 条(五)企业分立,当事各方应按下列规定处理:第三项规定:"被分立企业继续存在时,其股东取得的对价应视同被分立企业分配进行处理。"

⑤ 朱大明:《分立公司方式的构建与选择——以中日公司法比较为中心》,《清华法学》2015 年第 5 期,第 27 页。

一谈。[①] 有的将上市公司分立上市当成上市公司分拆上市;[②]有的将上市公司分拆上市当成上市公司分立上市;[③]有的将上市公司分立上市包含在上市公司分拆中;[④]有的将上市公司分拆包含在上市公司分立上市中。[⑤]

二、分拆上市与分立上市的差异

其实,上市公司分拆上市和上市公司分立上市的差异是明显的,具体体现在以下几个方面:

(一)股权结构差异

上市公司分拆上市的直接结果是,已上市的母公司对子公司的持股比例虽然有所下降,但仍然保持控股或者实际控制地位。子公司在分拆上市之前是母公司的一个部门或者是下属公司,在上市分拆上市中,子公司的股份会出售给新的股东,母公司在子公司的股份是以母公司法人形式持有的,子公司对母公司转移的资产作为对价所支付的股份给予的是母公司而不是母公司的股东,即所谓的"物的分立",上市公司分拆上市后分拆公司和继受公司彼此之间形成母子公司关系。上市公司分立上市的直接结果是出现两个或两个以上股权结构一致的公司,原公司对分立形成的新公司不具有控制权,即分立后的关系无论是新设分立还是派生分立[⑥]均为兄弟公司。

(二)融资效应差异

上市公司分拆上市一般都是通过子公司 IPO 实现,伴随着融资行为,子公司可以获得新的资金流入。子公司从原来母公司的下属公司变成直接面对公众的上市公司,需要对外披露更多的有关公司经营和发展的信息,子公司的公开募集引进了范围更广的投资者,使得子公司的股东变得多样化。上市公司分拆上市后,子公司作为上市公司,其股票可以在二级市场公开交易,母公司也可以通过出售股份融入资金。因此,上市公司分拆上市是一种融资方式,会引发组织结构和资本结构的动态变化。上市公司分立上市不会直接导致分立后的各公司获得新的资金,在上市公司分立上市中,无论对母公司还是子公司都不会产生现金流。

[①] 陈振南:《上市公司分拆上市法律问题研究》,对外经贸大学 2011 年硕士论文,第 6、16 页。
[②] 朱大明:《上市公司分立中的法律问题研究》,《湖北社会科学》2015 年第 9 期,第 148 页。
[③] 王正斌、洪安玲:《我国上市公司分拆行为的分析与思考》,《管理世界》2004 年第 5 期,第 138 页。
[④] 季爱华:《上市公司分拆上市的深层次分析》,《经济研究参考》2005 年第 88 期,第 44 页;陈敏:《我国证券市场应用公司分立制度研究》,《法学论丛》2011 年第 9 期,第 64 页。
[⑤] 前田庸著:《公司法入门》(第 12 版),王作全译,北京大学出版社 2013 年版,第 550 页。
[⑥] 一般认为,公司分立方式包括新设公司分立和派生分立。新设公司又称解散公司,是指一家公司分为两家或者两家以上的新公司,原公司解散;派生公司又称存续分立,是指一家公司分为两家或两家以上的公司,但原公司仍存续。

（三）适用情况差异

上市公司分拆上市中，通常被分拆的子公司占上市公司合并报表的营业收入、净资产、净利润比例等方面均较小。上市公司分立上市一般适用于已有两类主营业务规模较为接近，两项业务的营业收入、净资产、净利润相当的情形。

正因为有着这样明显的差异，明确上市公司分拆上市的概念和内涵就显得十分重要。无论在立法上还是实际操作中，对上市公司分拆上市和上市公司分立上市就不能采取同样的态度。由于上市公司分拆上市涉及到股份公开发行、资金融入、社会公众和现金流，其和投资者尤其是中小投资者的利益攸关，上市公司分拆上市所形成的两个上市公司存在着母子公司关系，母公司形成对子公司控股，两个上市公司的关联性极为密切，公司的独立性、关联交易、利益输送等发生的可能性很大，因而在立法和监管上对上市公司分拆上市较之于上市公司分立上市更应审慎和严格。

第二节 上市公司分拆上市的利弊

对上市公司分拆上市的利弊问题，学者多有论述，态度各异。我国目前国内资本市场没有上市公司分拆上市的具体规则，上市公司分拆上市实际上几乎处于被禁止状态。就是否允许上市公司分拆上市，尚存争论，既有赞成的也有反对的，且均从上市公司分拆上市的利弊角度加以论述。赞成派认为，尽管上市公司分拆上市利弊各显，但综合而言，利大于弊，应允许上市公司分拆上市。有的认为"分拆上市可消除集团化经营的负协同效应，可作为反并购策略、可为上市公司提供新的融资渠道，可解决业务部门管理者激励和约束不足问题等等"；[1]有的从赞成的角度总结了上市公司分拆上市的八方面的利益和动因，包括管理层激励说、战略聚焦说、产业发展说、独立融资说、紧缩式重组说、母子公司融资能力限制说、掠夺说、反购并说。[2] 反对者认为，在上市公司分拆上市的利弊关系中，总体上弊大于利，主张我国境内目前不宜推出上市公司分拆上市。他们认为"纵观境内外分拆上市的相关实践及研究成果，分拆上市主要有如下经济动因：通过业务集中增强竞争力、提升母公司价值及股价、满足融资需求、建立有效管理层激励以提升管理效率等，但研究发现，在现阶段中国证券市场条件下，上市公司分拆控股子公司境内 A 股

---

[1] 李园园：《上市公司分拆上市法律问题研究》，《证券市场导报》2009 年 3 月号，第 16 页。
[2] 赵华宇：《子公司上市动机的研究综述》，《商业时代》2006 年第 13 期，第 72、79 页。

上市并不具备充分的现实意义和理论根据",进而认为"分拆控股子公司上市难以正真提高公司的核心竞争力和价值;现有再融资渠道可以有效满足上市公司及其控股子公司的融资需求;上市公司可以通过现有股权激励制度实现对控股子公司管理层的激励安排";①"国内目前上市资源充裕,在拟上市公司'排队'的情况下,允许分拆上市会加大市场扩容压力;而且分拆上市程序复杂,涉及多方面利益主体的利益协调问题,监管起来较为困难"②。

一、利弊的相对性

上述对上市公司分拆上市的利弊分析各有道理。笔者认为,分拆上市作为资本运作的一种方式,具有"一种资产,两次使用"的特征。与其他资本市场的工具一样,不可能全是好的或者全是坏的,利弊互现非常正常。这是因为,资本市场本身就是个利益场,利益冲突在所难免,利弊是相对而言的。要探讨上市公司分拆上市的利弊问题,不同的角度、不同的主体、不同的利益方对分拆上市的看法可能迥然不同。对一方有利恰恰可能就对另一方形成不利。分析上市公司分拆上市的利大还是弊大,必须站在不同的角度逐一分析,并就此综合得出在何种情况下,从何种利益主体出发分拆上市的可行性和必要性的结论。

（一）从上市公司的角度:价值和效率

分拆上市对于上市公司而言是有利的。上市公司分拆上市基于经济上的、或者经营上的、或者组织上的原因,公司需要减少资产、缩减规模,其目的是创造公司价值、提高公司效率,使公司利益最大化,因而上市公司具有分拆上市的动机。因上市公司的差异,分拆上市的动机也有所差异,上市公司做出分拆上市的具体动机可能是多种多样的。在研究上市公司分拆上市的动因时,学者们提出了各种各样的假设来解释上市公司分拆上市的动机,这些动机大致可分为7个可实证的假设,包括公司业务集中假设、融资假设、市场时机假设、信号假设、管理层激励假设、内部资本假设和公司控制权假设。③

（1）公司业务集中假设是基于母公司从发展战略考虑,公司的某个业务和部门不再适合公司总体的长期战略因而需要分拆出去。这一情况往往是将公司相对零散的业务和那些跨行业的业务分拆上市,管理者将集中精力经营公司的核心业务,从而提升公司效率、创造更大的公司价值。④

---

① 田正大、袁钰菲:《上市公司分拆子公司境内上市之研究》,上海证券交易所部门研究报告。
② 李园园:《上市公司分拆上市法律问题研究》,《证券市场导报》2009 年 3 月号,第 16 页。
③ 郭海星、万迪昉:《分拆上市相关研究综述》,《证券市场导报》2010 年 2 月号,第 63 页。
④ Comment anda Jarrell. Corporatediverstiture [J]. Journal of Financial Economics,1995,37: 67 - 87.

（2）融资假设将上市公司的资金需求作为分拆上市的最显著动机。分拆和资产出售相比，不是针对一个买家而是面对公众，母公司可以保持控股股东地位，公司高管可以从其控制的资产中获得私人利益。"基于高管建立企业帝国的管理偏好，通常会避免公司部门的公开交易从而减少所控制的资产，因此分拆上市释放出一个明显的信号，母公司受到资金限制，需要融资"。①

（3）市场时机假设主要从市场的机会角度考虑，如果子公司的市场价值高于行业内同类的企业，分拆上市后的市场价值大于本身内在的价值，母公司将其子公司分拆上市，在交易过程中，母公司可以出售溢价的股权。②

（4）市场信号假设表明公司公告子公司分拆上市是为了向外部投资者传递公司价值被低估的信号，管理者知道公司资产的错误估值，但外部投资者并不清楚，分拆上市消息公布后，市场上会出现积极的公告效应。③

（5）管理层激励假设认为分拆上市是内部激励的结果。在这个假设下，母公司的管理者使用分拆上市作为公司重组的工具提升部门经理的激励水平。分拆后子公司雇员在获得公开交易的股票或者期权时可以受到更大的激励，通过分配股票或者期权，分拆上市允许雇员参与子公司的收益，子公司管理层的收益与子公司在二级市场的股票价值紧密联系在一起。④

（6）内部资本市场假设认为分拆前作为母公司的一部分，是母公司内部资本市场的一部分。内部资本市场是大型公司最显著的特征，母公司拥有附属各单位的剩余控制权，总部可以在各部门之间重新配置现金流。高度多样化的结构会天然地导致低效的内部资本市场，公司各部门之间或者集团内各个子公司之间的相关度也会影响内部资本市场的效率，进而影响公司价值。母公司的管理者通过放弃子公司的控制权，部分关闭内部资本市场，提升内部资本市场效率，从而提升公司价值。⑤

（7）公司控制权假设认为分拆上市作为一种经济的方式将子公司的控制权转移给潜在的可以创造更多价值的买方，从而更加有利于子公司也有利于母公司。⑥

① Allen and McConnell Equity careouts and managerial discretion [J]. Journal of Finance, 1998, 53(2): 163 - 186.
② Baker and Wurgler. Market timing anda capital structure [J]. Journal of Finance, 2002, 57(1): 1 - 32.
③ Nanda. On the good news in equity careve-outs [J]. Journal of Finance, 1991, 46(5): 1717 - 1713.
④ Aron. Using the capital martek as a monitor: Corporate spinoffs in an agence framework [J]. RAND Journal of Economics, 1991, 22(4): 505 - 518.
⑤ Sten. Internal capital markets and the competition for corporate resources [J]. Journal of Finance, 1997, 52(1): 111 - 133. Williamson. Markets and Hierachies: Analysis and Antitrust Inpications [M]. The Free Press, 1975, New york.
⑥ Hubourt. Equity carve-outs and changes in corporate control [J]. The journal of Applied Business Research, 2003, 19(1): 29 - 42.

上述情况表明,7 种假设无论采用哪一种,对于上市公司分拆上市都是有利的,它有利于公司的价值创造,提高公司效率。

（二）从利益相关者角度:公平和利益保护

上市公司作为商事主体和营利性组织,其存续营运的首要目的在于追求公司利益最大化。但是公司又是多元利益的载体,公司股东、董事、经理人、债权人和公司员工等主要参与者之间由于经济地位不同,利益冲突在所难免。而在上市公司分拆上市的过程中,母公司由于其优势地位,在追求所谓"公司利益最大化"的前提下,损害中小股东、债权人及其他利益相关者就可能时有发生,投资者尤其是中小投资者、债权人等利益相关者最为关注的是"公平"和权益不受侵害。

按道理,公司利益和公司股东、债券人的利益是一致的,追求公司利益最大化有利于公司股东和债券人等利益相关者。但这只是一种美好的愿望,诚如德国学者魏斯教授所指出的"公司利益这个提法简直是模糊至极,以至于很难在实践中指导监事会成员的活动"①。对公司利益的界定理论上存在着分歧,实践中也不一致。公司利益的内涵到底是什么呢? 一种观点认为:公司具有自身的独立利益。美国学者沃尔曼教授主张此观点,他认为公司的利益就在于增强其创造财富的能力,而不仅仅为了股东现有利益的最大化,②公司的利益是公司自身的独立利益,既不是股东利益,也不是全体利益相关者利益的简单相加。公司利益体现为营利性,体现为促进公司的生存与发展,其中后者更具有基础意义③。另一种观点认为:公司利益即全体股东利益。他们认为"公司利益之认定并非仅指公司自身,而应是股东全体之利益结论上,绝大部分情形会将公司利益视为全体(或多数)股东之利益。因此,公司之存续目的在于追求全体股东利益之极大化,并且是一种经济上之利益"。④ 第三种观点认为:公司利益等同于利益相关者利益。他们主张公司利益具体表现为投资者的利益、职工利益和其他参与者的利益。企业的机构在进行决策时必须考虑到各方的利益。⑤ 股东利益最大化并非公司的唯一目标,公司的决策不仅要考虑股东的利益最大化,还需要考虑其他利益相关者的利益,股东之外的其他利益相关者应该在公司治理中有一席之地。⑥

---

① 转引自刘俊海:《公司的社会责任》,法律出版社 1999 年版,第 90 页。

② 车传波:《公司分立法律问题探析》,《东岳论丛》2010 年第 11 期,第 169 页。

③ 李小军:《董事对谁承担责任》,王保树主编:《实践中的公司法》,社会科学文献出版社 2008 年版,第 347 页。

④ 王文宇:《公司法论》(第 4 版),元照出版社 2008 年版,第 31 页。

⑤ 托马斯·莱塞尔、吕迪格·法伊尔著:《德国资合公司法》(第 3 版),高旭军等译,法律出版社 2005 年版,第 31 页。

⑥ 玛格丽特·M. 布莱尔著:《所有权与控制:面向 21 世纪的公司治理探索》,张荣刚译,中国社会科学出版社 1999 年版,导言。

三种观点中,第三种观点强调公司利益相关者与公司利益的一致性,上市公司在分拆上市过程所追求的价值和效率,即所谓公司利益是为了公司利益相关者包括公司股东、债权人、公司职工和其他参与者的利益;另外两种观点则将上市公司分拆上市所涉及的利益相关者全部或部分排除在外。换言之,在母公司将子公司分拆上市可能损害公司相关利益者的合法权益,利益相关者尤其是公司的中小股东、其他债权人等可能没有受到公平对待。

在实践中,这种损害情况时有发生。上市公司在分拆子公司上市时,常常伴有母公司或控股股东利用其优势地位排挤中小股东、债权人及其他利益相关者的行为,法定资本多数决原则使得少数股东的意志极易受到漠视。在结构集中性的公司中,控股股东往往凭借持股优势操纵股东大会,决定公司的重大决策,进一步掌握公司经营权。特别当母公司或者大股东的利益与中小股东、其他利益相关者不一致时,往往会滥用股东权利作出有利于自己的非公平的决策,使上市公司分拆上市的利益相关者的利益得不到保护。在这种情况下,上市公司分拆上市的利弊不言而喻。因此,对利益相关者来说,只要受到公平对待、其合法权益受到保护,上市公司为了公司的发展,追求公司价值、提高公司效率选择分拆上市,利当然大于弊。

（三）从资本市场角度:多样性和竞争性

一般而言,衡量一个资本市场有三大主要指标,即市场的融资额、总市值和总交易量[①],它是市场的活力、规模和流动性的标志。一个好的资本市场应该在这三个方面具有较好的表现。资本市场的活力、规模和流动性往往和这个市场的创新能力、竞争能力以及市场产品、融资方式、交易手段紧密相连。市场产品越丰富、融资方式越多、交易手段越灵活,市场的创新能力和竞争能力就越强,市场的活力、规模和流动性也越好。上市公司分拆上市作为资本市场的一种融资方式、交易手段和创新产品,对资本市场而言无疑是有利的。它是"一种资产,两次使用、多次交易",有利于促进市场的活力、规模和流动性。它使上市公司缩减经营和规模,独立部分经营有了更多的选择手段,也使投资者有了新的投资渠道,还使二级市场的交易有了新的方式。

其实,在选择手段上,对上市公司而言单单就公司缩减规模、独立经营,上市公司无论是资产出售还是转投资这两种交易类型,都可以实现上述目的。为什么仍然需要分拆上市制度? 这是因为在有些情况下,公司缩减规模通过资产出售或转投资无法做成,通过公司分拆却能够得到解决。比如,上市公司转移资产如果是附

---

① 世界交易所联合会(WFE)的统计月报均以这三个为主要指标对其旗下的会员进行排名,以此统计各交易所的资本市场竞争力。

带债务的,相应的债权人如不同意,就很难成就该资产的转移。迄今为止,我国公司法和民法中并没有所谓营业让与或者概括转移的制度安排。① 在这种情况下,公司不能以营业让与为目的,仅仅通过通知或者公告的方式,不经相应债权人的同意,就直接将部分债务打包放入资产池,用于出资或者资产转让,而应经过相应债券人的同意。即使相应债权人(被转移债务的债权人)同意,其他未被转移的债权人仍然可以提出异议,要求受让公司在接受财产范围内对原转让公司的债务承担连带责任。② 这种必须经过债权人同意才能转移债务的要求,使上市公司资产转移变得十分困难。而上市公司分拆上市对拟转移的附带债务的财产,不必经过相应债权人的同意即可实现。公司分拆是公司的一项重大组织变迁,公司分拆可以采取一揽子协议的方式,在特殊的程序和债务承担安排下,公司转移其全部或部分资产,即使其中涉及某些债务转移的,也不需要经过债权人的同意。③

以上可以看出,不同的角度和立场,各主体所追求的目的并不一致,对上市公司分拆上市的利弊所得出的结论并不相同。总体而论,上市公司和资本市场会欢迎这种方式,它有利于上市公司在不同的情况下、出于不同的目的采取多样化的手段完成上市公司的资产和经营收缩,实现上市公司的资产和经营重组;也有利于资本市场创新,丰富资本市场产品、融资方式和交易手段。但对上市公司分拆上市的相关利益者权益而言,可能存在各种不利情形,如果解决得不好,对这些利益相关

---

① 概括转移是把全部或者某一特定的债权债务全部转移给受让人,而不仅仅是权利或者义务的转移。这种转移实际上包括了债权让与和债务承担两个行为,但又不是这两个行为的简单叠加。营业让与是将商事主体的全部或者部分营业财产作为客体进行转让的行为。作为让与的客体"营业",指的是在经营活动中所使用的物、权利、技术秘密、商业信誉、客户关系等共同构成的有机整体,是为实现一定的营业目的而组织化了的、被作为有机一体的机能性财产。参见我国台湾地区"民法"和"公司法"上对于概括转移和营业让与的相关规定。

② 最高人民法院 2003 年 2 月《关于审理与企业改制相关的民事纠纷案件若干问题的规定》(简称《改制司法解释》)第 6 条规定:"企业以其部分财产和相应债务与他人组建新公司,对所转移的债务债权人认可的,由新组建的公司承担民事责任;对所转移的债务未通知债权人或者虽通知债权人,而债权人不予认可的,由原企业承担民事责任。原企业无力偿还债务,债权人就此向新公司主张债权的,新公司在所接受的财产范围内与原公司承担连带责任";第 7 条规定:"企业以其优质财产与他人组建新公司,而将债务留在原企业,债权人以新设公司和原企业作为共同被告提起诉讼主张债权的,新设公司应当在所接受的财产范围内与原企业共同承担连带责任。"但也有学者认为"在企业部分改制这一统称之下,我国实践中的企业产权变动存在三条路径:派生分立、转投资、营业(资产)出售""采取转投资或者资产出售方式进行的部分改制受到的法律约束更少,新设公司承担的债务责任更轻",进而认为最高人民法院的这一"《改制司法解释》的起草者对正常改制下出现的债权僵局与改制企业恶意逃债两类性质完全不同的纠纷缺乏清晰的认识,对基本交易规则与例外规则的区分把握不到位,是第 6 条、第 7 条存在重大缺陷的根源。而司法解释所依附的民法基本原则隐含的语境与我国现阶段改制中逃债现象的普遍化,进一步将学者们的注意力引向了单纯的债权人保护的角度,没有意识到首要的任务是为企业部分改制确立一项兼顾公平与效率的债务分配规则。"参见楼建波:《化解企业部分改制下债券僵局的制度设计——兼对最高法院改制司法解释第 6 条、第 7 条理论基础之争的反思》,《清华法学》2009 年第 3 期,第 30、40 页。

③ 按照我国《公司法》第 176 条和第 177 条的规定,公司分立只要通知债券人即可,并不需要他们同意,甚至没有给他们提出异议的权利。上市公司分拆同样也适用这样的规定,这是因为上市公司分立和上市公司分拆尽管有所不同,但在公司资产转移方面具有共性。

者而言显而易见弊大于利。在这方面,法律和监管者就必须用心用力做好制度安排,实行全方位监管,使上市公司分拆上市的相关利益者得到公平对待,合法权益得到切实保护。

二、监管者的态度

时至今日,我国境内资本市场对上市公司分拆上市采取严格的管制态度,不允许上市公司分拆上市。我国法律没有对境内资本市场上市公司分拆上市做出任何规定,实践中沪深交易所市场也没有一起上市公司分拆上市的案例。2010 年,我国境内资本市场发生的东北高速公路分立事件,作为第一起上市公司分立事件并不是真正意义上的上市公司分拆上市案例。即便如此,这一"分立事件可以说是一个偶然,但是它所折射出的我国公司分立制度中所存在的、由于法律制度设计过于简略而导致制度本身缺乏可操作性的问题却是清晰的"。[①] 2004 年,中国证监会颁布了《关于规范境内上市公司所属企业到境外上市有关问题的通知》,实际上是认可了境内上市公司所属企业到境外资本市场分拆上市,对境内上市公司的下属企业境外分拆上市作出了较为详细的规定。上市公司分拆上市是境外资本市场的一个普遍做法,在各主要资本市场被上市公司普遍运用,我国境内上市公司所属企业到境外资本市场分拆上市也有诸多成功的案例。人们疑惑:为什么在国外被普遍认可的上市公司分拆上市在我国境内资本市场就不能实现呢? 为什么我国境内的上市公司分拆上市只能到境外资本市场呢?

(一)监管者的看法

在笔者看来,监管部门之所以对上市公司境内分拆上市采取"关闭"的政策,还是在指导思想上认为分拆上市弊大于利,允许境内资本市场上市公司分拆上市可能会带来如下几方面的问题:

一是可能诱发利益输送和关联交易等违法违规频发,不利于对中小投资者等利益相关者的保护。在母子公司组织构架下,天然隐藏着难以发现的利益输送和关联交易等行为。境内资本市场中,不公允、不透明的关联交易等行为一直是控股股东进行利益输送、掏空上市公司、侵害中小投资者权益的重要工具。"分拆上市后,如果监管不严,母子公司之间的关联交易可能会损害股东利益,甚至成为高官们谋取私利的工具";[②]我国上市公司分拆过程中存在虚假操作行为,在实际中由于类似交易一般发生在关联企业当中,因此常常会出现高估不良资产、低估优良资

---

① 朱大明:《分立公司方式的构建与选择——以中日公司法比较为中心》,《清华法学》2015 年第 5 期,第 23 页。

② 念延辉:《我国创业板分拆上市问题探析》,《现代经济信息》2010 年第 16 期,第 89 页。

产的现象,从而达到转移利润、逃避债务的目的。对上市公司而言,在分拆过程中的虚假行为最终会导致上市公司中小股东的损失;[①]分拆上市也可能引发不当关联交易,损害资本市场和投资者,其表现为:① 关联销售,被分拆公司和分拆上市公司之间进行利益输送;② 集团公司与股份公司之间的资产买卖,进行内幕交易和市场炒作等;③ 资金占用的关联交易,可能发生新申请上市公司的资产被掏空;④ 股份公司为集团公司提供担保,转嫁费用负担;⑤ 集团公司的债务与股份公司的债权冲抵,增加三角债风险。[②]

二是可能诱发二级市场炒作,助长投资文化,不利于资本市场长期稳定发展。我国现阶段的资本市场是一个弱式有效的资本市场,具有许多鲜明的特征,如:个人投资者是最大的投资主体;公司股票"三高"现象普遍存在;散户投资者依然热衷于盲目炒新、狂热炒小、博傻炒差、频繁交易"四炒"操作;投资者利益保护机制,尤其是证券民事赔偿诉讼制度尚不健全。分拆控股子公司上市极有可能成为炒作的对象,[③]"其实当前中国 A 股市场大部分上市公司的价值已经被高估,而分拆上市有可能导致更高的估值泡沫"。[④]

三是可能引起相关政策的协调。在我国资本市场发展初期,证券发行额度有限、市场容量较小、资金匮乏,一些企业将部分优质资产单独上市成为当时证券市场发展的无奈选择。但由此也带来了非公允关联交易、同业竞争、大股东占用上市公司资金、掏空上市公司等一系列问题,长期困扰着监管部门。随着证券市场的不断扩大和成熟,整体上市成为市场进一步发展扩张的必然选择。近年来,监管部门也一直大力倡导上市公司通过整体上市做大做强,减少关联交易和同业竞争。分拆上市和整体上市的相关政策并不一致。

固然,上述三个方面给境内资本市场分拆上市带来了一定的负面影响,但仔细分析一下,其中的第一、第二方面的问题并不是上市公司分拆上市所特有的现象。在股票发行上市(IPO)、公司并购重组、上市公司分立等行为中同样普遍存在且情况很是严重。[⑤] 为什么允许股票发行、公司并购重组和上市公司分立的存在,唯独

---

① 王正斌、洪安玲:《我国上市公司分拆行为的分析与思考》,《管理世界》2004 年第 5 期,第 139 页。

② 吴勇毅:《分拆上市:盛宴还是泡沫》,《新财经》2010 年第 6 期,第 72、73 页。

③ 在 2010 年,中国证监会创业板发行监管业务情况沟通会与保荐代表人培训会议上,中国证监会相关人员谈及了境内上市公司分拆子公司上市的若干条件,二级市场由此掀起了一股炒作分拆上市概念股的热潮,若干分拆上市概念股在短短几个交易日内的涨幅超过了 30%,和大盘指数的偏离值超过了 40%,在部分投资者获利出逃的同时,众多投资者被高位套牢。

④ 梁爽:《上市公司分拆上市的动机及其对公司发展的影响》,《大众商务》2010 年 6 月,第 3 页。

⑤ 在中国证监会股票发行上市和上市公司并购重组的审核中,无论是发行审核部门还是发行审核委员会,历年来审核的重点都是关联交易和同业竞争。上市新股、并购重组概念股票在二级市场的炒作之风盛行,业已成为内地资本市场的一个奇特现象。

将上市公司分拆上市的大门关上,似乎令人费解。就第三个问题来看,鼓励公司整体上市与上市公司分拆上市并不矛盾。这是因为目前政策鼓励企业整体上市的重点是集团型企业、大型企业尤其是大型国有企业,通过整体上市,发挥协同效应、整合产业链、提高产业集中度、打破上市公司资源边界限制,促进上市公司进一步做大做强。但是上市公司分拆上市与整体上市针对的是不同的上市公司群体,彼此着眼解决的问题也有所不同,即使针对大型集团和企业,从上市公司分拆的作用来看,在许多情况下,恰恰也能够解决集团化公司本身具有的弊端,减少集团化经营"大而全"引发的"负协同效应"。

我国的资本市场是一个中小投资者占绝对多数的市场,投资者结构的畸形发展将长期存在,尽管监管部门大力提倡和发展机构投资者,在短时间内要想改变境内资本市场投资者结构几无可能,要让投资者长期投资、理性投资和价值投资是一个长期培育和不断教育过程。不能因为这种局面,就回避矛盾,放弃市场功能,使企业无法选择、使市场缺乏工具、使投资者不能交易,那样就会因噎废食,市场也就不成为市场了,起码不是一个市场化的市场。

近年来,境内资本市场的市场化步伐大步向前,在管制和监管的理念上,在"堵"与"疏"的态度上,监管者已经有了较大的改变,淡化管制、降低门槛、强调监管、严格责任、宽进严出。笔者认为,监管者在对待境内资本市场上市公司分拆上市问题上也应该如此,要改变过于审慎、保守的态度,宜疏不宜堵,要放松管制、加强监管。

(二)公平与效率

对监管者来说,分拆上市就是一个经济工具和市场工具。在这个工具投入资本市场后,要进行严格的监管。这种监管应依据科学合理的规则和制度安排。监管者在进行分拆上市的制度安排、制定分拆上市的监管规则时,要把握好分拆上市的利弊得失,最为重要的是平衡好公平与效率,处理好各方利益,使上市公司及其相关利益主体各得其是。

许多学者认为,公平和效率是资本市场管理中的一对矛盾体,[1]其实不然。公平与效率始终是法律的两大基本精神。法律制定、监管执法首先是以公平为前提的,在保证公平正义的前提下,追求效率就变得十分重要。公平与效率的实现也成为当代政府经济职能的两大方面。[2] 对于证券市场来说,"效率与公平同样是隐含于政府监管目标中的焦点"[3]。在法律上,"公平是指证券市场的参与者在法律上

---

[1] 霍学文:《世界三大资本市场效率比较研究》,南开大学 1995 年博士研究生论文。
[2] 萨缪尔森指出:政府的经济职能主要有三个方面:促进效率、提倡公平和扶植经济增长与稳定。
[3] 洪伟力:《证券监管:理论与实践》,上海财经大学出版社 2000 年版,第 9 页。

地位平等,在市场中机会平等"。① 在一般经济学意义上,所谓"公平是指社会成员收入分配和社会财富占有的平等化"。② 但在证券市场上,公平的含义并不完全等同于一般经济学意义上的公平的概念③,它更多地是指"市场机会平等、交易平等、竞争平等的公平"。④

对证券市场的效率,人们存在不同的理解。有人认为"证券市场效率一般指的是证券市场调节和分配资金的效率。"⑤有的将证券市场效率划分为内在效率和外在效率⑥:内在效率是指证券市场的交易运行效率,反映证券市场组织和服务结构的内部效率;外在效率是指证券市场的资金分配效率,并以证券市场能否根据有关信息在最短时间和以最低交易费用完成交易行为。有的按"有效市场理论"将证券市场效率基于信息种类与传播程度定义了三种不同的信息等级⑦和三种不同的市场效率⑧。有的还将市场效率划分为宏观资本市场效率和微观资本市场效率⑨:前者是资本市场的外在效率,所表现的是资本市场与国民经济相互作用及其对经济增长贡献所体现的效率,包括资本依存率、资本深化率、市场稳定率;后者是资本市场的内在效率,所表现出的是资本市场本身体系结构及其运行所体现出的效率,包括结构效率、配置效率、运行效率和动态效率。从这些学者对证券市场效率的定义和理解中可以看出,提倡证券市场的效率对证券市场无疑起到了积极正面的作用,促进了证券市场的发展,有助于提高证券市场参与者的积极性和监管效率。

对于监管者而言,如何进行有效的资本市场管理,既要防止损害社会利益行为的发生,又要维护资本市场的完整性,提高资本市场的效率是一个棘手的问题。进而有人认为,这对矛盾不可调和,这是因为"对效率的追求必然会带来不平等"。⑩笔者认为,这一观点有失偏颇。我们承认公平与效率在资本市场上是一对矛盾体,甚至在有些情况下,这种矛盾还很尖锐。强调公平可能会牺牲效率;反过来,强调效率又会失去公平。但两者之间并非绝对的对立和不可调和。马克思主义唯物辩

---

① 徐明、黄来纪主编:《新证券法解读》,上海社会科学院出版社 2005 年版,第 8 页。
② 洪伟力:《证券监管:理论与实践》,上海财经大学出版社 2000 年版,第 9 页。
③ 机会均等的公平论者将公平区分为市场公平和社会公平。市场公平更多地指向社会成员在市场竞争中均享有同等的参与机会、获胜机会和被选择机会所形成的一种平等;社会公平更多地指向社会财富占有的平等和收入分配的公平。
④ 张维达、宋冬林:《社会主义市场条件下的市场公平和社会公平》,《经济研究》1995 年第 8 期。
⑤ 吴世农:《我国证券市场效率的分析》,《经济研究》1996 年第 4 期。
⑥ West & Tinie:On the Differences between Internal and External Efficienecy, Financial Analysts Journal. Nov./Dec., 1975.
⑦ 杨松:《西方学者对证券市场信息有效性的研究》,《外国经济与管理》1997 年第 1 期。
⑧ Fana, Eugen:The Behavior of Stock Market Prices, Journal of Business January 1995. Fana, Eugen:Efficient Capital Market:A review of Theory and Emprical Work, Journal of Finanace, May 1970.
⑨ 霍学文:《世界三大资本市场效率比较研究》,南开大学 1995 年博士研究生论文。
⑩ 阿瑟·奥肯:《平等与效率》,四川人民出版社 1998 年版,第 4 页。

证法告诉我们，许多情况下，事物既有对立的一面，也有统一的一面，这种矛盾的对立统一恰恰促进了事物本身的发展。资本市场中的公平与效率这对矛盾，也是如此，它们之间就是要在这样的矛盾中，寻求彼此的统一，使公平与效率达到最大化。正如美国学者所指出的："任何证券监管的框架结构都可被认为是多维的效率——公平空间中的一点，即存在效率/公平的边界，一项监管制度必将于边界之上，除非有另一项监管制度与之相比较同时改善效率与公平"。[①]

其实，公平与效率的统一是显而易见的。[②] 笔者认为，公平是效率的前提和基础。它维护了投资者和证券市场的根本利益。没有公平就无法体现正义，无法体现法律的正当性、无法维系投资者的信心，因而也会从根本上动摇证券市场的根基；效率是公平的最终体现和归宿。它反映了证券市场运作的基本功能和目标，使证券市场资本优化配置和使用效率最大化。因而，"监管者如果处理得当，在一定程度上两者可以相辅相成，相互促进"，[③]"法律的重要作用之一乃是调整和调和种种相互冲突的利益"。[④]

就上市公司分拆上市而言，公平问题是不可回避的。在上市公司动议分拆、实施分拆以及在分拆完成之后均可能产生不公平的情况。这是因为上市公司的大股东、控股股东、实际控制人、董事及高级管理人员与公司中小股东、债权人、公司员工等利益相关人的法律地位存在着实际上的不平等，经济利益上存在着实际上的不一致。法律地位上的不平等使强势地位的一方有了损害弱势地位一方的可能性，他们可以利用其身份和地位控制公司，通过股东大会议案、董事会决议和经理人行动操纵上市公司分拆上市；经济利益上的不一致使他们有了操纵上市公司分拆上的利益冲动，为了他们自己的利益完全可以打着为了公司或者公司全体股东，甚至是所有利益相关者的利益旗号进行分拆上市，从而损害了中小股东和其他利益相关者的合法权益，造成了对弱势一方的不公平。

分拆上市同样涉及到效率问题，体现在企业效率和市场效率两方面：前者包括价值重估效率、资源配置效率、业务重组效率、组织和管理架构整合效率等，上市公司通过分拆将子公司上市，使企业资源配置合理、实行业务重组、梳理了组织管理体系、降低了自身成本、提升了自身价值，从而大大提高了企业效率；后者包括调配资金效率、产品创新效率、交易方式效率等，上市公司通过分拆将子公司上市，使

---

① Hersh Shefrin and Meir Statman, Ethics, fairness and Efficency in Financial Markets, Financial Analysis Journal, Nov-Dec. 1993, pp. 21–29.

② 洪伟力：《证券监管：理论与实践》，上海财经大学出版社 2000 年版，第 9 页。

③ 徐聪：《试论我国上市公司差异化信息披露制度之构建》，张育军、徐明主编：《证券法苑》2011 年第 4 卷，第 331 页。

④ 孟德斯鸠：《论法的精神》（上册），商务印书馆 1982 年版，第 383 页。

市场有了更多的融资渠道、市场产品，同时也丰富了交易方式和手段，使资本市场有了更大的灵活性、包容性和流动性，提升了资本市场的功能，提高了资本市场效率。

允许上市公司分拆上市，监管者要通过制度和规则对上市公司分拆行为进行严格监管，平衡好效率与公平所要解决的两个问题，即：哪些上市公司分拆上市是有效的，以及如何保护利益相关者的合法权益不受侵害？

作为公司法、证券法以及境内资本市场上的新问题，上市公司分拆上市制度的创建离不开这两个基本法律的支持，更需要具体的制度创新和监管部门的严格监管。对此问题的解决不但要将着眼点放在分拆上市本身，还应该运用联系的、整体的、全局的眼光看待问题和解决问题。综观境外发达国家和地区的监管情况，大多将分拆上市看成是公司重组的一种模式，没有制定专门的法规，而是将该制度纳入到整个公司法和证券法中，仅就上市公司分拆上市的特殊情况作出规定。换言之，上市公司分拆上市制度的建立需要系统地考虑，除了上市公司分拆上市需要具体规范外，还要着眼于上市公司分拆上市的整个过程，联系与其紧密相关的其他法律制度和监管措施，通过完善相关的法律制度和监管措施构建起上市公司分拆上市完整制度，切实使上市公司分拆上市发挥应有的效率，同时又能真正保护利益相关者的合法权益，做到公平与效率共赢。

第二章

国内外分拆上市规定与比较

第一节　国外主要国家分拆上市的相关规定

综观世界，许多国家均对上市公司分拆上市进行了规定，或详细或简略，或明确规定分拆上市或将分拆上市包含在公司分立的具体内容里。受篇幅所限，笔者在此只对美国、英国、日本等国家的分拆上市从法律规定的角度作一简介。

一、美国有关分拆上市的相关规定[①]

在美国，分拆上市（spin-off）[②]是指一家被母公司全资所有的部分或子公司从母公司中独立出去，且将分拆出来的子公司的股票分配给母公司的股东，[③]且被分拆出去的全部或者部分控股子公司的一部分股权进行公开出售的行为（equity carve-out），这些股权可由母公司进行二次发售，也可以由子公司以首次公开发行（IPO）的方式出售。[④] 对于上市公司分拆上市，美国并未有专门的法律规范加以规定，从法律适用的角度看，其分拆上市法律规范散见于证券法、公司法、破产法、税法以及美国证监会、证券交易所的相关规则中。

（一）证券法涉及分拆上市的相关规定

美国证券法涉及分拆上市的规定主要体现在《1933 证券法》相关内容上。主

---

① "*Spin-off Guide*"（中文名：《美国分拆业务指导》），Wachtell，Lipton，Rosen & Katz 律师事务所出版，2016 年 3 月，原版资料下载于 Thomson Reuters Practical Law 数据库。
② spin-off, n. 1. A corporate divestiture in which a division of a corporation becomes an independent cimpany and stock of the new company is distributed to the corporation's shareholdes；2. The company created by this divestitrue.（Black's Law Dictionary，8th ed 2004）.
③ 刘凤英：《浅析美国证券法关于分拆上市的规定》，《决策与信息》（下旬刊），2010 年第 4 期，第 91 页。
④ 李园园：《上市公司分拆上市法律问题研究》，《证券市场导报》2009 年第 3 期，第 16 页。

要为两个方面的内容,即有关证券销售或转让的规定;信息披露的规定。

1. 分拆上市的证券销售或转让

《1933年证券法》在两个部分对此有所规定:

一是《1933年证券法》第5部分的规定。① 其主要内容为所有证券买卖必须向美国证监会登记,除非符合登记豁免的一些条件。若公开销售限制类股票或控制类股票(即发行人关联董事或大股东等持有的股份),需要取得本次公开销售可以豁免登记的证明。

二是《1933年证券法》144规则的规定②。其主要内容为限制性股票持有人持有股票在一年之内,不能公开出售;在两年以上,可以自由出售;在一年和两年之间,需要满足一定的条件才能出售。当满足下列条件时,可以取得豁免登记,允许向公众销售限制类或控制类证券。① 持有期限制:持有须满一年,从股票款全部交清之日算起;② 发行人(公司)限制:发行人必须充分及时地披露信息,如月报、年报的定期披露;③ 数量限制:出售的股票数量不高于发行人发行的所有可流通股票的1%,或股票在过去4周的周平均交易量;④ 必须在经纪人或者做市商按照正常交易程序交易,交易时须签署"卖方信函"确认该交易满足144规则的规定;⑤ 出售后须向美国证监会报送144表格,但3个月内出售数量在500股或出售额在10 000美元以下的除外;⑥ 转让代理商必须把股票证书上的限制性的标志去掉。美国《1933年证券法》144A还对上述限制类或控制类股票向机构投资者的非公司证券转售也作了规定。③

美国证券法的上述规定将上市公司分拆上市时,被分拆出去的子公司部分股权由母公司进行二次发售或由子公司以首次公开发行(IPO)的方式出售的情况包含在内,将母公司持有子公司的股票规定为限制性股票或控制类股票,并进行特别的规定。上市公司在分拆上市过程中进行证券销售或转让就必须遵守证券法的上述规定④。

2. 分拆上市的信息披露

这主要体现在以下几个方面:① 非先进行首次公开发行再分拆的模式:分拆

---

① 《美国1933年证券法》第5条,《美国法典注释》15§77e,原版法规参见Westlaw法律数据库。

② 《美国1933年证券法》第144条,《联邦法典》17§230.144,原版法规参见Westlaw法律数据库。

③ 参见中国证监会组织编译:《美国〈1933年证券法〉及相关证券交易委员会规则与规章》(中英文对照本),第2册,法律出版社2015年版,第211—212页。

④ 美国1933年证券法的第五部分和144条规定是在1929年大股灾之后痛定思痛所建立的各种保护公众投资者的法律和规则中最具实际意义的一条。隶属于该附属条例和其他配套法规一起,为70余年来成为世界上最稳定的、最优良的资本市场打下了基础。使得超过10%的大股东、公司的高级管理层、董事等关联方以及从关联方中获得股票的人,在卖出股票时必须遵守严格的慢走和披露程序。而这类股票属于"限制性证券或者控制性"。如果在分拆上市时从公司关联方中获得了限制性证券或控制类股票,并企图向公众出售限制性或有控制权的证券,就需要符合证券法144条列出的条件。

子公司需要完成 Form10(F10)登记。F10 登记中需要包括分拆子公司的审计财务报表，其中包括两年的资产负债表、3 年的损益表，3 年的现金流量表以及 3 年的股东权益变动表，未经审计的期间报表（若适用）和 5 年经选择的财务数据；② 作为股息发放的分拆模式：不需要依据《1933 证券法》的规定进行登记；③ 先进行首次公开发行再分拆的模式：首次公开发行必须依据《1933 证券法》登记，通常需要完成 Form S-1(S-1)登记，后续分拆行为不再需要 F10 登记；④ Form S-3(S-3)登记：若发行人已经依据《1933 证券法》申报了至少 12 个月，并且有资格使用 F10 对分拆进行登记、母公司已经是申报公司，同时分拆子公司在分拆前至少 12 个月在母公司的财务数据申报中作为一个独立的部分，与之拥有同样的资产、业务和运营，可以申请 S-3 登记，以减少证券登记中需要的时间和费用；⑤ 分拆子公司为新兴成长型公司：若分拆子公司构成《乔布斯法案》（"jobs act"）下规定的新兴成长型公司（例如：分拆子公司在最近的财政年度拥有少于 10 亿美元的年度收入总额），可以减轻其作为公众公司的部分义务；⑥ 其他美国证监会文件申报：通常分拆子公司对员工福利计划下分配的股权需要完成 S-8 登记，同时分拆子公司的董事、高级执行官和大股东需要完成 S3、S4 登记。当母公司董事会宣布派发分拆股息时，母公司通常还需要完成 Form 8-K(8-K)①登记。

（二）税法涉及的分拆上市的相关规定

主要涉及到美国国内税收法规第 355 条的规定。② 在分拆上市过程中，上市公司将较多考虑分拆重组过程中的税务成本问题，以设计最优的分拆模式。③ 为免

---

① 证券发行、交易等证券活动中，向证券监管部门报送申请文件或者进行信息披露是的格式化表格的简称。

② "Internal Revenue Code"（中文名：《美国国内税收法规》)第 355 部分股份分拆，2018 年 3 月 23 日最新修订，网址：https://irc.bloombergtax.com/public/uscode/doc/irc/section_355.

③ 从不同财务考量和法律合规性出发，目前美国在分拆过程中主要采取以下 7 种模式（1）全分拆方式：分拆子公司的 100%股权全部作为股息分配至母公司的股东；（2）部分分拆方式：母公司转让部分分拆子公司的股份，通常母公司将不计划长期持有剩余子公司的股份，仅通过分拆获取现金收益或解除母公司现有债务；（3）分拆并伴随 IPO 方式：母公司用子公司的部分普通股进行首次公开发行上市，并向母公司的股东分配子公司的普通股，但考虑到免税因素，采用该种模式的母公司应持有分拆子公司 80%股份以上；若母公司拟计划向公众发售超过 20%的股份，一般将采纳 Up-C 模式分拆，即包括① 拟分拆业务并入运营实体作为合伙企业享受免税政策；② 让公众购买新设立公司低投票权类的股份，该新设立公司持有运营实体少数的经济利益，并对运营实体享有多数投票、控制权；③ 母公司持有运营实体至少 50%的经济利益，并持有新设立公司高投票权、非经济利益类投票，以达到控制该公司的目的；④ 当母公司在子公司完成首次公开发行后再次分拆后续预留子公司股份时，运营实体与新设立的公司进行合并；（4）现金充裕式剥离方式：母公司向其股东发出要约，通过换股方式以其持有的母公司股份换取所有或部分分拆子公司的股份，但是由于该种方式下母公司的股东可以选择是否参与，构成母公司股东的投资决策，换股不是按比例进行分配（与前述分拆不同），该种交易需要根据《1933 证券法》进行登记。同时，这种方式构成了《1934 证券交易法》下的要约收购，需要满足要约收购的相关规定；（5）赞助式的分拆：母公司按照免税方式分拆子公司股份，同时赞助商将收购母公司或分拆子公司最多 49.9%的股权；（6）分拆与兼并相结合的方式：分拆过程中伴随向第三方业务转让作为股份支付对价，以实现免税的目的；（7）房地产投资信托基金交易方式：将房地产公司分拆成多个运营实体以及单独房地产基金再进行上市。　　　　（转下页）

征税费,母公司必须分配对拟分拆子公司的控制权(例如,至少子公司80%的投票权或未享有投票权的股份),且需要符合有效经营目的以持有剩余分拆子公司的股份。同时,为享受免税,母公司应在完成分拆后两年后处置完剩余分拆子公司的股份。

美国税法对按比例分拆模式①的影响使美国公众公司分拆上市时,被分拆公司通常会在两年内保持对子公司的控股地位,而后将这些股份按比例分配给母公司股东。这种分拆上市模式的商业合理性在于:对母公司股东而言,当公司把旗下公司分拆给他们时,股东往往对该子公司的价值不是很了解,可能出现有些股东不愿意接受分拆的情况。而先把该子公司的部分股权分拆上市就可以使该子公司的价值在资本市场上被充分挖掘,如果子公司的股票表现出色,母公司再把其剩余的股权分配给母公司的股东就很容易得到股东的支持。

此种分拆模式的制度性原因在于:公司分拆上市后母公司会因为子公司的上市取得超额股票溢价所得,对于这部分所得根据美国税法第355条的规定应该征收资本利得税,可获得相应的税收优惠。根据税法第355条规定,公司分拆需符合如下两个重要条件:① 支配要件(control requirement):分配新公司股份后,被分拆公司至少应持有新公司80%以上的股份(或可实际支配新公司);② 分配要件(distribution of control requirement):公司分立2年后,被分拆公司应将其持有新公司的全部股份按比例分配给股东,且不构成故意避税。符合这两个重要条件的公司分拆,才可以享受优惠的税收待遇即控制公司无需缴纳所得税,接受其股份分配的股东只需缴纳资本利得税(在税基、税率、纳税时间方面较收入所得税有很大优惠)。这种税收节省效应,是按比例分拆模式(也被称作pure spin-off)在美国广泛实践的重要原因。

(接上页)　　上述7种分拆的形式和分类绝大多数并不涉及分拆后被分拆的子公司再行上市,因而并不是本书涉及的分拆上市的内容,只有第三种形式和分类及分拆并伴有IPO方式才是真正意义上的分拆上市的模式。在实践中,由于美国法律对分拆过程中有税收方面的要求,在实际运作中,考虑到免税因素,采用该种模式的母公司往往应持有分拆子公司80%股份以上,向社会公众公开发售股份一般不超过被分拆的子公司总股本的20%;若母公司拟计划向公众发售超过20%的股份,一般采纳Up-C模式分拆,即包括:(1)拟分拆业务并入运营实体作为合伙企业享受免税政策;(2)让公众购买新设立公司低投票权类的股份,该新设立公司持有运营实体少数的经济利益,并对运营实体享有多数投票、控制权;(3)母公司持有运营实体至少50%的经济利益,并持有新设立公司高投票权、非经济利益类股票,以达到控制该公司的目的;(4)当母公司在子公司完成首次公开发行后再次分拆后续预留子公司股份时,运营实体与新设立的公司进行合并。

　　第四种形式和分类现金充裕式剥离方式:母公司向其股东发出要约,通过换股方式以其持有的母公司股份换取所有或部分分拆公司的股份;但是由于该种方式母公司的股东可以选择是否参与,构成母公司股东的投资决策,换股不是按比例进行分配(与前述分拆不同),该交易需要根据《1933证券法》进行登记。同时,这种方式构成了《1934年证券交易法》下的要约收购,需要满足要约收购的相关规定,因而也不是真正意义上的分拆上市。

① 即7种模式中的第三种模式——分拆并伴随IPO方式。

（三）证监会对分拆上市的相关规定

这主要涉及美国证监会关于分拆的第四号公报①的内容。第四号公报是美国证监会公司融资部监管官员针对实践中对分拆上市的滥用所出现的相关问题②和司法案例③，就分拆上市是否适用《1933 年证券法》第 5 部分规定所发布的非正式回复。

该公报认为 spin-off 属于《1933 年证券法》第 2 条第 3 款的出售情形时，如果分拆构成母公司出售证券，被分拆公司应当负担事前的登记或申请义务，被分拆的子公司在分拆时需要依据《1933 年证券法》的规定登记分拆的股票，但如果符合如下 5 个条件，则可以免除事先的申请或登记义务：① 被分拆母公司股东取得分拆的子公司的股份无需支付任何对价；② 分拆的子公司的股份按比例分配给被分拆母公司的股东；③ 被分拆母公司对于其股东及证券交易市场提供关于公司分拆及分拆子公司的充分信息；④ 被分拆母公司为了有效经营目的而进行分拆；⑤ 如果

---

① 美国传统上的股份分配就是对股东分配自己股份的情形。美国证监会认为原则上依照《1933 年证券法》第 5 条的规定无需进行登记，因为股东取得这些股份不需要支付对价，因此股份分配行为不符合《1933 年证券法》第 2 条第 3 项的出售情形。由于 Spin-off 的福利性分配特征，也不具有出售的情形，因此这种分配方式不需要进行事前的登记。在实践中，出现了滥用 Spin-off 的情况，如希望公开的闭锁性公司，先合并公开公司的子公司，然后将子公司的股份分给闭锁性公司就可以避免事前的登记义务。为了解决此种情形，美国证监会后来表示，spin-off 与传统的股份分配不同，需要履行事前的登记义务。到了 1979 年 9 月，美国证监会以积累下来的经验、案例为基础，发表了第四公报（Bulletin N. 4）。可以看出，对于公司分拆，美国证监会关注分拆过程中是否涉及对价、投资者决定，信息提供程度以及是否存在滥用事由因素，一定程度上反映了美国证监会对福利性、公平性、分配性、透明性分拆模式的肯认。"Staff Legal Bulletin No. 4"（中文名：《美国证券交易委员会关于公司分拆的第四号公报》），美国证券交易委员会官网，1997 年 9 月 16 日，原版资料的网址为：https://www. sec. gov/interps/legal/slbcf4. txt.

② SEC V. Harwyn Industries, 326 F. Supp 943（S. D. N. Y. 1971），原版案例下载于 LexisNexis 法律数据库。

③ 最为典型的有关分拆上市的法院判决是：SEC V. Datronics Engineers Inc., 490 F. 2d 250（4th Cir. 1973），cert. denied 416 U. S. 937（1974）。原版案例下载于 LexisNexis 法律数据库。

案情：Datronics 公司在 1968 年 11 月 1 日至 1969 年 12 月 31 日期间对其 9 个子公司分别进行了 9 次分拆上市，通过一家私人公司持有该分拆上市的子公司的大部分股份，并由 Datronics 公司持有剩余的股票，Datronics 公司将这些股票作为股息在其股东内部进行福利性分配（通过分拆上市方式帮助公司规避通过传统上市渠道所需支付的高额上市费用）。Datronics 公司没有对分配给公司股东的股票进行登记。美国证监会提起诉讼主张 Datronics 公司违反了《1933 年证券法》第 5 部分关于对参与交易的股票进行登记的规定。

争议焦点：Datronics 公司分拆过程中对未经登记的股票进行分配是否违反了《1933 证券法》第 5 条关于证券登记的规定？

判决结果：法院判决 Datronics 公司的行为违反了《1933 年证券法》第 5 部分的规定，该条禁止为了销售或售后交付证券之目的，利用邮递的方式来分配未经登记的股票。Datronics 公司主张其行为不涉及股票的"销售"。但根据《1933 年证券法》第 2 条第 3 款对"销售"的规定，对股票的分配行为属于法律规定的"销售"。在 Datronics 公司分拆过程中，将一部分股票分配给其股东，这些股票可在市场上进行销售，具有经济价值，因此 Datronics 公司的行为涉及销售未经登记的股票，违反了《1933 年证券法》第 5 条的规定〔但是，在 SEC V. Harwyn Industries, 326 F. Supp 943（S. D. N. Y. 1971）案件中，法院认定如果上市公司进行分拆上市具备合理的经营目的，则可以享有证券登记豁免权，并否定了 SEC 对 Harwyn 公司申请的预先禁令申请〕。

被分拆公司分配的股份属于受限制股票,被分拆公司至少应该持有该股票 2 年以上。

对于第三种条件,公报还进行了细化。将分拆的子公司又分成了三类,即非申报公司、申报公司以及外国公司,并对这三类公司实施了不同的对待。非申报类子公司,包括母公司需提供关于分拆和子公司的信息陈述,并符合《1934 证券交易法》14A 条例①或者 14C 条例②,子公司依据《1934 证券交易法》的规定登记分拆的股票。申报类子公司包括 4 种情况,即:子公司适用《1934 证券交易法》下至少 90 天的申报要求;子公司目前仍依照《1934 证券交易法》的规定申报;母公司将向其股东提供持有每股分配给分拆公司股份的比例,对零星股份的影响,以及分拆导致的税务影响;若子公司目前没有依据《1934 证券交易法》的规定申报,未适用至少 90 天的申报要求,母公司需要提供的信息按照非申报类子公司对待。外国公司包括母公司需提供关于分拆和子公司的信息陈述,并符合《1934 证券交易法》14A 条例或 14C 条例。

至于何谓第四种条件所论述的有效经营目的,公报列明了 4 种情况视为有效经营目的:① 使每个业务线的管理层专注自己的业务;② 提供每个业务线的员工仅与雇佣单位建立股权激励;③ 增加每个业务线单独获得融资的可能;④ 促使公司与其他竞争者开展业务。

(四) 交易所对分拆上市的相关规定③

这主要体现在证券交易所的相关上市规则中④,涉及 6 方面的内容:

(1) 在完成美国证监会 F10 登记(或 S-1 登记)后应立即向交易所提出上市

---

① 参见中国证监会组织编译:《美国〈1934 年证券交易法〉及相关证券交易委员会规则与规章》第 2 册(中英文对照本),法律出版社 2015 年版,第 483—676 页。14A 条例主要规定的是"表决代理权的征集"。共 21 节分别对表决代理权征集的定义、征集的适用、向证券持有人提供的信息、表决代理权要求、比起巨额代理书中的信息陈述、申报要求、注册人向证券持有人提供证券持有人名单或者邮寄征集资料的义务、股东提议、虚假或者误导性陈述、特定征集的禁止、提供表决代理书之前进行的征集、注册人在与收益所有权人通信中的义务、修改或者取代的文件、与打包上市交易有关的差别和偶然报酬、表决代理资料的网路获取、股东电子论坛、股东批准 TARP(不良资产救助计划)接受者的执行高管薪酬等作了详细的规定。

② 参见中国证监会组织编译:《美国〈1934 年证券交易法〉及相关证券交易委员会规则与规章》第 2 册(中英文对照本),法律出版社 2015 年版,第 699—726 页。14C 条例主要规定的"依据 14(C)条发布信息",内容主要包括"定义、信息说明书的发布、待向证券持有人提交的年度报告、信息说明书中的信息陈述、申报要求、虚假或者误导性陈述、为特定收益所有人提供资料副本"等。

③ 《关于同意修改纽约证券交易所上市公司规则第 303A 条款关于首次公开发行或通过分拆方式上市提供一年过渡期以满足 303A.07(c)条款下内部审计要求的命令》,美国证券交易委员会发布(发布号:34-70246,文件号:SR-NYSE-2013-40),2013 年 8 月 22 日,纽约证券交易所官网,相关法规的网址:https://www.nyse.com/publicdocs/nyse/markets/nyse/rule-filings/sec-approvals/2013/(SR-NYSE-2013-40)%2034-70246.pdf.

④ 《纽约证券交易所上市公司规则》,纽约证券交易所官网,相关规则的网址为:http://wallstreet.cch.com/LCM/。

申请；

（2）分拆中换股比例由母公司的董事会与管理层和财务顾问协商后决定，通常以分拆子公司目标股价作为参考依据；

（3）如果拟分拆的子公司占母公司市值的绝大部分，分拆后将导致母公司股价大幅下降。母公司可实施反向股票分割（需要修订母公司设立证书，依据不同州法律规定，以决定是否需要通过股东投票），使每股交易价格回归至分拆前价格；

（4）取得交易所的原则性批准后，分拆子公司需要满足交易所持续上市应达到的数量上和质量上的要求，比如：分拆子公司至少一名独立董事，审计委员会至少有一名独立成员，在分拆的时候确认分拆子公司所有董事人员以及审计、提名、薪酬委员会的人员等；

（5）若母公司在完成发行后拥有分拆子公司大多数股权，可以申请豁免大多数董事为独立董事的要求，但是不能豁免要求在登记生效后的一年内审计委员会完全由独立董事组成；

（6）完成分拆上市后，审计委员会或其他董事会独立机构需要对所有新的关联交易进行审查批准。

二、英国有关分拆上市的相关规定

英国没有对分拆上市作出专门的具体法律规范，涉及分拆上市的相关规定的内容主要集中在英国公司法和监管部门对公司分立的相关规定中。《英国公司法》第 27 部分第 3 章对公司分立作了专门的规定；英国金融服务局制定的《金融服务与市场法》[①]《上市规则》、《招股书规则》《披露指引与透明规则》以及伦敦交易所制定的《上市申请及披露标准》[②]均对公司分立做出了具体的规定。其中最为重要的是《英国公司法》和金融监管局的《上市规则》。在此，予以简单介绍。

（一）英国公司法[③]

2012 年修订的《英国公司法》在第 27 部分第 3 章具体规定了公司分立的要求和流程。该章第 919—940 条对公司分立作了较为详细的规定，主要内容体现在公司分立的主体、内容、信息披露与知情权、决策程序、财务要求、责任与权力救济等方面。

---

① 中国证监会组织编译：《英国 2000 年金融服务与市场法》第六部分第 72—103 条，法律出版社 2014 年版。
② 《伦敦股票交易所上市申请及披露标准》，2018 年 10 月 1 日，伦敦股票交易所官网，相关资料的网址为：https://www. londonstockexchange. com/companies-and-advisors/main-market/documents/admission-and-disclosure-standards-new2018. pdf.
③ 葛伟军译：《英国 2006 年公司法》（2012 年修订译本），第 27 部分第 3 章关于公司分立，法律出版社 2012 年版。

1. 关于主体

《英国公司法》规定，公司计划涉及分立事项，如果根据该计划，拟和解或安排公司业务、财产和债务将被分立并转让给两个或数个公司，而其中一个公司是现行公众公司或新公司（无论是否公众公司）。本部分所称的分立公司是指转让方公司和现行受让方公司。

2. 关于内容

《英国公司法》规定，公司计划分立应当制定专门的条款草案。具体内容包括以下三方面：① 每个涉及分立的公司的董事必须起草并采纳计划分立的条款草案；② 条款草案必须提供下列事项的详情：a. 转让方公司和受让方公司的名称，登记住所的地址，以及是股份有限公司或保证是有限公司并具有股本的公司；b. 转让方和受让方公司股份交换的数量（"股份交换比率"）、货币缴付的数额；c. 受让方公司股份配售的相关条款；d. 受让方公司股份持有人有权参与分红的日期，及影响该权利的特定条件；e. 为会计目的，转让方公司的交易将视为受让方公司交易的日期；f. 受让方根据分立计划拟向享有特殊权利或权利受限的转让方股东、其他证券持有者配售股份、其他证券上所依附的特殊权利（限制权利）事项或相关措施；g. 向专家或者分立公司的董事支付以及打算支付任何数额的对价。③ 分立条款草案必须同时满足三个条件：a. 提供被转让财产和债务的详情以及在受让方公司之间的分配；b. 对转让方公司已经取得或者可以取得的财产和债务在受让方公司之间的分配以及向受让方公司的转让作出了规定；c. 规定受让方公司股份对转让方公司股东的分配以及该分配所基于的标准。

3. 关于信息披露与知情权

《英国公司法》规定，公司分立应进行信息披露，应将公司分立方案即公司分立条款草案予以公布。该法第 921 条专条规定了登记官对分立条款草案公布的具体步骤：① 每个涉及分立的公司董事必须向登记官提交分立条款草案副本；② 登记官必须在公报上公布其从该公司收到条款草案副本的通知；③ 在以批准分立计划为目的而召开的公司会议当日的至少 1 个月前，必须公布该通知。

《英国公司法》还赋予了公司分立相关当事人的知情权，使他们具有对文件的查阅权。该法规定涉及分立的每一个公司成员能够在本公司登记住所查阅本公司和涉及分立的其他公司相关的文件副本；可以免费获得文件副本。《英国公司法》还对相关当事人行使查阅权的期限和内容进行了规定。查阅期限始于以批准分立计划为目的而召开的公司首次会议当日的前 1 个月，止于该会议召开之日；查阅内容主要包括：分立条款草案、董事的解释性报告、专家报告、截止首次会议之日前最后 3 个财政年度的公司年度账目和报告、公司法所要求的补充会计报表等。

在特定情形下,《英国公司法》规定可以对公司分立过程中免除报告义务,但这并不妨碍信息披露和知情权。该法第 933 条规定如果持有分立公司股份的所有股东及其他证券所有人同意,并且该股份或证券附有公司股东大会表决权的,可以免除董事的解释性报告、专家报告、补充会计报表、关于转让方公司资产重大变化的报告。

4. 关于决策程序

对于公司分立的决策程序,《英国公司法》主要通过对股东大会、董事会、专家报告等一系列的规定加以体现。

股东大会的相关规定:作为重大事件,《英国公司法》要求公司分立必须经过股东大会审议和批准,对公司分立中所涉及的相关事项,股东大会作出了特别的安排。该法第 922 条规定,公司分立中有关和解或类似安排的事项,必须经过亲自或通过代理人出席会议且有表决权的类别股东的 3/4 多数通过;第 927 条对公司分立中转让方公司资产重大变化的报告作出了两方面的规定:① 转让方公司的董事必须向本公司股东或类别股东,以及受让方公司董事报告。报告内容为分立条款草案被采纳日与会议召开日之间转让方公司财产和债务的重大变化情况;② 受让方公司的董事必须向本公司股东或类别股东报告前述事项。

《英国公司法》规定,在特定情况下,公司分立不需要通过转让方或受让方股东会议审议和批准。该法第 931 条规定了分立过程中不要求转让方公司通过股东会议审议和批准的两种情形:① 当载有公司股东大会表决权的转让方公司所有股份或其他证券被受让方公司持有时;② 法院认为与公司相关的下述 4 个条件完全符合时,分立计划可以不经转让方公司股东会议审议和批准:一是登记官公布收到分立条款草案的通知发生在转让方公司首次股东会议召开日至少 1 个月之前;二是在召开日 1 个月之前至召开日,股东可以在公司登记住所查阅分立公司的文件,并且可以请求免费获得分立公司文件副本;三是在该期间内,一个或数个公司共同持有不低于有表决权的公司股本的 5%,可以要求召集股东类别会议但并未提出该要求;四是转让方的董事已经向本公司股东以及受让方公司的董事发送了报告,报告的内容是关于公司分立条款被董事采纳日至法院法令日 1 个月前这段时间内转让方公司财产和债务重大变化情况。该法第 932 条则规定了在分立过程中不要求受让方公司通过股东会议审议和批准的情形:即如果法院认为与公司相关的下述 3 个条件完全符合,分立计划可以不必经受让方公司股东会议审议和批准:一是对受让方公司,登记官公布收到分立计划条款草案的通知发生在转让方公司首次股东会议召开日至少 1 个月之前;二是在召开日 1 个月之前至召开日,股东可以在公司登记住所查阅分立公司的文件,并且可以请求免费获得分立公司文件副本;

三是在该期间内,一个或数个公司共同持有不低于有表决权的公司股本的 5%,可以要求召集股东类别会议但并未提出该要求。

董事的解释性报告:英国公司法对公司分立要求公司董事会成员应作出董事解释性报告。对该报告规定了如下内容:① 转让方公司和受让方公司的董事必须起草并接受报告;② 报告必须包括解释和解或安排之效力的声明,如果该声明不处理下列事项,则应进一步声明:列明条款草案特别是股份交换比例和向转让方公司股东分配受让方公司股份所依据的法律和经济理由,说明特殊的评估困难;③ 报告必须同时载明:报告是否根据股份非货币对价的评估已经向受让方公司作出,以及该报告是否已向公司登记官提交。

专家报告:《英国公司法》对公司分立要求必须出具专家报告,并对专家的身份提出了要求,即专家必须是具有法定审计师的资格,且符合《公司法》第 936 条独立性要求的人员。专家在出具报告的过程中具有获得分立公司所有文件的权利,向公司高级管理人员要求获得信息的权利,该文件或信息被认为是为报告所必需的。该法对专家报告在形式和内容上提出了要求。在形式上,专家报告必须是代表分立公司起草的;报告是向公司股东作出的关于分立条款草案的书面报告;基于分立公司的共同申请,法院可以批准任命一个联合专家,代表所有分立公司起草单独的报告。在内容上,专家报告应当包括:指出达到股份交换比率所使用的一种或数种方法;就所使用的一种或数种方法是否在所有的情形中都合理出具意见,指出使用每一种方法所达到的价值,并且(如果超过一种方法)对于了达到该价值而适用该方法的相关重要性出具意见,阐述已产生的特殊评估困难,载明根据专家意见,股份交换比例是否合理;对于他人作出的评估认为作出这样的安排或接受这样的评估是合理的。

5. 关于财务要求

《英国公司法》不但要求分立公司的相关财务情况,还对分立的补充会计报表作出了相关规定,该法第 925 规定了以下几种情况:① 分立公司相关的财政年度结束于公司首次股东会议召开日 7 个月之前的,公司董事必须编制补充会计报表;② 该报表必须包括:在条款草案被董事采纳之前不超过 3 个月的日期内处理资产负债表,如果该日期是财政年度的最后一日而被要求编制集团账目时,则可合并资产负债表;③ 对于资产负债表及其账目附注中的事项,适用于本条之下的会计报表所要求的资产负债表以及公司在财政年度最后一日以外被编制所必要的修正;④ 对于账目的批准和签字,《公司法》第 414 条的条款适用于本条之下的资产负债表。

6. 关于责任与权利救济

对于分立过程中的责任,英国公司法规定体现在两个方面:①《公司法》第

930 条的规定，即关于分立过程中不得向转让方公司或其指定人配售股份。分立计划中不得向下列公司配售受让方公司的股份：a. 对于转让方公司（或其指定人）持有的转让方公司股份，转让方公司（或其指定人）不得配售受让方公司的股份；b. 对于受让方公司（或其指定人）持有的转让方公司股份，受让方公司（或其指定人）不得配售受让方公司的股份，但是当转让方公司股份被受让方公司持有时例外。②《公司法》第 940 条规定，关于受让方公司的责任，即公司分立中，对于依计划向其他受让方公司转让债务，每个受让方公司在其他公司未履行债务的范围内承担连带清偿责任。但这种责任在以下情况下例外，即：如果亲自或通过代理人出席会议并表决的股东会上获得转让方公司的债权人或其他类别债权人 3/4 多数同意的，不要求承担连带责任；受让方公司根据本条不负有支付超过分立计划向其转让的财产之净值的责任；转让之净值系指根据计划向其转让的财产在转让时的价值减去被转让债务的数额。

在权利救济方面，英国公司法赋予法院相关权力，该法第 934 条、第 938 条、第 939 条规定的法院的权力主要包括：在满足一定条件下，法院有针对分立安排发布法令排除某些要求的权力；召集现行受让方公司的股东或债权人会议的权力；以及法院为转让方公司转让业务等确定日期的权力等。这些权力的规定在一定程度上保护了公司分立过程中相关当事人的权利。

（二）《上市规则》

英国《上市规则》中没有专设章节规定分拆上市的相关规定①，也没有对"分拆"或"分拆上市"作专门定义，但英国《上市规则》中所规定的关于英国上市公司处置或者转让下属子公司资产或权益、子公司新申请上市等有关内容，实际上和上市公司分拆或分拆上市具有较大的关联性。某种意义上，可以说是对上市公司分拆上市的有关规定，主要体现在以下几个方面：

1. 关于上市独立性规定

英国《上市规则》要求新申请上市的公司必须具有业务上的独立性。这一独立性的要求是指：① 与控股股东或其关联人的交易与安排公允合理，并依据通常的交易条款交易；② 控股股东或其关联方不会做出导致新申请者或上市公司不能履行上市规则所规定义务的行为；③ 控股股东或其关联人不会提出阻碍其履行上市规则的股东大会决议议案。

根据英国《上市规则》6.1.4 的规定，新申请上市者申请在英国高级板上市时

---

① 英国《上市规则》第 6.4 条、第 9.2.20 条、第 10.2.8 条、第 10.5 条、第 13.5.1 条，2018 年 12 月 20 日最新修订，英国金融行为监管局官网，相关法规的网址为：https://www.handbook.fca.org.uk/handbook/LR.pdf.

必须证明其主营业务是独立的,新申请者应不存在以下情况:① 新申请者的主要利润来源于控股股东或其关联方直接或间接从事的业务;② 新申请者没有战略控制商业产品、战略控制创造利润的能力,没有自由实行商业计划;③ 新申请者不能证明可以从其他途径(除从控股股东或其关联方取得融资外)取得融资;④ 新申请者授予或可能被要求授予来源于控股股东或控股股东集团内成员融资业务的担保;⑤ 除去矿产公司,新申请者的业务主要为持有不具有控制权的实体的股份,这些实体包括新申请者只能对其行使消极控制;新申请者的控制受限于协议安排,可以不经同意终止或导致暂时或永久性失去控制;⑥ 控股股东或其关联方可以在新申请者正常公司治理结构外,或通过多数持股一个或多个重要子公司业务以影响新申请者的运营。

当新申请者在申请上市时存在控股股东的,其必须提供书面及有效协议,以确保其控股股东履行英国《上市规则》中有关独立性要求的规定,同时公司章程应允许选举和再次选举独立董事。

2. 关于外部管理的规定

根据英国《上市规则》9.2.20 规定:发行人必须保证董事会持续代表上市公司作战略决策的权利不受到任何限制或转移至发行人集团外人士,并且在没有发行人集团外人士的推荐下,董事会仍有能力做出公司战略事宜安排。

3. 关于交易分类的规定

根据英国《上市规则》10.2.8 的规定:上市公司主要子公司发行股份以换取现金或其他证券或减少债务的交易属于上市规则的第一类交易。《上市规则》10.5 规定了第一类交易的条件:即上市公司从事第一类交易需要满足:① 满足第二类交易所需满足的要求(包括具体交易细节的通知义务);② 向全体股东发送解释性股东函,并在本次交易的股东大会上取得他们的事先同意;③ 确保影响本次交易的协议以取得前述股东批准为前提。若向全体股东分发股东函后交易有重大变化的,还需要向股东发送补充函。

《上市规则》13.5.1 还规定:如果上市公司拟转让目标公司权益并导致上市公司的资产及责任不再合并计算,则上市公司的第一类股东函中需要加入相关财务信息。

三、日本有关分拆上市的相关规定

日本将分拆上市称为"分割上市",包括"分割"和"上市"两个过程。分割(下文中称为分立)是指对上市公司部分营业的分割和独立;上市是指以这部分营业为基础向公众发行股份。根据日本公司分割程序相关规定,公司分割过程中受保护的对象不仅包括被分割公司的股东、债权人,还包括雇员等利益相关者。分割过程中股东利益主要通过股东表决权、异议股东股份回购请求权、信息披露制度、独立专家意见等相关制度设计加以体现。对债权人利益保护则通过事前异议、事后连带责任等制度设计加以体现。从结构上看,日本对分拆上市的相关规定主要包括日本公司立法和证券交易所相关规则两部分,具体体现在《日本公司法典》《日本商法典》和证券交易所的《上市审核规则》《上市规则》《证券上市执行条例》等相关规则中。

（一）公司立法

日本涉及分拆上市的公司立法主要在《日本公司法典》和《日本商法典》。2014年修订的《日本公司法典》第 5 编第 3 章、第 4 章、第 5 章规定了公司分立(分为吸收分立和新设分立)、股份交换的相关规定及程序[1]。

1. 关于吸收分立

《日本公司法典》第 758 条对吸收分立规定了具体的要求。该条规定公司进行吸收分立,且吸收分立所承继公司属于股份公司时,须在吸收分立合同中作出下列规定:① 进行吸收分立的公司及吸收分立承继公司的商号及住所;② 对于承继公司而言,通过吸收分立所继承的分立公司的资产、债务、雇佣合同及其他权利义务的相关事项;③ 承继公司承继分立公司或分立公司股份时,与该股份相关的事项;④ 吸收分立时,对吸收分立公司支付有关其事业全部或部分权利义务的现金安排等,包括股份支付数及计算方式、资本金及公积金的事项、其他财产数额及计算方式等;⑤ 吸收分立的生效日;⑥ 盈余金分配等其他事项。

2. 关于新设分立

《日本公司法典》第 763 条对新设分立提出了具体的要求:规定在 1 个或 2 个以上的股份公司或其他公司进行新设分立,且新设分立的公司属于股份公司时,须在新设分立计划中就下列事项作出规定:① 新设公司的经营范围、商号、总公司所在地及可发行股份总数。② 由新设公司章程所规定的事项。③ 新设公司设立时董事的姓名。④ 按照设立公司类型,确立下述人员的姓名:a. 会计参与设置公司的,新设时参与会计的姓名或名称;b. 设置公司有监事的,新设时监事的姓名;c. 设置公司会计监察人的,新设时会计监察人的姓名或名称。⑤ 新设公司通过新设分立所承继公司的资产、债务、雇佣合同及其他权利义务的相关事项。⑥ 在新设分立时,代替有关其业务的全部或者部分权利义务,对新设分立公司所要交付的新设公司的股份数或其计算方式,与新设公司的资本金及公积金数额的事项;2 个

---

[1] 王作全译:《新订日本公司法典》第五编关于公司分立、股份交换及股份转让,北京大学出版社 2016 年版。

以上股份公司或者其他公司共同新设公司时,对新设公司分配前项所规定股份的事项;盈余金分配等其他事项。

3. 关于股份交换的规定

《日本公司法典》第 767 条、第 768 条对新设分立提出了具体的要求。第 767 条规定:股份公司可进行股份交换,须与取得该股份公司全部已发行股份的公司(股份交换全资母公司)订立股份交换合同。第 768 条规定:股份公司进行股份交换,且股份交换全资母公司属于股份公司时,须在股份交换合同中对下列事项作出规定:一是进行股份交换的股份公司及股份交换全资母公司的商号及住所;二是股份交换全资母公司的股份时,交换的股份数、计算方式、资本金、公积金的事项;三是对于股份交换全资子公司的股东分配前项规定的事项;四是股份交换的生效日等其他事项。

4. 关于公司分立主要流程的规定

主要包括 6 个流程,即:书面文件的备置及查阅;订立分立的有关计划书或分立合同;股东大会批准;反对股东的股份回购;股份价格的决定;债权人异议等。

5. 关于新设分立设立股份公司的程序规定

《日本公司法典》第 811 条对新设分立提出了具体的要求。该条规定新设公司或股份转移全资子公司,在新设公司或者股份转移全资母公司成立之日后,新设公司或者股份转移设立全资母公司需及时共同按照下列情况,制作各项书面文件:① 针对新设分立股份公司:指已记载了通过新设分立由新设公司所承继的权利义务以及由法务省所规定的有关其他新设分立事项的书面文件或电子记录;② 针对股份转移全资子公司:指已记载了通过股份转移设立取得的股份转移全资子公司的股份数以及由法务省所规定的有关其他股份转移事项的书面文件或电子记录。该条还对文件和记录备置的期间、地点及权利人的请求权做了规定:一是新设公司或者股份转移设立全资子公司,须在公司成立之日起的 6 个月期间,须将前款所规定的书面文件或电子记录置备于该公司总部;二是新设公司的股东、债权人及其他利害关系人有权对新设公司在该公司营业时间内随时提出下列请求:查阅前款所规定书面文件的请求;交付前款所规定书面文件抄本的请求;查阅电子记录中事项的请求;提供电子记录中的事项的请求,交付已记载该事项的书面文件的请求。

除了《日本公司法典》外,日本股份有限公司分立在《日本商法典》第 373、374 条中也有所规定,上市公司在对业务进行分立的时候,亦需遵循相关程序和要求。公司分立程序包括以下几个层次:① 董事会制作分立计划书,与承继公司订立分立契约;② 董事会在通过分立计划书或签署分立合同当日履行信息披露义务;

③ 提交股东大会表决；④ 反对股东异议回购权的行使；⑤ 履行债权人保护程序；⑥ 到主管机关办理分立登记；⑦ 按照法律要求，办理事后信息披露，以便异议者（股东和债权人）确定是否提起公司分立无效诉讼。

（二）证券交易所规则

在日本，最有影响力、最具典型性的证券交易所为东京证券交易所，其涉及公司分拆的相关规定主要为上市审核规则、上市规则、证券上市执行规则。

1. 上市审核规则

这主要体现在东京交易所（2015 年 5 月 1 日）《上市审核指南》（简称《指南》）①中，涉及的内容主要有：

（1）关于独立性的要求。《指南》第 3 条第 3 款针对主板国内公司、第 8 条第 2 款针对主板外国公司规定了独立性要求：首次公开发行申请者存在母公司的（除申请者在上市后第一经营年度内终止拥有母公司的情况外），集团架构内申请者的内部管理活动应与母公司保持独立，包括：① 申请者与母公司的业务应保持独立，集团架构内母公司的业务调整不能导致申请者的业务构成母公司重要或主要业务部门；② 集团架构内申请者或母公司不能通过强制或引诱交易的方式导致母公司或申请者从事不正常交易，对母公司或申请者产生不利影响；③ 集团架构内申请者接受的调派人员不能过分依赖母公司，不得影响申请者的持续管理活动。

（2）关于信息披露的要求。《指南》第 5 条第 4 款针对主板国内公司、第 10 条第 4 款针对主板外国公司信息披露进行了规定，当申请者存在母公司（除申请者在上市后第一营业年度内终止拥有母公司的情况外），应满足下列任一条件以保证母公司的信息披露是有效的：① 母公司披露的公司事务的所在国或外国金融工具交易所所在地（外国上市地）不缺失投资者保护；② 申请者可以掌握母公司对申请者的内部管理产生重要影响的公司信息及实际情况，并书面承诺可以将其产生重要影响等信息（除母公司的公司信息外）以合适的方式向投资者披露。

（3）关于关联交易的规定。《指南》第 6 条第 6 款规定当申请者与母公司进行关联交易，并对申请者产生重大影响时，应具备并启动少数股东利益保护措施。

（4）关于股东发起分拆的规定。《指南》第 13 条规定当申请者是由于上市公司股东发起的分拆新设的公司，在分拆或计划分拆前提出上市申请的，公司分立承继的业务仍将按照前述第 2—12 条的上市规则审核，应遵守相应规定。

---

① 《上市审核指南》第 3 条、第 5 条、第 6 条、第 8 条、第 10 条、第 13 条、第Ⅲ-2 部分第 4 项第 4(a) 款，东京股票交易所发布，2015 年 5 月 1 日最新修订，日本交易所集团官网，原版法规的网址为：https://www.jpx.co.jp/english/rules-participants/rules/regulations/tvdivq0000001vyt-att/listing_examination_guidelines_20150501.pdf.

(5) 关于首次发行涉及的分立分拆的规定。《指南》第三部分关于股票首次上市审核(标准板)第4条第4款1项规定:除申请者与子公司之间或子公司之间的分立外,首次公开发行申请者不得在首次公开发行申请日以及在该日前最近经营年度结束日后3年内进行公司分立。

2. 上市规则

这主要体现在2016年11月4日修订的东京交易所《证券上市规则》(简称《规则》)①中,涉及的内容主要有:

(1) 关于定义。《规则》第2条对"股东发起的分拆"进行了定义,股东发起的分拆是指通过分拆,存续公司或新设公司在分拆时向被分拆公司的股东发行全部或部分的股份。

(2) 关于分拆上市的程序。《规则》第201条第2款规定,上市公司通过分拆成立新公司并在成立后申请上市的,需要按照上市规则的规定申请上市,公司分立过程中需要取得股东大会的同意。

(3) 关于分拆上市中技术上市的条件。《规则》第208条、第209条规定了"技术上市"以及"技术上市"时需要满足的条件。根据该规定:股东发起的分拆(限于《证券上市执行条例》中规定的由其他公司承继原主板上市公司主营业务的情况)、主板上市公司通过股份转换等变为其他公司的子公司等情况均属于"技术上市"的情况,在具体条件上需要满足:① 公司股东数量预期在上市后第一经营年度截止时达到400人;② 公司可交易股份数量预期在上市后第一经营年度截止时达到2 000交易单位以上;③ 可交易股份的市值预期在上市后第一经营年度截止时达到5亿元日元以上;④ 公司可交易股份比例预期在上市后第一经营年度截止时达到所有已上市股份的5%以上;⑤ 若该公司为国内公司,需要符合第205条第8—11款要求(包括建立股东服务代理、股份交易单元、股票种类、股份转让限制、指定簿记转让机构等规定);若是外国公司,需要符合第206条第1款中指定簿记转让机构、股份转让限制、外国公司股票存根簿记的规定;⑥ 若该公司为外国公司时还需要满足第602条第2款第2项的规定。

(4) 关于分拆上市国内公司上市的条件。《规则》第212条规定了《证券上市执行条例》中关于国内公司上市申请时需要满足的条件,其中第3款规定公开发行的申请者自首次公开发行申请日至上市日前一天期间需要公开发售至少500交易

---

① 《证券上市规则》第2条、第201条、第208条、第209条、第212条、第216条、第403条、第801条,东京股票交易所发布,2018年6月1日最新修订,日本交易所集团官网,原版法规的网址为:https://www.jpx.co.jp/english/rules-participants/rules/regulations/tvdivq0000001vyt-att/securities_listing_regulations_[rule1-826]_20180601.pdf.

单位的股份,但是该条款不适用因股东发起的分拆导致承继公司申请上市的情况。

此外,《上市规则》第 216 条第 3 款、第 4 款还规定了国内公司以及外国公司上市(标准板)应满足该条第 5 款的相关规定,其中包括在自首次申请日至上市日前一天期间,预计在上市时可以公开发行至少 1 000 交易单位或达到 10% 的上市股份数量(取孰高者)的股份,但是若申请上市人是因股东发起的分拆后承继的业务,在分拆前申请首次公开发行且在自首次申请日至上市日前一天期间没有进行第一、第二上市的,可以不用满足此项规定。

(5)关于信息披露的规定。《规则》第 403 条规定母公司(上市公司)通过换股、分立等方式对子公司进行业务处置需要依据《证券上市执行条例》的相关规定立即披露相应细节。

(6)关于股东分拆发行优先股的规定。《规则》第 801 条第 2 款规定,当上市公司因股东发起的分拆进行公司分立并新设公司的,且在新设公司向原股东因分拆发股前进行首次公开发行申请的,应由上市公司申请首次公开发行,并可以在新设公司成立前且股东大会就分拆新设公司的决议通过后申请首次公开发行,可由新设公司发行优先股。

证券上市执行条例:[①]主要体现为东京交易所《证券上市执行条例》。其涉及的主要内容:一是关于技术上市的规定。《条例》第 204 条第 2 款规定特别表格申请上市。即在下列情况下,在分拆生效日前申请首次上市的,申请者应准备向交易所提交 Form2 或 Form2-6 表格:① 适用技术上市的情况;② 一家公司承继上市公司的业务;③ 承继因股东发起的分拆行为导致在其他市场上市的公司的业务且承继的业务构成申请者的主要业务。二是关于财务、营业期限方面的规定。《条例》第 204 条第 14 条、第 15 项规定,申请者因公司分立承继了另一家公司的业务,并且业务承继已满两年,需要提供两份业务承继时间段的财务计算文件以及财务报表,并依据交易所关于业务单元的财务信息准备标准制作相关财务数据。《条例》第 212 条第 4 款第 3 项规定,因申请者是通过公司分立承继或取得了另一公司的业务,持续业务营业期限将加入另一公司营业期限计算,但是申请者应取得或承继另一公司的主要业务。三是关于上市审核的规定。《条例》第 212 条第 6 款第 11 项规定,因申请者是通过公司分立承继或取得了另一公司的业务,且上市审核的时间段包括了业务承继前的经营时间段,承继业务的利润总额、销售额将被交易所审核。

---

① 《证券上市执行条例》第 204 条、第 212 条,东京股票交易所发布,2018 年 5 月 1 日最新修订,日本交易所集团官网,原版法规的网址为:https://www.jpx.co.jp/english/rules-participants/rules/regulations/tvdivq0000001vyt-att/enforcement_rules_securities_listing_regulations_[rule1-822]_20180501.pdf.

第二节　我国分拆上市的相关规定

一、台湾地区分拆上市的相关规定

我国台湾地区有关公司分拆上市的规定主要集中在"公司法"等相关法律和证券交易所上市审查准则、营业细则等相关规则中。

（一）相关法律规范

我国台湾地区有关分拆制度①与日本的分拆制度较为相似，但在具体的制度设计上有所不同。在名称上也沿用了公司分割的概念，它是"指公司依本法或其他法律规定将其独立营运之一部或全部之营业让与既存或新设之其他公司，作为既存公司或新设公司发行新股予该公司或该公司股东对价之行为"②。在公司分拆的方式上，台湾的公司分拆制度分为两种，即新设分割和吸收分割，同时还规定了作为特别方式的简易分割。在新设分割中，进一步区分了新设存续分割与新设消灭分割。所谓新设存续分割，是指公司新设公司继受其一部分财产后，公司依然存续；所谓新设消灭分割，是指公司将全部财产分别让两个以上的新设公司继受，公司解散。台湾地区的公司新设分割与公司新设消灭分割与大陆目前作为通说的存续分立与解散分立大致相同。③ 台湾地区分拆上市的有关规定主要体现在该地区的"公司法"、"金融控股公司法"和"企业并购法"中。这些法律规范涉及公司分拆的相关规定，内容较为繁杂。但总括起来，这些法律规范对公司分拆在如下几个方面有所涉及。

1. 对分拆主体、标的、法律效力等实体内容进行了规定

比如，对分拆主体的规定，分别在台湾 2006 年 2 月修订的"公司法"第 316 条第 1 款第 2 项，2004 年 5 月修订的"企业并购法"第 41 条第 1 款、第 6 款，2005 修订的"金融控股公司法"第 2 条第 2 项、第 10 条等条款中进行了规定；对分拆的标的的规定，分别在"公司法"第 317 条第 21 款，"企业并购法"第 41 条第 6 款，"金融控股公司法"第 33 条第 1 款、第 3 款等条款中进行了规定；对分拆的法律效力，分

---

① 台湾的相关法律规范中使用的公司"分割"一词，在某种程度上和大陆公司法中的分立一词没有太大的差异，也与公司分拆没有实质性的区别。公司分割、公司分立和公司分拆在有些情况下并不作实质性区分。
② 台湾"企业并购法"第 4 条第 1 款第 6 项。
③ 朱大明：《我国公司分立法制的现状与改革》，《商事法论丛》第 23 卷，法律出版社 2013 年第 1 期，第 295—296 页。

别在"公司法"第 319 条第 75 款,"企业并购法"第 32 条第 7 项,"金融控股公司法"第 2 条等条款中进行了规定。

2. 对公司分拆涉及的必要文件、独立专家、董事会决议、召集股东会、股东会决议、信息披露和公告等相关程序进行了规定

比如,对于必要文件,分别在台湾 2006 年 2 月修订的"公司法"第 317 条、2004 年 5 月修订的"企业并购法"第 32 条第 2 款、第 33 款第 1 款,2005 修订的"金融控股公司法"第 34 条第 1 款等条款中进行了规定;对公司董事会决议分别在"公司法"第 206 条第 1 款,"企业并购法"第 6 条、第 2 条第 1 款,"金融控股公司法"第 34 条第 1 款等条款中进行了规定;对股东会决议分别在"公司法"第 316 条,"企业并购法"第 10 条、第 32 款第 2 款、第 3 款、第 4 款,"金融控股公司法"第 33 条第 1 款、第 34 条第 1 款等条款中进行了规定。

3. 对公司分拆过程中的股东、债权人、公司员工等相关当事人权益保护进行了规定

规定了异议股东股份收购请求权,比如在"公司法"第 317 条,"企业并购法"第 12 条第 1 款第 6 项,"金融控股公司法"第 33 条第 3 款等条款中进行了规定;特别通知债权人、对债权人的公告、对被分拆公司对债务人的连带责任,比如在"公司法"第 319 条,"企业并购法"第 32 条第 4 款、第 5 款,"金融控股公司法"第 2 条第 1 款、第 33 条第 1 款第 2 项、第 35 条等条款中进行了规定;公司员工保护、员工的新股认购权,比如在"公司法"第 267 条第 7 款,"企业并购法"第 15 条、第 16 条、第 8 条第 1 款第 4 项等条款中进行了规定。

（二）上市审查准则

2017 年修订的"台湾证券交易所股份有限公司有价证券上市审查准则"（简称"上市准则"）,[①]第 19 条对母子关联公司申请股票发行上市情况作了特别规定,即除了公营事业外,母子关联公司的子公司申请其股票上市,不仅需要符合上市准则有关规定,还应符合 6 个条件:

（1）应提供母公司与其所有子公司按照母公司所在地会计准则编制的合并财务报表,并应由台湾地区会计师就台湾地区与母公司所适用会计原则的差异及其对财务报表的影响出具意见。

（2）依据前述合并财务报表,最近一个会计年度的净值额应达新台币 10 亿元以上;且最近两个会计年度的税前净利占净值总额之比均应达 3% 以上,但依据

---

① "台湾证券交易所股份有限公司有价证券上市审查准则"第 19 条,台湾证券交易所官网,2018 年 7 月 9 日最新修订,相关法规网址为: http://twse-regulation. twse. com. tw/TW/law/DAT0201. aspx? FLCODE=FL007326.

《上市准则》第 5 条、第 6 条或 6-1 规定申请上市,或于申请上市年度及其最近一个会计年度内与其母公司之间进销货往来金额未达其进销货总金额 10% 的,前述获利能力的比率不适用。

（3）母公司及其所有子公司,以及前述公司的董事、监事、代表人,持有公司股份超过股份总额 10% 的股东,与其关联人总计持有该申请公司的股份不得超过发行总额的 70%。超过者,应办理上市前的股票公开发售,使其降至 70% 以下。但非前述限制对象之外的人持有申请公司股数达 3 亿股以上的,不适用。

（4）于申请上市会计年度及其最近一个会计年度来自母公司至营业收入不超过 50%,主要原料或主要商品或总进货金额,不超过 70%。但因行业特性、市场供需状况、政府政策或其他合理原因者,不适用。

（5）母公司已在台湾证券集中交易市场上市,申请上市时最近四季度未包括申请公司财务数据且经会计师审计的模拟合并财务报表所显示的营业收入或营业利益,没有相比其同期合并财务报表降低 50% 以上,且母公司最近两个会计年度未有重大客户业务转移的情况。但母子公司间因业务形态、产业类别或产品类别不同且无相互竞争,或其他合理原因造成的,不适用。

（6）子公司于申请上市前 3 年内,母公司为降低对子公司持股比例所进行的股权转让行为,应采用母公司原由股东优先认购或其他不损害母公司股东权益方式进行。

（三）营业细则

2017 年修订的"台湾证券交易所股份有限公司营业细则"（简称"营业细则"）[①]第 53 条对上市公司分割上市进行了具体规定,将受让分割业务或资产的公司分类为既存公司或新设公司,主要包括四个方面内容:

（1）上市公司与其未上市既存公司进行换股,且未上市既存公司最近一年度模拟转换后财务报表营业收入或营业利益超过 50% 来自参与股份转换的上市公司,既存公司应在股份转换基准日一年内向台湾交易所申请上市。

（2）上市公司（母公司）依法进行分割,该上市公司有价证券欲继续上市,应不存在:① 最近两个会计年度未包括分割部门财务数据且经会计师审计的模拟财务报表所显示的营业收入或营业利益（含停业部门）,均较其同期财务报表所显示的营业收入或营业利益减少达 50% 以上;② 最近两个会计年度未包括分割部门财务数据且经会计师审计的模拟财务报表所显示的模拟营业损失（含停业部门）较其同

---

① "台湾证券交易所股份有限公司营业细则"第 53 条,台湾证券交易所官网,2018 年 12 月 24 日最新修订,相关法规网址为:http://twse-regulation. twse. com. tw/TW/law/DAT0201. aspx? FLCODE = FL007304.

期财务报表所显示的营业损失增加;③ 若上市公司存在前述两项情况但经申请继续上市时,应出具独立顾问就本次分割的换股比例、收购价格合理性及对上市公司股东权益影响的意见书。

（3）受让分割的新公司申请上市时需要在资本额、设立年限要求、获利能力、最近一年财务报告等方面符合"上市准则"的相关规定;被分割上市公司进行分割时,其有价证券上市满3年的,该受让分割的新公司应在分割变更登记完成日起一年内,向台湾交易所提出上市申请。

（4）若受让分割的新公司未按照前条规定提出上市申请,应符合下述情况得以取得股票上市:① 提出上市申请时,尚未逾分割变更登记完成日起3年;② 被分割的上市公司分割前一营业日市值达新台币200亿元或经审计的最近期财务报表权益达新台币100亿元以上;③ 受让分割的新公司经审计的最近期财务报表权益达新台币50亿元以上;④ 在资本额、设立年限、获利能力、股权分散、最近一年度财务报表等方面符合"上市准则"的相关规定;⑤ 上市公司因进行分割所取得受让分割公司发行之新股,于其分割变更登记完成日起一年内,出售股权累计达因分割所取得股权的20%以上的,应经股东会决议通过。

此外,《营业细则》第52条还规定了分拆上市的简易上市程序。这种"简易性"是相对于首次公开上市申请而言的,即无需经过上市和券商辅导程序,直接向证券交易所提出上市申请。上市公司分割简易上市程序实施后,在实践中起到了较好的效果,但也可能引起市场炒作。为防止上市公司动辄采用简易上市程序炒作股价,影响证券市场投资者利益,《营业细则》规定,被分拆公司申请简易上市程序的期限不得超过分割登记之日起1年;不仅如此《营业细则》还限定上市公司首次简易上市间隔不得少于3年,两次简易上市间隔不得少于2年。之所以在《营业细则》中没有有关股东、债权人保护的规定,原因在于台湾地区"公司法"中对分立过程中的股东、债权人和其他利益相关者的保护已予以较为周延的规范。

二、香港有关分拆上市的相关规定

香港对母公司分拆子公司单独上市的规定,集中在香港交易所①《主板上市规则》中,其第15项应用指引《有关发行人呈交的将其现有集团全部或部分资产或业

---

① 香港交易所是集团性公司,旗下有香港联交所等相关单位,该处的《主板上市规则》主要的是指联交所的相关业务规则。香港交易所既是集团公司,又是香港联交所的母公司,为统一起见,在本文中凡涉及香港联交所的称呼及业务规则均用香港交易所替代。

务在本交易所或其他地方分拆独立上市的指引》①,明确了上市审核委员会考虑分拆上市申请时所采用的原则。从内容上看,香港交易所非常关注分拆上市对母公司盈利能力、子公司股份的分配、母公司股东对分拆上市事宜的表决权、母子公司独立性、利益输送等方面的问题。其具体内容主要规定如下:

(1) 分拆上市的公司即"新公司"应符合香港交易所上市规定,且母公司上市年期满3年,若不足3年,除向香港交易所申请豁免外,上市委员会一般不会考虑其分拆上市的申请。

(2) 控制分拆上市对母公司盈利能力的影响。为防止分拆对母公司盈利能力和股东利益的影响,香港交易所规定,新公司上市后,母公司保留有足够的业务运作及相当价值的资产,以支持其分拆上市的地位;母公司除去新申请上市公司带来的利润和上市公司非正常经营范围内产生的利润应当符合最低盈利规定,申请分拆前的5个会计年度中,任何3个会计年度的盈利总额不得少于5000万港元;为符合最低盈利总额规定,母公司必须达到以下标准:① 在提出分拆上市申请前连续3个会计年度的盈利/亏损合计后的纯利,不得少于5000万港元;② 如未能达到上述标准,则在提出分拆上市申请前连续4个会计年度中,其中任何3个会计年度的盈利/亏损合计后的纯利,不得少于5000万港元;③ 如未能达到②的标准,在提出分拆上市申请前5个会计年度中,其中任何3个会计年度的盈利/亏损合计后的纯利,不得少于5000万港元。被分拆公司在申请分拆前连续3个会计年度,总利润不低于5000万港元。从上述规定可以看出,新公司被分拆上市后,母公司的盈利能力仍应被保留,在一般情况下,分拆上市的新公司应保证其母公司在新公司分拆上市前3个会计年度持续盈利总额不少于5000万港元,只是在由于意外原因或市场重大不景气因素所致,被分拆公司的利润才可以按照申请上市前4年或5年的3个会计年度产生的总利润来计算。

(3) 防止分拆上市对母公司股东利益的不利影响。为控制分拆上市对投资者的风险,香港交易所规定,分拆上市不得给母公司股东利益造成"重大不利影响",否则分拆上市申请将不会被批准;要求在分拆上市申请中详细说明分拆上市给母公司带来的利益,分拆上市的商业利益应清楚明确,并在上市文件中详尽说明分拆上市不会对母公司股东的利益产生不利影响。

香港交易所明确规定了母公司股东在以下两种情况下对子公司分拆上市具有

---

① 香港联合交易所《主板上市规则》第15项应用指引《有关发行人呈交的将其现有集团全部或部分资产或业务在本交易所或其他地方分拆独立上市的指引》,香港联合交易所官网,2013年1月1日最新修订,相关法规网址为:http://sc. hkex. com. hk/TuniS/cn-rules. hkex. com. hk/tr/chi/browse. php? root = 9c57f7926b6816a1128d8eae33bffb73&id=8782&type=0.

表决权：一是公司分拆过程占比大于 25％，具体衡量指标包括资产占比、利润占比、收入占比、股权占比等；二是新申请上市的公司是母公司的主要子公司，该子公司的上市会严重稀释母公司在子公司中的权益。表决时，如果控制股东及其关联人对分拆上市事项存在利害关系的，必须回避表决。在控股股东无需回避表决的情况下，表决过程如果遭到少数股东的反对时，独立财务顾问应当就此情况向香港交易所提交专门的情况说明。

（4）保证股份分配的公平性。最终能否被认可，其中一个关键的考虑因素在于母公司股东是否在新申请上市公司获得的分配，能否就新股发行设定母公司股东的优先认购权。在母公司股东获取股份方面，香港交易所特别强调，必须平等对待所有股东，不按比例的股份获取方式不会被认可。若多数小股东反对分拆上市但控股股东通过相关议案，独立财务顾问应向交易所提交股东大会所做出的讨论。上市委员会要求母公司向其现有股东提供一项保证，保证其获得新公司股份的权利，使全体股东公平参与分拆机会。分配方式包括：向现有股东分派新公司的现有股份，或在发售新公司的现有股份或新股中，让现有股东优先申请认购有关股份，股权比例由母公司董事与其顾问确定。

（5）要求母子公司独立，严防被分拆公司和分拆上市公司之间进行利益输送。为防止母子公司之间进行利益输送，损害证券市场投资者的利益，香港交易所对母子公司之间的独立性做出明确要求：① 要业务独立，子公司有不同于被分拆公司的业务，即申请上市公司经营的业务与被分拆公司之间的业务有明确的分离和界定。② 要职能独立，其中包括董事职务及公司管理方面的独立：两公司有相同董事出任的情况尽管不会对有关上市申请资格构成重大障碍，但发行人须使上市委员会确信，新公司会独立地以其整体股东的利益为前提运作，并在其利益与母公司利益实际或可能出现冲突的情况时，不会仅仅考虑母公司的利益；行政能力方面的独立：尽管上市委员会就母公司与新公司在有关行政及非管理职能（如秘书服务）的分担方面愿意作弹性处理，但上市委员会会要求所有基本的行政职能均由新公司执行，而无须由母公司给予支援。③ 新申请上市的公司与被分拆公司之间的关联交易符合香港交易所《主板上市规则》第 14 章的相关要求，如果两者之间的交易存在豁免情形，从保护两公司少数股东利益的角度出发，对于这类交易不存在监管困难。母公司须使上市委员会确信，母公司及新公司两者之间上市后持续进行的关连交易，均根据《主板上市规则》第 14 章 A 及此章的豁免规定适当进行，尤其是即使获得任何豁免，母公司与新公司的持续关系，在保障各自的少数股东权益方面不会虚假或难以监察。

三、大陆有关分拆上市的相关规定

大陆(以下简称我国)关于上市公司分拆上市的相关法律规范不多,规定涉及的内容也十分简单,主要是公司法和中国证监会的有关规定。

(一)《公司法》

我国《公司法》第176条、第177条对公司分立作了相应的规定。第176条规定:"公司分立,其财产做相应的分割。公司分立,应当编制资产负债表及财产清单。公司应当自作出分立决议之日起十日内通知债权人,并于三十日内在报纸上公告";第177条规定:"公司分立前的债务由分立后的公司承担连带责任。但是,公司在分立前与债权人就债务清偿达成的书面协议另有约定的除外。"该两条尽管没有直接规定上市公司分拆的内容,但其立法精神可以援引,因而可以看作是对公司分拆相关的立法规定。

(二)《关于规范境内上市公司所属企业到境外上市有关问题的通知》(简称《通知》)

《通知》为2004年7月21日由中国证监会颁布的证监发(2004)第67号文,主要依据《公司法》《证券法》《国务院关于股份有限公司境外募集股份及上市的特别规定》等制定,对上市公司所属企业到境外上市进行了定义:是指上市公司有控制权的所属企业(简称所属企业)到境外证券市场公开发行股票并上市的行为。《通知》对上市公司分拆上市具体内容的规定主要有以下几方面:

(1)规定了所属企业申请到境外上市的上市公司的条件。《通知》第2条明确规定了境内上市公司所属企业到境外分拆上市应该符合的8个条件,即:① 上市公司在最近3年连续盈利;② 上市公司最近3个会计年度内发行股份及募集资金投向的业务和资产,不得作为对所属企业的出资申请境外上市;③ 上市公司最近一个会计年度合并报表中按权益享有的所属企业的净利润不得超过上市公司合并报表净利润的50%;④ 上市公司最近一个会计年度合并报表中按权益享有的所属企业净资产,不得超过上市公司合并报表净资产的30%;⑤ 上市公司与所属企业不存在同业竞争,且资产、财务独立,经理人员不存在交叉任职;⑥ 上市公司及所属企业董事、高级管理人员及其关联人员持有所属企业的股份,不得超过所属企业到境外上市前总股本的10%;⑦ 上市公司不存在资金、资产被具有实际控制权的个人、法人或其他组织及其关联人占用的情形,或其他损害公司利益的重大关联交易;⑧ 上市公司最近3年无重大违法违规行为。

(2)上市公司对所属企业境外上市依法应做的相关程序进行了规定。《通知》第3条规定了3个方面的内容,即:① 董事会应当就所属企业到境外上市应就是否符合本通知、所属企业到境外上市方案、上市公司维持独立上市地位承诺及持续盈利能力的说明与前景做出决议,并提请股东大会批准;② 股东大会应当就董事会提案中有关所属企业境外上市方案、上市公司维持独立上市地位及持续盈利能力的说明与前景进行逐项审议并表决;③ 上市公司董事、高级管理人员在所属企业安排持股计划的,独立董事应当就该事项向流通股(社会公众股)股东征集投票权,该事项独立表决并须获得出席股东大会的流通股(社会公众股)股东所持表决权的半数以上通过。

（3）对相关中介机构的责任。《通知》第 4 条规定,上市公司应当聘请经中国证监会注册登记并列入保荐机构名单的证券经营机构担任其维持持续上市地位的财务顾问。财务顾问应当承担两方面的职责:一是财务顾问应当对上市公司所属企业到境外上市申请文件进行尽职调查、审慎核查,出具财务顾问报告,承诺有充分理由确信上市公司申请文件不存在虚假记载、误导性陈述或者重大遗漏,确信上市公司在所属企业到境外上市后仍然具备独立的持续上市地位,保留的核心资产与业务具有持续经营能力。二是财务顾问应当在所属企业到境外上市当年剩余时间及其后一个完整会计年度,持续督导上市公司维持独立上市地位,并承担下列工作,包括:持续关注上市公司核心资产与业务的独立经营状况、持续经营能力等情况;针对所属企业发生的对上市公司权益有重要影响的资产、财务状况变化,以及其他影响上市公司股票价格的重要信息,督导上市公司依法履行信息披露义务;财务顾问应当自持续督导工作结束后 10 个工作日内向中国证监会、证券交易所报送"持续上市总结报告书"。

《通知》第 6 条还特别提出财务顾问本身诚实勤勉的责任,财务顾问应当参照《证券发行上市保荐制度暂行办法》的规定,遵守法律、行政法规、中国证监会的规定和行业规范,诚实守信,勤勉尽责,尽职出具相关财务顾问报告,持续督导上市公司维持独立上市地位。中国证监会比照《证券发行上市保荐制度暂行办法》对财务顾问执业情况实施监管。

（4）对相关信息披露的规定。《通知》第 5 条规定,所属企业到境外上市,上市公司应当在下述 4 项事件发生后次日履行信息披露义务:① 所属企业到境外上市的董事会、股东大会决议;② 所属企业向中国证监会提交的境外上市申请获得受理;③ 所属企业获准境外发行上市;④ 上市公司应当及时向境内投资者披露所属企业向境外投资者披露的任何可能引起股价异常波动的重大事件。上市公司应当在年度报告的重大事项中就所属企业业务发展情况予以说明。

（5）其他规定。《通知》第 7 条、第 8 条分别对申请材料报送、行政许可和适用范围作了规定。第 7 条规定:上市公司所属企业申请到境外上市,应当按照中国证监会的要求编制并报送申请文件及相关材料。中国证监会对上市公司所属企业到境外上市申请实施行政许可。第8条规定：同时发行境内上市内资股和境内上市外资股的上市公司不适用本通知。

（三）证监会发行部关于上市公司分拆上市的审核标准①

目前，除了中国证监会颁布的《关于规范境内上市公司所属企业到境外上市有关问题的通知》外，我国法律法规和相关规定对于上市公司分拆上市模式暂时没有其他规范性文件，也没有明确的禁止性法律文件。而根据相关报道称②，中国证监会发行部相关官员在创业板发行监管沟通会上，传达境内上市公司分拆上市的审核标准。证监会官员表示，允许境内上市公司分拆在创业板上市，但是需要满足6个条件，即：上市公司最近3年连续盈利，业务经营正常；上市公司与发行人不存在同业竞争且出具未来不竞争承诺；上市公司及其发行人的股东或实际控制人与发行人之间不存在严重关联交易；上市公司公开募集资金未投向发行人业务；发行人净利润占上市公司净利润不超过50%，发行人净资产占上市公司净资产不超过30%；上市公司及下属企业的董事、监事、高级管理人员及其亲属持有发行人发行前股份不超过10%。但在这之后，又发出了不鼓励境内上市公司分拆到创业板上市的信息。③

此外，对于分拆上市公司业绩连续计算问题，中国证监会发行部明确规定因IPO公司主营业务3年内不能有重大变化，因此企业分拆上市业绩不能连续计算。④

（四）中国证监会《关于在上海证券交易所设立科创板注册的实施意见（征求意见稿）》

2019年1月30日，中国证监会发布了《关于在上海证券交易所设立科创板并试点注册制的实施意见（征求意见稿）》，在（十五）"建立高效的并购重组机制"中指出："证监会依法批准上交所制定的科创板上市公司并购重组审核标准及规则体系。达到一定规模的上市公司，可以依法分拆其业务独立、符合条件的子公司在科创板上市。"在《科创板上市公司持续监管办法（试行）（征求意见稿）》第33条也规定："达到一定规模的上市公司，可以依据法律法规、中国证监会和交易所有关规定，分拆业务独立、符合条件的子公司在科创板上市。"上述规范施行后，A股市场

---

① 《证监会发行上市部关于IPO财务会计若干问题的处理意见征求意见稿的通知》第8条，中国证监会，2011年9月13日。

② 《境内上市公司可分拆子公司创业板上市》，《上海证券报》2010年4月13日。

③ 《证监会不鼓励分拆子公司创业板上市》第3段，文华财经，2010年11月18日，参考文献网址为：http://finance.sina.com.cn/stock/newstock/cyb/20101118/08208971089.shtml。

④ 参见中国证监会发行监管部2011年8月下发的《IPO财务会计若干问题处理意见征求意见稿》第八部分。

上市公司分拆上市将在科创板取得突破。尽管上述两个《征求意见稿》明确了国内上市公司分拆境内子公司在A股市场上市，但中国证监会对国内上市公司分拆到国内市场上市并没有明确可操作性的规定。

第三节　分拆上市的比较和借鉴

一、上市公司分拆上市基本特点

（一）美国分拆上市基本特点

一是美国没有专门性的分拆上市的法律，但对分拆上市的规定所涉及的面还是比较广的，无论在法律层面还是规则层面，无论在实体上还是程序上均对分拆上市有所涉及。

二是美国对分拆上市不但强调发行，也强调信息披露，并根据不同的情形规定了相对应的条件。

三是针对公司分拆中出现的新情况、新问题能够进行调整，阻断或纠正公司分拆中不当行为。

四是美国公司法、证券法、破产法对分拆上市业务的程序规范和各利益主体关系进行了规范；税法则对分拆上市模式进行了规范，防止上市公司利用分拆减少或者逃避税收；而美国证监会和交易所则从分拆上市的程序、利益主体的规范和信息披露等方面进行了严格的监管。

五是上市公司的业务在分拆时，股东利益主要是通过公司法上的股东表决权、董事责任规定以及证券法的信息披露制度等获得相应的保护；债权人利益则依靠公司法上的股利分配规则、联邦破产法和各州财产欺诈转移法等相关规定得到保障。至于其他利益相关人的保护，一般不属于美国公司治理关注的范围。

（二）英国分拆上市基本特点

一是英国法律法规并没有公司分拆上市的直接规定，而是在一些法律法规中对公司分立进行了相关规定。从这些规定中看出，许多规定是完全适用公司分拆的。英国公司法对公司分立的规定，无论在程序上还是实体上，其规定的具体情形、法律逻辑和立法精神应该适用于公司分拆；英国上市规则中没有专设章节规定分拆上市的相关内容，也没有对"分拆"或"分拆上市"作专门定义，但在英国上市规则中所规定的关于英国上市公司处置或者转让下属子公司资产或权益、子公司新申请上市等有关内容实际上和上市公司分拆具有较大的关联性。某种意义上，可以说是对上市公司分拆上市的有关规定。

二是英国公司法及上市规则对公司分立的规定比较详细。公司法的主要内容体现在公司分立的主体、内容、信息披露与知情权、决策程序、财务要求、责任与权力救济等各个方面；上市规则关于分立上市独立性外部管理、交易分类等也都进行了较多的规定。

三是既重视分拆上市的实体性又重视分拆上市的程序性问题。在实体内容上，英国公司法对公司分拆实体内容规定的非常详细。根据该法的要求，进行分立的公司必须就公司计划分立应当制定专门的条款草案；每个涉及分立公司的董事必须起草并采纳计划分立的条款草案，内容包括条款草案必须提供至少涉及到转让方公司和每个受让方公司名称、登记住所的地址，股份交换比率，货币缴付的数额，股份配售条款；参与分红的日期，受让方公司交易的日期，享有特殊权利或限制的事项，等等，并提出了分立条款草案必须同时满足的三方面情况等。在程序上，英国公司法主要通过对股东大会、董事会、专家报告等一系列的规定加以体现。比如，就股东大会而言，英国公司法规定所涉及公司分立有关事项、出席或代理出席表决通过的效率要求、类别股的安排、分立审议报告的发送等；对公司分立草案的公布，英国公司法也规定了应当由登记官按照一定的步骤进行，即登记官对分立条款草案公布具体步骤：① 每个涉及分立公司的董事必须向登记官提交分立条款草案副本；② 登记官必须在公报上公布其从该公司收到条款草案副本的通知；③ 在为批准计划之目的而被召集的该公司任何会议之日至少 1 个月之前，必须公布该通知。

四是在分拆上市过程中注重保护利害关系人的合法权益，要求公司分拆的独立性、防止利益输送，强调信息披露和利害关系人的知情权，赋予相关的救济渠道。比如，就要求公司分拆上市独立性而言，英国上市规则要求新申请上市的申请者主要利润不能来源于控股股东或其关联方直接或间接从事的业务，必须证明可以从其他途径(除从控股股东或其关联方取得融资外)取得融资，不是授予或可能被要求授予来源于控股股东或控股股东集团内成员融资业务的担保，业务不被具有控制权公司所控制，等等。

（三）日本分拆上市基本特点

一是较为详细地规定了有关分拆上市的相关要求和条件，层次较高，较为全面和立体。日本对分拆上市的相关规定主要包括日本公司立法和证券交易所相关规则两部分，具体体现在《日本公司法典》《日本商法典》和证券交易所《上市审核规则》《上市规则》《证券上市执行条例》等规范中。这些法律规范对分拆上市的有关规定考虑得较为周全，其规定从各自的角度、有各自的出发点，彼此之间虽有错位，但相互衔接，总体上体现出较为合理的层次，较为全面地规定了公司分拆所涉及的各方面情况。

二是提出了公司分立的两种情况，规定了公司交换股份，并对公司分拆上市进行了较为明确的规定。《日本公司法典》第 5 编规定了吸收分立和新设分立，该法第 758 条和第 763 条分别对吸收分立和新设分立提出了具体的要求。《日本公司法典》第 767 条、第 768 条对新设分立交换股份提出了具体的要求。在证券交易所的规则中，日本还对分拆上市进行了具体的规定，主要体现在东京交易所《证券上市规则》中，内容涉及分拆上市的定义、分拆上市的程序、分拆上市中技术上市的条件、分拆上市国内公司上市的条件、股东分拆发行优先股的规定等。

三是强调分拆上市的程序。无论是《日本公司法典》还是《日本商事法典》，以及证券交易所的自律规则，都对分拆上市的程序相当重视。比如，《日本公司法典》对公司分立在程序上进行了多方面的规定，主要包括 6 个方面流程，即：书面文件的备置及查阅；订立分立的有关计划书或分立合同；股东大会批准；反对股东的股份回购；股份价格的决定；债权人异议等。《日本公司法典》第 811 条对新设分立股份公司的程序规定也提出了具体的要求。除了《日本公司法典》外，日本股份有限公司分立在《日本商法典》第 373 条、第 374 条中也有所规定，上市公司在对业务进行分立的时候，亦需遵循相关程序和要求，公司分立程序包括：董事会的分立计划书或分立契约、董事会在通过分立计划书或签署分立合同当日履行信息披露、提交股东大会表决、反对股东异议回购权的行使、履行债权人保护、到主管机关办理分立登记、办理事后信息披露以便异议者（股东和债权人）确定是否提起公司分立无效诉讼等相关程序等。证券交易所《上市规则》还对分拆上市的程序进行了规定，第 201 条第 2 款规定上市公司通过分拆成立新公司并在成立前进行申请上市的，需要按照上市规则的规定申请上市，公司分立过程中需要取得股东大会的同意。关于信息披露，《上市规则》第 403 条规定母公司（上市公司）通过换股、分立等方式对子公司进行业务处置需要依据《证券上市执行条例》的相关规定立即披露相应细节。

四是制定了分拆上市的较为严格的审查标准和条件。在上市审核规则、上市规则、证券上市执行规则等中，对分拆上市进行了规定。日本东京交易所《上市审核指南》中对分拆上市的独立性、信息披露、关联交易等均作出了严格的规定；《证券上市规则》中对分拆上市中技术上市的条件、分拆上市国内公司上市的条件、股东分拆发行优先股的规定等作了规定；《证券上市执行条例》也对技术上市、分拆上市的财务、营业期限方面以及证券交易所对分拆上市审核进行了规定。比如，对财务、营业期限方面的要求，该《证券上市执行条例》第 204 条第 14、15 项规定，申请者因公司分立承继了另一家公司的业务,并且业务承继已满两年,需要提供两份业务承继时间段的财务计算文件以及财务报表,并依据交易所关于业务单元的财务信息准备标准制作相关财务数据;涉及证券交易所的审核,第 212 条第 6 款第 11 项规定,因申请者是通过公司分立承继或取得了另一公司的业务,且上市审核的时间段包括了业务承继前的经营时间段,承继业务的利润总额、销售额将被交易所审核。

五是在分拆上市过程中着重保护利益关系人的合法权益。分拆上市涉及对相关股东、债权人等利害关系人合法权益的保护,在相关规定中也有所体现。这些规定要求在公司分拆中要有独立性、要进行充分的信息披露,要防止关联交易和利益输送,要严格履行相关的程序,对分拆上市进行严格审核。对相关股东、债权人给予充分的救济途径,防止其合法权益受到侵害。比如《日本商法典》第 373 条、第 374 条规定了上市公司在对业务进行分立时应当提交股东大会表决;反对股东异议回购权的行使;履行债权人保护程序;到主管机关办理分立登记;按照法律要求,办理事后信息披露,以便异议者(股东和债权人)确定是否提起公司分立无效诉讼等内容,从而确定了股东、债权人的出席会议的权利,以及股东异议回购请求权、债权人保护程序、分拆无效诉讼等权利。这些规定都给予了可能受损害的相关人的救济渠道,十分有效地保护了利害关系人的合法权益。

(四)我国台湾地区分拆上市基本特点

一是台湾地区有关分拆制度与日本的制度较为相似,但在具体的制度设计上也不完全相同。在公司分拆的方式上,台湾的公司分拆制度分为两种,即新设分割和吸收分割,同时还规定了作为特别方式的简易分割方式。尤其是规定了分拆上市的简易方式,是相对于首次公开上市申请而言的,即无需经过上市和券商辅导程序,直接向交易所提出申请上市公司分割简易上市程序。这一规定在实践中有利于分拆上市,起到了较好的效果。

二是在分拆上市中既注重实体内容也注重程序方面的规定。台湾 2006 年 2 月修订的"公司法"、2004 年 5 月修订的"企业并购法"、2005 修订的"金融控股公司法"中的众多条款分别对分拆主体、标的法律关系、法律效力等实体性内容进行了规定的同时,也对公司分拆涉及的必要文件、独立专家、董事会决议、召集股东会、股东会决议、信息披露和公告等相关程序性内容进行了规定。2017 年修订的"台湾证券交易所股份有限公司营业细则"第 53 条也对分拆内容和程序进行了规定,主要对上市公司分割上市进行了相关规定,将受让分割业务或资产的公司分类为既存公司或新设公司。

三是在分拆上市过程中注重保护利害关系人的合法权益。"公司法"、"企业并购法"、"金融控股公司法"等对公司分拆过程中的股东、债权人、公司员工等相关当事人权益保护均进行了规定。比如,规定了异议股东股份回购请求权,特别通知债权人、对债权人的公告、对被分拆公司对债务人的连带责任,公司员工保护、员工的新股认购权等。在"台湾证券交易所股份有限公司有价证券上市审查准则"中针对母子关联公司申请股票发行上市情况作了特别严格的规定,即除了公营事业外,母子关联公司的子公司申请其股票,不仅需要符合本上市审查准则有关规定外,还应符合6种条件。"台湾证券交易所股份有限公司营业细则"中对分拆上市的审核进行了严格的规定,要求分拆上市在资本额、设立年限要求、获利能力、最近一年财务报告、上市公司分拆上市前的市值规模、股权分散程度等方面符合"上市准则"的相关规定。

（五）我国香港地区分拆上市基本特点

一是特别注重分拆上市对母公司造成的影响。为防止分拆对母公司盈利能力和股东利益的影响,香港交易所上市规则规定,新公司上市后,母公司保留有足够的业务运作及相当价值的资产,以支持其分拆上市的地位;母公司除去新申请上市公司带来的利润和上市公司非正常经营范围内产生的利润应当符合最低盈利规定。非但如此,为控制分拆上市对投资者的风险,香港交易所规定,分拆上市不得给母公司股东利益造成"重大不利影响",否则分拆上市申请将不会被批准。香港交易所上市委员会还要求在分拆上市申请中详细说明分拆上市给母公司带来的利益,分拆上市的商业利益应清楚明确,并在上市文件中详尽说明分拆上市不会对母公司股东的利益产生不利影响。

二是强调分拆上市的独立性和公平性,以保护利害关系人的合法权益。香港交易所非常关注分拆上市过程中母子公司独立性、关联交易、利益输送等方面的问题,香港交易所上市规则明确要求在分拆上市过程中,母公司和被分拆的公司要在业务、职能、行政能力等相关方面严格分开、彼此独立,以防止被分拆公司和分拆上市公司之间进行利益输送,损害证券市场投资者的利益。不但如此,在分拆上市过程中,对母公司和分拆上市的公司之间的关联交易也做了严格的规定,以防止母公司和分拆公司的利益输送,以保护利害关系人的合法权益。根据香港交易所《上市规则》第14章规定,即使豁免某种关联交易,但也应该以不损害少数股东权益为前提,尤其是即使获得任何豁免,母公司与新公司的持续关系,在保障各自的少数股东权益方面不会虚假或难以监察。

（六）我国分拆上市基本特点

一是规定不多、范围有限。目前涉及分拆上市的规定只有《关于规范境内上市公司所属企业到境外上市有关问题的通知》。《公司法》的相关条款涉及分拆上市的内容少之又少。尽管中国证监会发行部相关工作人员对上市公司分拆上创业板上市有所论述，但只是个别官员的指导意见，并不是正式文件，因而也不具有法律效力。而《关于规范境内上市公司所属企业到境外上市有关问题的通知》对上市公司分拆上市的规定表明境内上市公司只能将所属企业分拆到境外上市。而2019年1月，中国证监会在上海证券交易所设立科创板注册制相关文件中，只是提及了在一定条件下上市公司可以分拆子公司在科创板上市，并没有深入具体的规定。因而，我国上市公司分拆上市的范围是极其有限的。

二是强调效益好的、无违法违规公司分拆上市。对上市公司分拆上市在连续盈利、净利润、净资产等方面提出了要求，非但如此，还要求上市公司不存在资金、资产被具有实际控制权的个人、法人或其他组织及其关联人占用的情形，或其他损害公司利益的重大关联交易，上市公司最近三年无重大违法违规行为。

三是强调独立性和相关程序。要求分拆上市过程中不存在同一竞争，资产和财产独立，不能交叉任职和关联持股。履行相关董事会、股东大会会议程序、进行信息披露、报送相关申请以及在特定情形下的公开征集投票权和类别股东表决权等。

四是对中介机构的义务和责任进行了规定。特别规定了财务顾问诚实勤勉的责任。财务顾问应当对上市公司所属企业到境外上市申请文件进行尽职调查、审慎核查、出具财务顾问报告，并在所属企业到境外上市当年剩余时间及其后一个完整会计年度，持续督导上市公司维持独立上市地位等义务和责任。

二、分拆上市的比较和借鉴

通过上述比较可以从以下几个方面提供借鉴。

（一）内涵与外延

相关国家和地区对公司分拆上市的规定详略不同，有的甚至没有直接规定上市公司分拆上市的法律，但在有关法律中均涉及到分立的规定。从对公司分立具体的内容来看，其实质内容和公司分拆并没有特别大的区别。之所以有的国家和地区没有直接规定分拆的相关法律，笔者认为分拆在本质上属于分立的一种形式，正如笔者在前文中所述，公司分拆与公司分立所不同的是，前者更强调母子公司的分离，而分立则主要强调的是兄弟公司的分离，在法律和公司原理层面具有相同性，在范围的涵盖上，分立是更加广泛的概念。因而公司分立和公司分拆在逻辑上是一种属种关系，分拆包含于分立之中。因此有的国家和地区虽只规定了公司分立的情形，但实际上也隐含着对公司分拆的规定。同时，这也与对词语的理解有关，更多地按照我国目前的法律加以套用。比如，我国台湾地区有关公司并购分立的规定,对"分立"的用法和理解更多的应该是"分割"的词义,但在许多情况下,是将"分割"和"分立"混用了。基于上述原因,我们在比较和借鉴境外主要国家和地区有关分拆上市的相关规定时,不仅仅要参考和借鉴公司分拆的有关规定,还要参考和借鉴有关公司分立的相关规定,对公司分立进行细致的分析,吸收适用于公司分拆的有关内容。

（二）规则体系

相关国家和地区有关公司分拆和公司分立的规定,相关规则体系大多从法律、法规、监管部门的规章和自律规则多个层次规定的。许多国家和地区在法律法规层面主要集中在公司法、证券法中,涉及到公司分立和分拆、股份交换、企业并购、股份发行、信息披露等相关规定;也有的国家和地区不但在公司法和证券法中对分立分拆进行规定,还在其他法律规范中也规定了分立分拆的内容,比如日本的《商事法典》、台湾地区的"企业并购法""金融控股公司法"等。这些法律规范大多从较高的层面对公司分立分拆进行规定,既对公司分立分拆的内容作了规定,也规定了公司分立分拆的大体路径和程序。监管部门的规章和自律规则层面则主要涉及证券监督管理机构部门规章和证券交易所的业务规则。证券监管部门的规章主要集中在证监会对股票发行、收购兼并等的相关规定,证券交易所自律规则则主要集中在上市规则等规定中。监管机构和证券交易所更多的是从操作层面对公司分立分拆进行了规定,内容较为细致。相比较而言,证券交易所的相关规定要远远超过证券监管部门的相关规定,操作层面的规定主要体现在证券交易所的业务规则中。有些国家和地区甚至证券监管机构没有相关法律法规和部门规章,即使有也规定得非常简单,比如日本,我国台湾、香港地区等。但这些国家和地区在证券交易所的业务规则中都较为详细地规定了分立分拆的相关内容,尽管业务规则的名称不尽一致,也不一定在一个规则中规定,但内容大体相当。比如,美国证券交易所的《上市规则》,日本证券交易所的《证券上市规则》《上市审核指南》《证券上市执行条例》,伦敦交易所的《上市申请及披露标准》,台湾证券交易所的"有价证券上市审查准则""台湾证券交易所股份有限公司营业细则",香港交易所的《上市规则》,等等。而证券监管机构对分拆分立的规定相对而言比较简单,比如美国证监会《关于分拆的第四号公报》,我国《关于规范境内上市公司所属企业到境外上市有关问题的通知》,英国金融服务局《上市规则》《招股书规则》《披露指引与透明规则》等。

（三）实体与程序

相关国家和地区对分拆上市的规定既重视实体内容又重视程序问题,对分拆上市的实体问题和程序问题均作了较多的规定。

1. 在实体内容上

一是制定分拆上市计划书或分拆上市合同草案。它是公司分拆上市的基本文件和上市申请的基础性材料,应当符合所在国家和地区分拆上市的相关法律法规和上市规则的具体要求。计划书或合同草案一般由董事会负责起草,内容大致涉及分拆的方式;分拆的基本情况,包括分拆各方名称、地址、公司性质、分拆的数量等;股份发行或股份交换,股份的支付及计算方式;资产、资金的分拆及计算;相关当事人的权利义务、责任及救济,等等。日本、英国等对分拆上市计划书均作了较为详细的规定。

二是涉及到新股发行或股份转换。内容涉及到分拆公司新股发行或股份转换的条件、新股发行股份转换的数量、新股发行股份转换的比例、新股发行股份转换的分配比例等。美国及我国香港地区有较为详细的规定。由于新公司股份分配涉及"被分拆公司股东与债权人之间"以及"被分拆公司股东之间"的紧张关系,股份分配必然减少公司资产,债权人利益势必受到影响;不仅如此,不公平的股份分配由于占据中小股东的应得利益,因此也会损害其权益。对于这些利益冲突,虽然各个国家和地区规范的方法有所不同,但股份分配"不得损害债权人利益"和"公平"的法定边界是十分清晰的。

三是分拆上市的条件,对财产、资金、盈利能力、利润等财务指标及其他相关指标提出了要求。各个国家和地区均对公司分拆上市的条件提出了要求,详略不等,但总体上要求是较为严格的。比如,日本规定了分拆上市中的技术上市条件、分拆上市的国内国外公司上市条件;我国台湾地区则规定了有母子关联关系的子公司分拆上市的,子公司股票申请上市不仅要符合上市审核准则的有关规定,还应符合另外的6个条件;我国对境内上市公司分拆到境外上市的条件也做了较为严格的规定,必须符合8个方面的条件方能分拆上市。

四是对母公司和分拆公司的影响。分拆上市不但涉及到母公司和子公司在财产、资金、生产经营、业务范围、经营收入、盈利能力和利润情况等,还涉及到母公司的股东、经营管理人员、债权人和其他利害关系人以及股份的发行、转换等,对母公司、分拆公司及其相关人员形成较大的影响。因此有关国家和地区在涉及上市公司分拆上市过程中,均考虑对母公司和分拆公司的影响。一方面要防止因子公司分拆上市可能对母公司的利益形成不利影响,使母公司的利益受损害。比如,美国纽约交易所上市规则就规定,如果拟分拆的子公司占母公司市值的绝大部分,分拆后将导致母公司股价大幅下降,母公司可实施反向股票分割(需要修订母公司设立证书,依据不同州法律规定,以决定是否需要通过股东投票),使每股交易价格回归至分拆前价格;另一方面也要防止利用分拆上市对母公司进行利益输送,防止关联交易、不当竞争等损害子公司和相关当事人的合法权益。比如,香港地区的上市规则更是规定分拆的新公司上市后,母公司应保留有足够的业务运作及相当价值的资产,以支持其分拆上市的地位,母公司除去新申请上市公司带来的利润和上市公司非正常经营范围内产生的利润应当符合最低盈利规定,申请分拆前的 5 个会计年度中,任何 3 个会计年度的盈利总额不得少于 5 000 万港元的规定。

五是对分拆上市的相关当事人规定了权利、义务和责任。相关国家和地区对母公司及母公司的股东、董监高、债权人,子公司及子公司的股东、董事监事高管、债权人等在分拆过程中具有什么样的权利、应尽什么样的义务,以及应当承担什么样的责任均有所规定,对相关当事人在股东大会、董事会的角色定位均有所安排。非但如此,有的还对分拆上市的非直接利害关系人权利义务和责任也进行了规定。比如,英国公司法中规定的登记官制度和专家报告制度,我国《关于规范境内上市公司所属企业到境外上市有关问题的通知》中规定的财务顾问制度等。在分拆上市过程中,登记官和相关专家、财务顾问均不是分拆上市的具体当事人,但为分拆上市提供了某种服务也被相关法律纳入其中,享有相关权利、负有某种义务,承担一定的责任。

2. 在程序上

一是董事会提出对分拆上市的,并形成分拆上市的相关方案或分拆计划等。这是分拆上市最初的程序,分拆上市由此而发起。各个国家和地区的相关法律法规大多均有所规定。按照《日本商法典》第 373 条、第 374 条的规定,公司分立程序包括董事会的分立计划书或分立契约、董事会在通过分立计划书或签署分立合同当日履行信息披露;英国公司法规定了在公司分立时董事的解释性报告以及每个涉及分立公司的董事必须向登记官提交分立条款草案副本;我国《关于规范境内上市公司所属企业到境外上市有关问题的通知》规定董事会应当就所属企业到境外上市是否符合本通知、所属企业到境外上市方案、上市公司维持独立上市地位承诺及持续盈利能力的说明与前景做出决议,并提请股东大会批准。

二是股东大会批准。这是对公司分拆上市议案进行审议,以决定分拆上市是否获得通过的程序,更是分拆上市的最为重要的程序,各国和地区对此均有所规定。比如,英国公司法对股东大会内容进行了规定,所涉及的是公司分立有关事项、出席或代理出席表决通过的效力要求、类别股的安排、分立审议报告的发送等;日本《公司法典》在公司分拆的 6 个程序中,将股东大会的批准作为重要程序;我国台湾地区"公司法"、"企业并购法"、"金融控股公司法"对召集股东会、股东会决议等也作了规定;香港交易所上市规则规定,在分拆上市股东大会表决时,如果控制股东及其关联人对分拆上市事项存在利害关系的,必须回避表决。在控制股东无需回避表决的情况下，表决过程如果遭到重要少数股东的反对时，独立财务顾问应当就此情况向香港交易所提交专门的情况说明。我国《关于规范境内上市公司所属企业到境外上市有关问题的通知》规定股东大会应当就董事会提案中有关所属企业境外上市方案、上市公司维持独立上市地位及持续盈利能力的说明与前景进行逐项审议并表决。

三是异议权利人的保护程序。在分拆上市中，由于少数股东或者相关债权人可能存在着对分拆上市持有不同看法或者认为有可能损害了利害关系人包括股东或债权人等合法权益，各个国家和地区均赋予这些利害关系人救济的权利，并在程序上使他们有机会行使这些权利。这些权利和程序主要包括异议股东回购请求权、类别股东表决机制、债权人异议制度、诉讼无效制度等。比如，日本公司法典就规定了反对股东的股份回购制度、债权人异议制度，分拆无效诉讼制度等程序；我国《关于规范境内上市公司所属企业到境外上市有关问题的通知》规定上市公司董事、高级管理人员在所属企业安排持股计划的，独立董事应当就该事项向流通股（社会公众股）股东征集投票权，该事项独立表决并须获得出席股东大会的流通股（社会公众股）股东所持表决权的半数以上通过。

四是提交分拆上市申请及对分拆上市的审核。分拆上市的拟上市公司向上市审核机构提交上市申请材料，由审核机构进行审核。这是上市公司分拆上市的必经程序。大多数国家和地区均在证券交易所的上市规则、上市审核指南等业务规则中加以规定，比如日本和我国台湾、香港地区；少数国家则由证券监管机构制定规定，比如英国、美国等。

五是信息披露。各国和各地区均规定了分拆上市的信息披露。从相关规定来看，分拆上市的信息披露几乎贯穿在每一个程序之中，从分拆上市的起始至分拆上市的完成都涉及到相关的信息披露，董事会、股东大会、异议权利人的相关程序、分拆上市申请与审核等所具有的内容在大多数情况下要进行信息披露。信息披露的形式主要是公告，但也包括通知、文件的备置及查阅等。

除了上述主要程序外，一些国家和地区还规定了分拆上市的特别程序。比如，英国规定了登记官制度、专家报告制度；我国台湾地区的分拆上市的简易程序；香港和台湾地区的时间间隔程序，即对分拆上市的市场炒作风险较为关注，两地区在分拆上市相关规则当中均对上市公司两次分拆以及上市后实施分拆程序的时间间隔予以明确的限定，防止上市公司及内幕人员利用分拆上市进行股价炒作和不当的资本运作；我国规定的类别股东表决机制、财务顾问制度；等等，这些制度都是根据本国和本地区的情况制定的，具有一定的可行性。

（四）独立性与公平性

各国和各地区强调分拆上市过程中的独立性和公平性，充分保护相关当事人的合法权益。其规定主要涉及公平性、独立性、关联交易、利益输送、同业竞争以及对利害关系人受到侵害的救济手段和制度。公司分立分拆潜藏着被分立分拆公司或新申请上市公司被掏空的风险，站在公众投资者的角度对于这种风险予以适度控制是十分必要的。境外法律法规在这方面予以特别的关注，规定的内容也较为丰富和全面，比如通过被分拆公司与新公司的业务独立、管理独立、经营独立等标准予以应对和控制；强调新公司的业务不得与被分拆公司相同、新公司重要管理人员得保持与被分拆公司的独立等。有的（如日本和我国台湾地区）规定新公司不得在业务往来上对被分拆公司存在过度依赖，有的（如我国香港地区）为防止母公司股东利益受到重大不利影响，对母公司在子公司申请分拆上市的利润净额做出下限规定。

第三章

分拆上市法律关系

第一节 分拆上市的主体

法律关系是指法律规范在调整人们的行为过程中所形成的具有法律上权利义务形式的社会关系。[①] 分拆上市所形成的法律关系是发生在民事主体之间的关系,它是一种民事法律关系。[②] 法律关系主体,也即法律关系的参加者,是指在法律关系中享受权利、承担义务的人。法律对一定社会成员或组织确认为法律关系主体是通过对其能力的确认来完成的。这种能力表现为三个方面:权利能力,即法律关系主体参加一定法律关系,依法享有权利和承担义务的资格;行为能力,即法律关系主体能够通过自己的行为享有权利和承担义务的能力;责任能力,即承担法律责任的能力。民事法律关系的主体是参加民事法律关系享有权利和承担义务的人,即民事法律关系的当事人。在我国,根据《民法通则》的规定,能够作为民事法律关系的主体有公民(自然人)和法人。国家是民事法律关系的特殊主体,在一定情况下,需要国家直接参加民事活动时,国家以民事主体的资格参加民事法律关系,如发行公债、享有财产所有权、接受赠与、对外以政府名义签订贸易协定等。[③]

毫无疑问,在分拆上市的法律关系中,其主体所涉及的是公民和法人,并不包括国家。

一般认为,涉及分拆上市的法律关系是比较复杂的,权利和义务人的范围比较广泛,分拆上市中的母公司、被分拆的子公司,母公司和子公司中的股东、董事、监事、高级管理人员、债权人、债务人、公司员工等都与分拆上市有着较为密切的利害

[①] 邹瑜、顾明主编:《法学大辞典》,中国政法大学出版社1991年版,第1040页。
[②] 邹瑜、顾明主编:《法学大辞典》,中国政法大学出版社1991年版,第410页。
[③] 邹瑜、顾明主编:《法学大辞典》,中国政法大学出版社1991年版,第409页。

关系,也或多或少地与分拆上市各有关方存在着权利义务关系。

按照民法的一般原理,作为法人和公民,在分拆上市民事法律关系中他们都有利害关系,也有民事权利能力和民事行为能力,对分拆上市有着利害关系,也存在一定的权利义务,因而都应该纳入到分拆上市的主体范围中。

但是笔者认为,在如此众多的当事人中,真正能够成为分拆上市法律关系主体的并不多,大多数当事人并不构成分拆上市法律关系的主体。① 如果我们将分拆上市作为一个整体加以考量的话,它实际上包含了两个阶段,即分拆和分拆后子公司上市。这两个阶段所涉及的民事法律关系的主体是不同的,严格考量这些民事主体大致可以分为三类:一是能够成为民事主体的是母公司或子公司(包括被分拆后的新设公司);二是母公司分拆或子公司上市的内部关系人;三是分拆上市的利益相关人。

一、分拆上市的公司

(一) 母公司

它是分拆上市法律关系中的第一阶段,即分拆法律关系的主体。在分拆过程中,母公司决定将其子公司或分公司或公司的部分资产、业务分拆出去,以便这些被分拆出去的子公司等上市。② 被分拆出去的子公司尽管是独立的法人,但在分拆过程中,是由母公司通过一定的形式、履行一定的程序,从母公司中分离出去的,原本属于母公司的财务、资产、经营、业绩和利润等不再算做母公司的一部分。这个时候,子公司并不是分拆民事法律关系的主体。而母公司通过董事会提出议案并经过股东大会审议通过后,即可实施母公司和子公司的分拆行为,而无需获得子公司的同意,也无需经过子公司的董事会和股东会的决议。因此,虽然子公司是独立的法人,有自己的民事权利能力和行为能力,可以对外独立从事民事行为,享用民事权利、承担民事义务,成为民事法律关系的主体,但对于分拆行为而言,子公司作为母公司的一个组成部分,实质上是一种内部关系,并不具有独立的人格独立从事各种民事法律行为,形成民事法律关系的主体。分拆行为是由母公司决定的,分

---

① 如果按照在民事法律关系中只要发生法律关系,具有民事权利能力和行为能力,并享有一定的权利、承担一定的义务,都应视为民事法律关系的主体,在分拆上市过程中涉及的主体将会无限扩大。这是因为分拆上市是一个比较复杂的过程,涉及的相关机构人员的面相当广泛,内部外部人员、股权债权、监管机构和中介机构、自然人法人等都会涉及。因此,以此讨论分拆上市的主体意义并不大,也无法讨论清楚。实际上,针对分拆上市而言,这些所谓主体的角色定位不同,意义也不一样,应该有所区别,不应混为一谈。
② 这些仅仅以母公司分拆子公司为代表,母公司分拆分公司或者公司的部分业务或资产,在法律上和实践中道理是相同的,如果将其他情况包含进去一同论述就显得相当繁琐。在笔者论述中涉及分拆的情形,一般均以子公司论述,母公司分拆子公司上市极具典型性,因此在无特殊说明的情况下,也包括了对分公司或公司部分业务或资产的分拆。

不分拆以及如何分拆是由母公司董事和股东以董事会议案和股东大会决议形式形成公司意志来完成的。

在对外关系上,母公司就分拆子公司的行为可能存在两大方面的行为,即为了分拆,对母公司和子公司涉及的相关业务资产等需要分割而与专业机构等发生民事法律关系,比如:需要聘请证券公司从事投资银行业务就分拆事宜进行方案设计;聘请会计师事务所、律师事务所等就分拆业务进行财务和法律方面的尽职调查等;就分拆方案和有关部门进行协商,获得相关部门的批准,如国企性质的母公司就可能需要国有资产管理部门的同意和批准等。

对于分拆公司的分公司、公司资产和业务而言,更是如此。公司的分公司不是独立的法人,没有独立的法律人格,对外不能以法人的名义从事各种民事行为,不能成为民事法律关系的主体,当然也就无法成为分拆上市的主体。而公司的资产和业务本身不具备法人格,无民事权利能力和行为能力而言,无法成为分拆上市的主体是显而易见的。

(二)子公司或被分拆后新设公司

它是分拆上市法律关系中的第二阶段,即上市法律关系的主体。在子公司被母公司分拆后,作为一个独立法人的公司所要谋求的是该公司的上市。在对外关系上,它以上市为目的,以自己的名义独立地从事各种民事法律行为,与各个相关方产生民事法律关系,比如:和母公司就股权和资产的安排,与证券公司为发行上市进行的相关投资银行业务;与会计师事务所、律师事务所、财务顾问机构所进行的财务会计、法律事务业务、财务顾问上的安排;与相关监管机构如证券监管部门、证券交易所等就发行上市的审核等进行联系;等等,这些行为都是由子公司独立进行的;在对内关系上,子公司的董事、股东通过董事会、股东大会以决议的形成公司意志进行发行上市行为。

如果分拆的不是子公司,而仅仅是分公司或者是公司的资产、业务,情况就和分拆子公司有所区别。被分拆出去的分公司或者资产、业务由于不是独立的法人,无法在分拆上市的第二阶段形成民事法律关系的主体,无法进行民事法律行为,也就谈不上发行上市。因此,就必须设立新的股份公司,以使这些资产和业务等在一个独立法人下谋求发行上市。新设公司在对内关系上要对股份进行安排,并就发行上市事宜通过相关决策程序;在对外关系上,与子公司谋求发行上市一样,与相关机构发生民事法律关系。

二、分拆上市的内部关系人

分拆上市无论是在第一阶段的分拆还是在第二阶段上市,都是母公司或子公司包括被分拆后新设公司的公司意志,并由公司作为民事法律关系的主体对外行使民事权利、承担民事义务,完成公司分拆和上市。但公司作为法律上拟制的人,其意思表示和具体行为又是通过公司治理机构的相关行为体现出来的。公司的股东、董事、监事和经理人员等对公司的分拆上市具有决定性的意义,他们的意思和行为决定了公司的意志和行为,但作为分拆上市的主体在对外关系中所体现的是公司的意思和行为,公司治理所涉及的是公司内部运作。尽管他们对公司的分拆上市意义重大,也实质上决定了分拆上市。但仅仅是分拆上市的内部关系人却并不必然成为分拆上市的主体。

分拆上市的内部关系人主要为公司的股东、董事、监事和经理人员。他们在公司分拆上过程中具有三方面的特点:一是和分拆上市有重大利害关系。由于分拆上市使公司本身在生产经营、资产配置、股权结构、经营业绩、利润分配、公司治理、人员安排等各个方面发生了巨大的变化,这些变化对于公司内部人员来说极其重要,伴随着公司的分拆上市,公司的股东、董事、监事和高级管理人员在许多方面也会发生很大的变化,分拆上市对于公司内关系人利害关系重大。二是对分拆上市具有重大决定权。这是因为公司分拆上市作为重大事件和重大法律行为,根据法律和公司章程的规定,均要由公司作出决议。这些决议在程序上至少经过两个阶段,即董事会提出议案和股东大会通过决议。董事和股东在分拆上市中具有决定权,而监事通过监事会对董事会和股东大会所形成的议案和决议具有一定的监督权,高级管理人员通过列席股东大会,接受股东的质询和询问影响股东对分拆上市相关决议的判断,也间接地参与到分拆上市的决策过程中。三是分拆上市由内部关系人具体去实施或委托相关机构去实施。在分拆上市决议获得通过后,一般情况下,方案的实施由公司的执行层即公司的经理层去具体执行,涉及重大法律关系的,由公司的法定代表人代表公司实施,比如对外签订重大合同等。涉及到分拆上市具体的专业性业务在大多数情况下,由公司委托专业机构如证券公司、会计师事务所、律师事务所等办理,公司更多的是牵头和组织分拆上市方案的落实。

三、分拆上市的利益相关人①

分拆上市过程中,涉及的相关机构和人员是相当多的。除了上述的母公司、子

---

① 中国证监会 2018 年 9 月 30 日修订实施的《上市公司治理准则》第八章对"利益相关者"作了规定。其第 83 条规定"上市公司应当尊重银行及其他债权人、员工、客户、供应商、社区等利益相关者的合法权利,与利益相关者进行有效的交流与合作,共同推动公司持续健康发展";第 84 条规定:"上市公司应当我维护利益相关者的权益提供必要的条件,当其合法权益受到侵害时,利益相关者应当有机会和途径依法获得救济。"

公司、新设公司以及这些公司的股东、董事、监事和高级管理人员外,还有许多和分拆上市存在利益关系的其他机构和人员,这些机构和人员因分拆上市行为导致某种法律上和事实上的利益发生变化,因而可视作为分拆上市的利益相关人。

分拆上市的利益相关人与分拆上市的内部关系人是不同的。分拆上市的内部关系人对分拆上市不但有重大利害关系,而且对分拆上市具有一定的决定权,并且可以通过自己或者委托他人实施或实现分拆上市;而分拆上市利益相关人并不对分拆上市具有决定权。他们本身无法决定或者影响分拆上市,其重要性远不如分拆上市的内部关系人。只是分拆上市的本身使他们的利益受到影响,因而变成了利益相关人。如果没有分拆上市,他们和母公司、子公司的相关利益一如从前,不受影响。因此,与分拆上市的内部关系人相比较,他们本身是被动的,并不能影响和决定分拆上市,因而他们在分拆上市过程具有外部性的特征,[①]其利害关系程度应该小于公司分拆上市的内部关系人。

一般认为,分拆上市的利益相关人包含两类:一类是公司的员工、原有的债权人和债务人;另一类因分拆上市接受委托从事分拆上市相关业务的机构及其人员。前者所涉及到的利益关系较为直接,比如公司员工会因分拆上市可能使其在岗位安排、业务范围、母子公司的划分、薪资水平、福利待遇等相关利益方面发生变化,公司原有的债权人和债务人因公司分拆上市使其合同的签订和执行、具体履约的对象等发生变化等。后者因业务关系和分拆上市的母公司、子公司或者新设公司产生了权利义务关系,成为公司的债权债务人,与分拆上市存在着相关利益而成为分拆上市的利益相关人。

第二节 分拆上市的内容

民事法律关系的内容是指民事权利和民事义务。民事权利是法律赋予民事主体的权益,其在特定的民事法律关系中有权为一定行为或不为一定行为,并要求他方为一定行为或不为一定行为。民事义务指民事主体在特定的民事法律关系中必须为一定行为或不为一定行为,以满足权利人的利益和要求。[②] 分拆上市的民事法律关系的内容因分拆上市两个环节的不同而有所不同,但其权利义务同样丰富复杂,在参与分拆上市过程中,民事主体、内部关系人、利益相关人等在不同的场

---

① 在某种程度上,也可以将这部分机构和人员称之为分拆上市的外部关系人。
② 张友渔主编:《中国大百科全书·法学卷》,中国大百科全书出版社 1984 年版,第 417 页。

合、从不同的角度或多或少地享有民事权利,也不同程度的承担民事义务。要事无巨细地论述分拆上市各相关方的民事权利义务,会导致鸿篇大论,不是本书的重点。因此,本书从公司法、证券法、合同法的视角来论述分拆上市的内容,探讨相关参与人的权利义务。

一、公司法上的权利义务

公司法的权利义务主要是针对公司分拆相关当事人的。各国法律均将公司分拆纳入公司法调整的范畴。我国《公司法》尽管没有具体规定公司分拆行为,但对公司分立作了规定。[①]

公司分拆与公司分立虽有所不同,但在一定程度上具有很大的相似性。在形式上公司分立会使新的公司产生,形成两家或两家以上的公司,[②]而公司分拆上市也会产生两家公司。在母子公司的分拆情形下,子公司从母公司独立出去谋求上市;在非母子公司分拆上市的情况下,从公司分拆出去的资产和业务等要重新设立新的公司谋求上市。因此,在公司法上,公司分拆和公司分立一样,是公司组织机构的巨大变化,是公司形态的变更。由此涉及的权利义务当然归属于公司法的调整范围。分拆上市过程中针对分拆行为的公司法上的权利义务主要集中在公司本身以及分拆上市的内部关系人两个层面:

(一)公司的权利义务

众所周知,公司是法人,具有独立的人格,公司一经合法成立,则其本身就是法律所认可的"人",和自然人一样享有广泛的权利能力和行为能力。它可以拥有自己的财产,缔结合同,可以自己的名义起诉应诉。换言之,公司的财产属于公司而非股东或董事;由公司业务所产生的权利义务,归公司而非股东享有或承担;因公司行为所导致的诉讼,公司是诉讼中的原告或被告,以公司的名义控告或辩护,而与股东无关。对于股东而言,最为重要的一点是,公司人格独立意味着公司所负债务由公司本身的财产清偿,股东仅仅承担他自己承诺的出资义务。[③]

---

① 《公司法》第 175 条规定:"公司分立,其财产作相应的分割。公司分立,应当编制资产负债表及财产清单。公司应当自作出分立决议之日起十日内通知债权人,并于三十日内在报纸上公告";第 176 条规定:"公司分立前的债务由分立后的公司承担连带责任。但是,公司在分立前与债权人就债务清偿达成的书面协议另有约定的除外";第 179 条规定:"公司合并或者分立,登记事项发生变更的,应当依法向公司登记机关办理变更登记;公司解散的,应当依法办理公司注销登记;设立新公司的,应当依法办理公司设立登记。"

② 一般认为,公司分立方式包括新设公司分立和派生分立。新设公司又称解散公司,是指一家公司分为两家或者两家以上的新公司,原公司解散;派生公司又称存续分立,是指一家公司分为两家或两家以上的公司,但原公司仍存续。

③ 张开平:《公司权利解构》,中国社会科学出版社 1999 年版,第 4 页。

对于公司的权利义务，我国《公司法》在第一章总则中进行了具体的规定①，同时在公司的组织形态中，又具体规定了有限责任公司和股份有限公司具体的权利和义务。② 除此之外，我国《公司法》还在其他章节中对公司具体情形下的权利义务也作了规定。③ 这些规定归纳起来，可以看出公司作为独立的法人所具有的权利义务主要体现在三大方面：一是公司本身在设立、变更、消灭法人机构时所具有的权利义务；二是公司在进行公司治理时所具有的权利义务；三是公司在对外经营活动中所具有的权利义务。在具体的权利形态上涉及到公司的财产权比如公司资产的占有、使用和处分的权利等，经营权比如缔结合同、享用债权等，人身权比如公司名称、公司知识产权等公司的一系列权利，与之对应的，在公司享有这些权利的同时，也可能承担相应的义务。

对于分拆上市的公司而言，上述权利义务毫无疑问也应享有和承担，这些权利义务对于《公司法》中的公司法人都应具有。因此在分拆上市过程中，无论是母公司、子公司或分拆后的新设公司作为公司也都具有。对公司分拆而言，主要是公司分拆的权利义务。

分拆的权利义务是一种综合性的权利义务，它既包括了对财产、经营和股份的处分权，又包括了对分拆过程中内部关系人的相关权利义务，对利益相关人的债权债务处置的权利义务，还包括了分拆后新设公司的相关权利义务。

公司对财产的处置主要体现在分拆时，母公司将子公司资产从母公司中剥离出去，或者虽没有子公司，但公司将其自身的部分资产分离出去。这时公司的权利义务主要集中在对公司财产权的行使。公司对经营权的处置主要体现在分拆时，母公司将子公司的业务从母公司中分离出去，或者将自身的业务从公司中分离出去，让为准备上市而新设的公司去经营这些业务。公司行使股份处置权往往是通过子公司、新设公司发行股票，公司资产置换股份、股份置换股份等得以体现的。公司在分拆时，无论是行使资产处置权、业务经营权还是股份置换权等，均涉及到一些义务，比如必须经过一定的程序，获得股东的同意，或者有权部门的批准等。

（二）分拆内部关系人的权利义务

这主要是分拆公司的股东、董事、监事和高级管理人员的权利义务。在公司法

---

① 我国《公司法》在第一章总则中有了明确的规定，《公司法》第3条、第5条、第7条、第13条、第14条、第15条等对公司的权利作了规定，同时在第5条、第6条、第8条、第9条、第11条、第13条、第16条、第17条、第18条、第19条、第22条等条文中规定了公司的义务。

② 《公司法》第二章规定了有限责任公司的设立和组织机构，第四章规定了股份有限公司的设立和组织机构。对这两种形态公司的权利义务作了规定。

③ 比如《公司法》中对一人有限责任公司的特别规定、上市公司组织机构的特别规定，对公司债券，公司财务会计，公司合并、分立、增资、减资，公司解散和清算等均在权利义务上作了较多的规定。

中,股东的权利义务是很明确的,比如股东所享有的知情权、表决权、质询权、建议权、出席股东大会权、股利分配请求权、累计投票权、类别股东表决权、异议回购请求权、诉讼权等。在公司法上,对股东的权利从利害关系关联度的角度,可将股东权利分为自益权和共益权两大类。自益权是指"股东以自己从公司获得经济利益为目的而行使的权利。这些权利是股东作为一个投资者,实现自己投资目的,保护自己投资利益最直接的手段",①这些权利包括公司盈利分配请求权、公司终止时的剩余财产分配请求权、新股认购优先权、股份自由转让权、异议股东回购请求权等。共益权是指"股东为公司的利益也为自己的利益参与公司经营监督的权利。为了确保经营者能够为公司的最大利益而工作,法律给予股东选择公司经营者、监督公司经营、决定公司重大经营事项等权利。这些权利包括股东大会参加权,股东大会召集请求权和召集权,股东大会表决权、质询权、提案权,公司会计文件查阅权,公司重大事项知情权,派生诉权以及股东大会决议无效或撤销诉权等"。两者明显的区别在于"自益权行使的受益人只是行使权利的人自己,而共益权行使的受益人不仅仅是行使权利的人自己,受益人可能是公司,也可能是部分股东"。②

无论是自益权还是共益权,在公司分拆过程中,在理论上公司股东都可以适用。但笔者认为最重要的权利主要集中表现在股东参加股东大会的表决权、异议股东回购请求权。前者是股东行使共益权,后者是股东行使自益权。

股东行使表决权之所以重要,是因为公司决定分拆时,公司内部通过股东大会形成决议,尽管股东可以行使股东应有的各种权利,但表决权是具有决定意义的。因为,分拆作为公司的重大事件与公司股东利益关系重大,公司必须通过股东大会,征得大多数股东的同意,形成股东大会决议方能实施分拆行为。公司分拆的股东大会决议是公司分拆最为重要的文件,是公司分拆的基础和法律依据。如果股东在股东大会上不行使表决权或不恰当地行使表决权,公司分拆决议就有可能违背股东意思而获得通过或者不通过

一般来说,股东大会获得通过就说明大多数股东同意公司分拆,股东大会决议的内容既涉及股东的权利,比如对资产、业务的处置以及公司股权的安排等,又涉及股东的利益,更涉及到股东的义务,即要遵守股东大会决议中的有关事项。

异议股东回购请求权,对于股东在公司分拆时同样极其重要。在股东大会上,对于不同意公司分拆的少数股东,为了保护他们的利益,所要行使的权利可能涉及异议股东回购请求权。允许异议股东回购请求权是保护上述股东合法权益的重要

---

①　张舫:《证券上的权利》,中国社会科学院出版社 1999 年版,第 41 页。
② 张舫:《证券上的权利》,中国社会科学院出版社 1999 年版,第 41—42 页。

体现。①

董事、监事和高级管理人员作为分拆的内部关系人,他们的权利义务主要体现在为公司分拆决议的通过、监督和执行方面。董事通过董事会形成公司分拆决议案,董事在董事会上行使董事的权利,这些权利和股东在股东大会上的权利有许多相似之处,比如知情权、出席权、询问权、建议权、表决权等;监事主要是通过监事会对公司分拆事宜进行监督;高级管理人员则通过对股东大会和公司的分拆决定执行来体现其相关权利、承担相关义务。

二、证券法上的权利义务

分拆上市顾名思义是一个公司被分拆后,其被分拆出来的子公司或者原公司的资产业务经过整合,子公司或者新设公司按照上市的标准和要求,公开发行股票谋求上市的行为。因此会有一系列民事行为,涉及到众多相关当事人,这些当事人具有不同的角色,享有不同的权利,也承担不同的义务。

证券法上的权利义务主要是针对公司分拆后发行上市的相关当事人的。各国法律均将公司分拆后的发行上市纳入证券法调整的范畴。我国《证券法》所调整的主要是股票和债券的发行、上市、交易、登记结算等行为,《证券法》尽管没有具体规定公司分拆后的发行上市具体行为,但对公司股票的发行上市却有明确规定。②公司分拆后发行股票并上市无疑是证券法调整的范围,其相关当事人所涉及的权利义务即是证券法上权利义务。③公司分拆后所涉及的当事人主要包括公司分拆后的子公司或者新设公司以及这些公司的股东、董事、监事和高级管理人员,因而分拆上市中的上市阶段主要是这些当事人在证券法的权利义务。

(一)分拆子公司或新设公司权利义务

在母子公司的分拆模式下,母公司将子公司分拆出去后,子公司作为独立主体,其独立法人地位仍然保留,分拆后公司发行上市的主体仍然是子公司,因此证券法的权利义务主体仍为子公司。在非母子公司分拆的情形下,由于公司分拆的

---

① 对异议股东回购请求权的具体论述可参见本书第五章第一节"中小股东利益保护"。
② 我国《证券法》在第二章"证券发行"用 27 条(第 10—36 条)详细规定了证券发行的各个环节和各方当事人的权利义务。参见徐明、黄来纪:《新证券法解读》,上海社会科学院出版社 2005 年版,第 16—52 页;第三章第二节"证券上市"用 15 条(第 48—62 条)对证券上市的各个环节和相关当事人的权利义务作了详细规定。参见徐明、黄来纪:《新证券法解读》,上海社会科学院出版社 2005 年版,第 71—89 页。
③ 证券法上的权利和证券上的权利在涵盖的范围上是不同的。广义上说,证券的范围应当涵盖股票、债券、基金、票据等,但我国目前在对证券调整的范围分属于不同的法律,证券法只调整股票和债券,而基金和票据等则有《证券投资基金法》《票据法》等调整。因此严格地说,分拆后的发行上市,相关当事人的权利应是证券法上的权利,不应宽泛地理解为证券上的权利。对基金和票据上的权利理解,参见张舫:《证券上的权利》,中国社会科学院出版社 1999 年版,第 202—287 页。

是其具体的资产和业务,这些资产分拆出去后,要有一个新的主体加以承接,因此必须新设公司,将这些资产和业务纳入新公司,并由新公司谋求发行上市。

分拆后的子公司或新设公司的权利义务体现在哪里?一是子公司或者新设公司要符合发行股票并能上市的股份公司的要求。我国《证券法》第 12 条规定"设立股份有限公司公开发行股票,应当符合《中华人民共和国公司法》规定的条件和经国务院批准的国务院证券监督管理机构的其他条件,向国务院证券监督管理机构报送募集申请和下列文件",并在该条中对相关申请和文件作了具体的规定;二是公开发行新股必须符合公司发行的条件,必须报送募股申请和相关文件;三是有关信息披露的要求,即公告公开发行募集文件并备置于指定场所供查阅等;四是聘请承销机构;五是满足上市条件、提交上市材料、签订上市协议;等等。

(二)发行上市内部关系人权利义务

即子公司或新设公司发行上市内部关系人的权利义务。这些内部关系人主要是公司的股东、董事、监事和高级管理人员。在证券法上,分拆后的上市是由子公司或新设公司的股东大会决定的。因此股东对于公司是否发行上市具有决定权。在这一过程中,公司股东的权利义务是很明确的,公司法上的股东权利义务在分拆后的子公司或新设公司的发行上市同样存在并起决定性的作用,比如股东所享有的知情权、表决权、质询权、建议权、出席股东大会权、新股认购优先权、股利分配请求权、累计投票权、类别股东表决权、异议回购请求权、诉讼权等。这些权利在公司发行上市过程中,理论上公司股东都可以适用,但主要集中表现的是股东的表决权和新股认购优先权。股东表决权对于公司发行上市具有决定性作用。在公司决定发行上市时,公司内部通过股东大会形成决议,股东在股东大会上或多或少地行使众多权利,但只有表决权的行使可以决定分拆后的公司是否能够发行上市,公司必须通过股东大会,征得大多数股东的同意,形成股东大会决议方有发行上市的可能。

在发行上市环节,股东的新股认购优先权是股东自身利益的重大体现。股东新股认购优先权是指:"股东基于公司股东的资格和地位,在股份有限公司发行新股时,优先于一般人按照自己原有的持股比例而认购新股的权利。"[1]

股东的新股认购优先权是否公司股东的一项固有权是值得讨论的。一些国家早期的公司法将其视为固有权,如美国普通法曾认为新股认购优先权是股东权或股份所有权中必不可少的一部分。[2] 美国法院自 1807 年著名的 Gray 诉 Poland

① 刘俊海:《股东诸权利如何行使与保护》,人民法院出版社 1995 年版,第 53 页。
② Robert W. Hamilton, Ghe Law of Corporatipns, p. 148.

Bank 一案[①]以来的 100 多年间,一直认为新股认购优先权是一种固有的、既得的权利。但随着时代的发展,母公司对资金调度的要求日益迫切,新股认购优先权的固有权属性也随之动摇,至少已不再是一种绝对的固有权。美国许多州的现代公司法已经赋予公司以其选择排除新股认购优先权的特权。[②]《日本商法典》也是如此,将这种权利非法定化,而是不将股东新股认购优先权授予与否视为公司章程的绝对必要记载事项,仅仅将其委托由公司董事会决定,[③]其他一些国家的公司法或相关法律也不认同股东新股优先认购权为一项法定的固有权。

我国对股东新股优先认购权是否为固有权并没有明确的规定。我国《公司法》第 134 条规定:"公司发行新股,股东大会应当对下列事项作出决议:……(四)向原有股东发行新股的种类及数额。"这条规定实际上涉及到对原有股东在新股发行中所进行的安排。根据该条规定,我国的新股认购优先权还很难确定是固有权还是非固有权,但可以得出以下两个结论:其一,股东新股认购优先权是我国法律规定的一项权利,非经股东本人放弃,他人应予认可。因为根据该条规定,如果不承认新股认购优先权,即不可能存在对原有股东发行新股的种类和数额的股东大会的决议,否则在法律逻辑上是矛盾的;其二,新股认购优先权的具体内容不是法定的,它是由股东大会经过决议的形式确定,在某种程度上是对新股认购优先权的限制,给何种股份以及给多少股份都由股东大会决定。

在我国实践中,新股认购优先权问题是以公司向原有股东配售股份(简称配股)的形式出现的。配股是公司在发行新股时,以现有股东为对象按其持有的股份占公司股份总数的比例发放新股的行为。我国早期的资本市场新股认购优先权是以新股认购证的形式出现的。"公司在发放新股时,以现有股东为对象按其持有的股份占公司股份总数的比例发放新股认购证并向持有新股认购证的人出售新股的行为。新股认购证书代表了新股认购的优先权。"[④]在上市公司再融资的有关规定中对老股东的配售有所规定,可以看作是股东新股优先认购的一种变相规定。中国证监会 2006 年 5 月《上市公司证券发行管理办法》第 12 条规定"向原股东配售股份(简称配股),除符合本章第一节规定外,还应当符合下列规定"[⑤];第 13 条规定"向不特定对象公开募集股份(简称增发),除符合本章第一节规定外,还应当符合

① 3 Mass. 364(1807). 转引自刘俊海:《股东诸权利如何行使与保护》,人民法院出版社 1995 年版,第 54 页。
② Robert W. Hamilton, Ghe Law of Corporatipns, p. 148.
③《日本商法典》第 280 条之二第 1 项第 5 目。
④ 张舫:《证券上的权利》,中国社会科学院出版社 1999 年版,第 55 页。
⑤ 该条作了 3 款规定,即:"(一)拟配售股份数量不超过本次配售股份前股份总额的 30%;(二)控股股东应当在股东大会召开前公开承诺配股股份的数量;(三)采用证券法规定的代销方式发行。"

下列规定"①。

对于分拆上市的股东新股认购优先权问题,我国法律法规几乎没有任何规定,因此无从考量分拆上市中股东的新股优先认购权问题。但笔者认为,我国《公司法》的规定以及资本市场中的实践,对公司分拆后发行上市的老股东的新股认购优先权同样应该适用,应当给分拆后的子公司或新设公司的股东在公司新股发行上市的认购优先权,这对于原股东的民事权利意义重大。不赋予老股东新股认购优先权可能会损害老股东的公司营利请求权、稀释老股东的股权质量、摊薄老股东股份、减少老股东的股份比例、削弱老股东对公司的影响力,最终损害老股东的利益。

和公司分拆行为中的董事监事高管一样,在子公司或新设公司发行上市过程中,董事、监事和高级管理人员作为发行上市的内部关系人,他们的权利义务主要体现在公司发行上市决议的通过、监督和执行方面。董事通过董事会形成公司发行上市决议案,董事在董事会上行使董事的权利,这些权利和股东在股东大会上的权利有许多相似之处,比如知情权、出席权、询问权、建议权、表决权等;监事主要通过监事会对公司发行上市事宜进行监督;高级管理人员则通过对股东大会和公司的发行上市决定执行来体现其相关权利义务。

三、合同法上的权利义务

合同法上的权利义务与公司法上的权利义务、证券法上的权利义务是不相同的。"合同有广义和狭义两种。广义合同指双方当事人根据法律规范的要求,确定相互之间权利义务的发生的合意行为。狭义的合同专指双方当事人(公民或法人)以发生债的关系为目的,相互为对立的意思表示合意一致的法律行为。一般所称的合同均指狭义的合同,其民法调整对象主要是财产关系。"②可见,合同法上的权利义务主要是基于合同双方当事人所产生的权利义务关系,双方当事人以发生债为目的,因而合同法上的权利义务关系实质上就是当事人之间的债权债务关系。一方为债权人,相对的另一方就是债务人,他们在这种关系中往往互为债权债务人。

公司法上的权利义务与合同法上的权利义务不同的是,公司法上权利义务更多的是基于股东身份而产生。股东因出资行为使公司得以设立,股东对公司而言

---

① 该条作了3款规定,即:"(一)最近3个会计年度加权平均资产收益率平均不低于6%。扣除非经常性损益的净利润与扣除前的净利润相比,以低者作为加权平均净资产收益率的计算依据;(二)除金融类企业外,最近一期末不存在持有金额较大的交易性金融资产和可供出售的金融资产、借与他人款项、委托理财等财务性投资的情形;(三)发行价格应不低于公告招募意向书前20个交易日公司股票均价或前1个交易日的均价。"

② 徐开墅主编:《民商法辞典》,上海人民出版社1997年版,第266页。

享有的是股东的权利,承担的是股东的义务,这种权利义务隶属于物权范畴。① 在公司法上,股东的自益权和共有权所体现出来的知情权、表决权、质询权、建议权、出席股东大会权、新股认购优先权、股利分配请求权、股份自由转让权、累计投票权、类别股东表决权、异议回购请求权、诉讼权等一系列权利以及由此所涉及相关义务,都是股东因其出资、享有股份而获得的权利,他对应的是在公司的设立、变更、消灭时所具有的权利义务,在公司的生产经营、公司治理和信息披露时所具有的权利义务。公司的董事、监事、高级管理人员作为公司治理的内部关系人,出于公司正常运转的需要,在公司治理中发挥重要作用,他们是由公司股东通过法定的程序选举或聘任产生,虽然在本质上也是基于股东的行为,但他们的权利义务并不完全是股东的意志,更不完全由股东规定,许多是法定的,由公司法对公司治理结构进行规制,对公司的董事、监事和高级管理人员的职责进行规定。可见,公司董事、监事和高级管理人员的权利义务不是合同法的权利义务。

证券法上的权利义务与合同法的权利义务也是不同的。证券法上的权利义务基于证券而产生。作为法律关系的客体和标的物的股票、债券、基金和票据等证券具有丰富的权利义务的内涵。一方面这些证券的拥有者具有了物的权利,可以享有对证券的占有、使用、处分和收益,属于民法上的物权法范畴;另一方面这些证券的取得可能是由于当事人的出资和市场上的购买而获得的,因而又可能属于公司法或者合同法的范畴。但是证券法所调整的并不是证券的物权和公司法、合同法的内容和范围,它所调整的是证券的发行、上市、交易、登记结算等所引起的当事人之间的权利义务关系。具体到我国《证券法》,所调整的仅仅是股票和债券法律关系。

分拆上市相关当事人在合同法上权利义务是如何体现的呢? 笔者认为:分拆上市过程中合同法上的权利义务主要针对的是利益相关人。包括两类人,一类是已经和分拆上市组织体有着相关利益关系的人,主要为公司的员工、原有的债券人、债务人等;另一类是为公司分拆和发行上市进行服务而发生利益关系的相关利益人,主要为证券经营机构、会计师事务所、律师事务所等以及这些机构的相关人员。

公司员工与公司分拆上市息息相关,分拆和上市能否成功与公司员工的利益关系巨大。但公司员对公司分拆上市并不具有决定作用,也无实质性的话语权。

---

① 也有的学者从新古典主义经济学的公司合同理论和社会学的关系合同理论来阐述公司法上的权利义务,对公司法用合同解释的方法加以剖析。这只是一个方法论的问题,是从不同角度去看待公司法以及基于公司法而设置的权利义务。应该说公司法上的权利义务和合同法上的权利义务的区别是显而易见的。参见罗培新:《公司法的合同解释》,北京大学出版社 2004 年版。

在分拆和上市二个阶段中,公司员工和公司仅仅是合同法的关系,公司雇佣公司员工从事生产经营活动,其权利义务关系也只是因劳动合同所产生的。因分拆上市,员工与公司的合同关系可能会变更甚至会解除,员工的权利义务可能会发生很大的变化。因此,分拆上市中的员工利益的保护至关重要。[①]

债权人或债务人是分拆上市中合同法上的权利义务人。因分拆上市,母公司和子公司,或者原公司与新设公司在资产、业务等方面发生了变化,债权人或债权人的债权债务关系也随之发生了变化,合同的主体、内容和标的都可能与之前有所不同,债权人或债务人与公司在合同上出现债的变更、转移甚至是消灭。因此分拆上市中的债权人的利益保护同样重要。[②]

证券中介机构因公司分拆和发行上市与公司签订了服务合同。证券公司为其进行投资银行业务,处置和分离资产,规划业务、发行股票、谋划上市等;会计师事务所对其资产和经营活动进行审计;律师事务所为分拆上市进行法律服务,出具法律意见书等。这些活动都因公司的分拆和发行上市活动产生了新的合同,所形成的权利义务关系当然是合同法上的权利义务关系。

综上分析,可以得出如下结论:在公司分拆和发行上市两个不同的阶段,其法律关系的内容是不相同的。其一,在分拆阶段,母公司与子公司在分拆时,在分拆其资产和业务时,法律关系上的内容主要是公司法层面的,所形成的权利义务也主要是公司法的权利义务,具体体现为母公司本身在公司法的权利义务以及母公司的内部关系人股东、董事、监事和高级管理人员在公司法的权利义务。他们就公司的分拆事宜进行各种民事活动,公司本身更多的是对外就公司的资产和业务的处置行使民事权利、承担民事义务,而公司的内部关系人则通过股东大会、董事会、监事会等就公司分拆行使民事权利、承担民事义务,公司的高级管理人员通过执行公司决议行使民事权利、承担民事义务。其二,在发行上市阶段,子公司或新设公司主要从事发行上市活动,在法律关系的内容上主要是证券法层面的,所形成的权利义务也主要是证券法上的权利义务。具体体现为子公司或新设公司本身在证券法的权利义务以及子公司或新设公司的内部关系人股东、董事、监事和高级管理人员在证券法上因子公司或新设公司的股票发行和上市产生的权利义务。其三,在分拆上市的整个过程中,合同上的权利义务关系始终存在。无论在分拆阶段还是发行上市阶段,一方面公司员工及相关债权债务人并不因公司的分拆或者发行上市而自然消失,这些当事人合同上的权利义务也不可能自动解除;另一方面因分拆和

---

① 具体参见本书第五章分拆上市中的利益保护,第三节:其他相关利益主体保护。
② 具体参见本书第五章分拆上市中的利益保护,第二节:债权人利益保护。

发行上市,公司(在分拆阶段是母公司,在发行上市阶段是子公司或新设公司)还因分拆活动和发行上市活动和其他当事人签订新的合同,形成新的合同法上的权利义务关系。

第三节 分拆上市的客体

在民事法律关系中,民事主体的权利义务所指向的对象构成民事法律关系的客体,通常是指物(财产)、行为和精神财富。[1] 有的也将精神财富称之为智力成果。[2] "物是指由民事主体支配、能满足人们需要的物质财富,它是民事法律关系最普遍的客体。如所有权法律关系的客体都是物,不少合同关系的客体也是物。行为是指权利人行使权利和义务人履行义务的活动。智力成果即人的脑力劳动的成果,如著作、发明等。"[3]

分拆上市法律关系的客体是什么? 笔者认为不能一概而论,要将分拆上市分成两个阶段即分拆法律关系的客体和分拆后的发行上市法律关系的客体来进行讨论。这是因为,在这两个阶段中民事主体的权利义务所指向的对象是不同的,一概而论不能准确地反映分拆上市法律关系的客体。

一、分拆法律关系的客体

分拆行为实际上就是母公司将子公司独立出去,使子公司的资产和业务分离出母公司,不再成为母公司的资产和经营活动的一部分。在非母子公司分拆的情况下,也是将公司的部分资产和业务从公司中分离出来,分离出来的资产和业务也不再属于原来的公司,这部分资产由新设公司承接。分拆公司资产和业务的活动就是公司及相关当事人进行各种民事行为,行使民事权利承担民事义务的活动,这些活动所指向的对象为公司的资产和业务。因此,分拆法律关系的客体,应当是分拆的资产和业务。

(一)分拆的资产

虽然我国的法律没有直接规定公司分拆时应对公司的财产进行分割,但分割公司财产是分拆上市的前提和基础,是公司分拆上市的应有之义。其实,我国公司法对公司分立的财产分割是有规定的。《公司法》第175条规定"公司分立,其财产

---

[1] 张友渔主编:《中国大百科全书·法学卷》,中国大百科全书出版社1984年版,第417页。
[2] 徐开墅主编:《民商法辞典》,上海人民出版社,1997年版,第202页。
[3] 徐开墅主编:《民商法辞典》,上海人民出版社,1997年版,第202—203页。

作相应的分割"，足以说明公司分立中的分立对象应当是公司财产。同理，公司分拆，其财产也应做相应的分割。

公司财产是公司经过股东出资以及公司经营所获得的资产，包括公司所拥有的现金、有形资产和无形资产等。① 从不同视角来理解公司资产，所包含的内容也是不同的。狭义的公司资产仅仅指公司的有形资产，比如公司的机器、厂房、设备、土地等；广义的公司资产不仅包括狭义中的有形物，还包括公司相关的无形知识产品等无形物，它是公司所持有的所有有形财产和相关无形知识产品的总和；更广义的公司资产除了以上两个层面的有形财产和知识产权等无形财产以外，还包括公司在经营活动中所享用的债权以及公司所负有的债务。② 也有人认为"法学中的财产实际上是由各项权利，包括物权、债权等等一系列相关权利构成的"。③ 笔者认为将公司的有形和无形资产作为公司的资产是恰当的，而将公司的债权债务也作为公司的资产是较为牵强的。尽管从会计学的角度，公司资产负债表中将债权作为公司权益列入公司资产的范围内，财政部《企业会计准则——基本准则》也将"企业的资产、负债、所有者权益、收入、费用以及利润"等一系列要素算作企业的资产，但在法学上，公司的债权债务作为公司的资产是令人无法理解的。根据民法原理，债是特定人与特定人之间得请求为特定行为的法律关系。我国《民法通则》第84条规定："债是按照合同的约定或者依照法律的规定，在当事人间产生的特定的权利和义务关系。享有权利的人是债权人，负有义务的人是债务人。"债权人有权请求债务人为特定行为；债务人有义务满足债权人的请求而为特定行为。债权人所享有的权利即为债权，债务人所负有的义务即为债务。④ "债的本质是债权人实现其特定利益的法律手段。债的关系的成立，旨在达到一定的法律目的，即将债权转变为物权或与物权有同等或相似价值的权利"⑤，债权人利益的满足在于债务人履行给付义务的结果，而不在于债务人履行给付义务本身。"债的存在意味着债权人的利益尚未得到满足；而当债权人的利益得到满足之时，也正是债自身消灭之时。因此，债权本身对于债权人来说，并非是一种现实的利益。"⑥ 会计学上将债权债务作为资产，实际上是将法学上的期待的权利和期待的义务考虑进去，即从资产的角度，债权一旦实现，其利益即可实现，对公司资产来说即可增加；反之，债务一旦履行，其利益即会失去，公司的资产即会减少。但法学上的期待权实现和期待义

---

① 财产和资产是一个概念在经济学和法学中的不同称谓。财产是法学概念，资产是经济学概念。
② 钱明星：《论公司财产与公司财产所有权、股东股权》，《中国人民大学学报》1998年第2期。
③ 王晶：《公司分立的界定研究》，华东政法大学硕士学位论文，2015年4月，第27页。
④ 王家福主编：《中国民法学·民法债权》，法律出版社1994年版，第1页。
⑤ 林诚二：《论债之本质与责任》，《中兴法学》，台湾五南图书出版公司1984年版，第35页。
⑥ 王家福主编：《中国民法学·民法债权》，法律出版社1994年版，第2—3页。

务履行的结果可能是资产,但期待权和期待义务本身并不能等同于资产,认为债权可以是资产进而认为可以作为民事法律关系客体,是混淆了债权和债权实现的结果,是站不住脚的,也将民法上法律关系的内容权利义务与权利义务所指向的对象混同起来了。

在民法中,往往将智力成果与物、行为并列为民事法律关系的客体。这是否意味着,分拆公司的智力成果不属于公司的资产? 笔者认为这样的理解有失偏颇。智力成果仍然是人们劳动的成果,只不过是人们的一种脑力劳动的成果,其价值是不言而喻的。作为一种无形资产,公司的发明创造等仍应作为公司的资产,在公司的分拆中考虑进去。除此之外,公司的商誉是也应列入公司分拆的资产。这是因为"商誉是企业的一种声誉,它是企业在生产经营中多年形成的一笔无形的财富,是企业的经营管理、产品质量、公平交易、售后服务、地理位置、消费者信任程度等综合性作用的结果","商誉是一种无形资产,是企业在多年的生产经营中形成的一笔宝贵财富,具有价值和适用价值"。[①]

(二)分拆的业务

公司的业务是公司的具体经营范围和经营活动的集合体。任何公司都在经营许可的范围内展开相关经营活动。因此,作为分拆法律关系的客体,分拆的业务实际上是公司的经营活动,归属于公司的行为。公司业务的有无和大小,一方面公司只能在管理部门核准的范围从事经营活动或者公司章程规定的范围内从事经营活动;另一方面公司业务开展得如何也由公司人员从事经营活动的好坏决定的。公司分拆必然涉及到对公司经营活动的划分、母公司与子公司的业务、公司的内部相关业务如何划分、如何切割相关经营活动、相关业务人员如何安排等,都是分拆过程中必须面对的,相关当事人必须就此作出回答。

分拆的资产和业务到底是哪些资产和业务? 对此并没有统一的标准。许多人从分拆的母子公司或者分拆公司与被分拆公司的经济效应来评判分拆的资产和业务,比如分拆的资产和业务应当有利于财务驱动、价值释放驱动和经营管理驱动[②];有的认为应从偿债能力、营运能力、盈利能力、成长能力等指标上进行判断[③]。笔者认为,公司分拆上市应根据公司自身的情况来判断哪些资产和业务要保留在母公司中,哪些资产和业务应该被分离出去,不应有统一的标准和尺度,因为各个

---

① 刘小丽:《论商誉》,《华东交通大学学报》2004 年 6 月,第 11 页。
② 王伟:《分拆上市的路径选择、效果评价——基于子公司视角的"联想系"两次分拆上市的案例研究》,浙江工商大学硕士论文,2015 年 12 月。
③ 刘凯:《上市公司分拆上市对子公司财务状况影响研究——以康恩贝分拆佐力药业上市为例》,浙江工商大学硕士论文,2014 年 12 月。

分拆公司的情况是不一样的,分拆的资产和业务肯定也不一样。但是否就不存在分拆资产和业务的基本原则呢? 答案是否定的。对于公司资产和业务的分拆仍应遵循一定的规律和基本原则。[①]

当公司分拆的只是公司的资产和业务时,分拆法律关系中,这些资产和业务就是公司的权利义务所指向的对象,资产、业务作为物和行为构成了分拆法律关系的客体,这一点不难理解。但当在母子公司的模式下,母公司分拆子公司时,分拆法律关系指向的对象是子公司还是子公司的资产和业务呢? 是否意味着如果指向的对象为子公司,则公司作为法人构成了分拆法律关系的客体;如果子公司的资产和业务为指向的对象,则公司的具体资产则是分拆法律关系的客体?

笔者认为,在母子公司分拆模式下,构成分拆法律关系的客体仍然为子公司的资产和业务等而不是子公司本身。理由有二:一是子公司作为独立的法人,是民事法律关系的主体,并不具备民事法律关系客体的可能性。如前所述,民事法律关系的客体是物、行为和精神财富。公司作为独立法人格既不是物也不是行为,更不是精神财富,显然不在此范围内;二是母公司分拆子公司并没有使子公司的法人地位消失,所谓的分拆实际上将子公司的资产、业务从母公司独立出去,并由此涉及到母子公司股份的安排和变化,因而在母子公司分拆的情形下,法律关系主体涉及的权利义务所指向的对象仍然是子公司的资产、业务和股权的处置,并不是子公司本身。[②]

二、上市法律关系的客体

对分拆后子公司或新设公司而言,其目的是要在分拆后公开发行股票并谋求上市。子公司或者新设公司在具体的发行上市法律关系中所指向的对象是什么? 笔者认为应该是发行上市的股票,即子公司或新设公司为了公司上市与相关人形成的一系列活动。比如聘请机构、尽职调查、整合资源、推介活动、发行活动、上市活动等等,子公司或新设公司通过这些行为使得公司的股票得以发行并在证券交易所上市得以实现。因而分拆之后的发行上市所形成法律关系中相关当事人权利义务所指向的对象是公司的股票。

[①] 对分拆上市中公司资产和业务分拆的规律及基本原则,将在本书第四章第一节分拆上市的要件中详细论述。这里略。

[②] 这种情况犹如收购法律关系中,收购人所谓的收购兼并上市公司,只是一种通俗化的说话。在法律上,收购人并不能将上市公司作为收购法律关系的客体看待,严格地说收购人收购的是上市公司的股权以及股权所代表的资产。收购人获得了上市公司足够的股份,取得了控股人的地位,即标志着完成了对上市公司的收购。

（一）发行股票

在这一阶段，子公司或新设公司所进行的活动都是围绕公司能够公开发行股票。为此，公司在内部要通过董事会、股东大会等进行决策、形成决议；在外部要聘请相关机构为公开发行做准备，还要向相关监管部门比如中国证监会递交发行股票的申请，向投资者者进行路演等。无论是公司的内部活动还是外部活动，其活动的根本目的是公司的股票公开发行能够获得批准并且发行成功。因此，这一阶段相关当事人权利义务指向的对象为公开发行的股票。股票成为公司发行法律关系的客体。

（二）上市股票

在这一阶段，公司在股票成功发行后所进行的活动都是围绕公司股票能够在证券交易所上市交易。为此，公司要向证券交易所申请其股票上市交易，证券交易所对其上市申请进行审核。尽管分拆后的公司所追求的目的是使其发行的股票能够在证券交易所上市，实践中公司股东不可能不同意公司股票上市，但在内部程序上仍然应该由股东大会以一定的形式决议；在外部，公司要聘请相关机构为公司股票上市进行服务。无论是公司的内部活动还是公司的外部活动，其活动的根本目的是使公司的股票能够成功在证券交易所上市交易。因此，这一阶段相关当事人权利义务指向的对象仍然为公开拟在证券交易所上市交易的股票。股票成为公司上市法律关系的客体。

公司股票公开发行后，是股票在证券交易所上市还是公司在证券交易所上市呢？这个问题在实践中并不清晰。人们习惯地将已在证券交易所上市的公司称之为上市公司，法律上也有诸多如此称谓，比如我国《证券法》第四章"上市公司的收购"、《公司法》第四章第五节"上市公司组织机构的特别规定"等。上市公司和上市公司的股票是两个不同的概念，严格意义上讲，公司在证券交易所上市是不严谨的。因为证券交易所作为证券交易场所其基本职能和目的是交易。而证券交易所顾名思义是证券的交易。对于上市公司而言，其交易的显然不是公司而是公司发行的股票。投资者在交易市场买卖的也仅仅是上市公司的股票。因此，分拆后的公司成为上市公司，只是其股票可以在证券交易所上市交易，并不是公司本身作为交易的目的。因此，分拆后的公司变成上市公司，其法律关系的客体仍然是股票，不是上市公司。

但是，我国的相关法律和实践中的上市公司这样的称谓，这是否是法律的不当或不严谨呢？其实不是。我国法律对上市公司进行规定，是将上市公司视为法律关系的主体看待的，这样一类公司不但具有了一般公司所具有的独立法律人格，而且因为其股票公开发行并在证券交易所上市交易，具有较大的特殊性。公司法对其进行规制,进行特殊的安排,也是从公司组织形态上提出了更为严格的要求,证券法对其进行规定也是从公司股票发行上市交易等方面进行规制的。上市公司其实就是其股票在证券交易所上市交易的公司,公司是法律关系的主体,公司的股票则是法律关系的客体,这一点是不应混淆的。

第四章

分拆上市的要件和程序

第一节　分拆上市的要件

一、分拆上市的形式要件

分拆上市的形式要件是指分拆上市能够产生法律效力的应具有的形式上的条件。它是分拆上市能够形成法律效力的重要因素,具备了这种形式上的条件,分拆上市行为即可能发生法律上的效力,使分拆上市成为可能,不具备这些形式上的条件和要求,分拆上市就不可导致有效的法律后果。分拆上市要否形式要件、有无形式要件以及具有什么样的形式要件,对分拆上市行为的法律后果是人不相同的。因此研究分拆上市的形式要件,对于分拆上市本身具有较大的意义。

法律行为要否形式要件去成就它的效力?各国法律没有明确规定,但法律对法律行为形式要求的态度却在各国的立法中有所表现。[①]　总体来看,各国立法对法律行为形式要件的要求由紧到松,由严至宽。各国法律对法律行为形式要件的规定大体经历了一个从重形式主义的严格形式到重意思主义的各种特定形式的变迁。就对法律行为形式要件的宽松规定来看,《法国民法典》最先确立法律行为形式自由主义原则,但为弥补单纯形式自由主义原则的缺陷,《法国民法典》又在有关证据的限制规定上继续鼓励采取较为严格的要式主义,比如:确认超过一定金额之法律行为须用公证文书和签名私文书的形式,对优先权和抵押权规定专门的登

---

① 马新彦、李国强:《民法典关于法律行为形式要件及其功能的应然设计》,《法制与社会发展》2003 年第 6 期,第 74 页。

录方法①,对遗嘱见证的形式②等,均有较为细致的形式要求。《德国民法典》坚持推行形式自由原则,但对于各种例外情形规定了不同的形式要件,如普通书面形式③、公证证书形式④等。《德国民法典》之后的民法更加坚持形式自由,一般不在总则中规定形式要件的形态,有关形式要件的规定与具体法律行为的规定结合在一起。除特定契约的书面形式外,我国台湾地区民法还有对不动产赠与的登记形式⑤,《日本民法典》有关于婚姻行为和收养行为⑥规定的特殊申报形式等,都是具体法律行为的特定形式要件。与大陆法系相对应,英美法系同样经历从重形式主义的严格形式到重意思主义特定形式的过程,只是特定形式有所区别。民法对法律行为形式要件的趋淡化这一民商事立法趋势是有道理的。民商事法律关系注重的是当事人之间法律地位的平等互利,经济利益上的等价有偿。民商法中尊重当事人的意志,当事人的意思自治是民商法律的基本原则,"这是私法上的法律行为与公法上的行为的本质区别"。⑦ 因而民商法并不强调法律行为所具有的形式,更不以所谓一定的形式作为法律行为生效的条件,过多地强调法律行为的形式要件就会阻碍当事人意思自由,使法律关系主体的权利义务受到限制、使法律行为的有效性变得困难,因此,非特殊情况不能干预当事人之间的意思自治。

但是,这并不意味着法律行为的形式要件变得可有可无。在特定的情况下,不规定一定的形式要件往往会使法律行为严肃性、证明力和有效性大打折扣。对于重大法律行为、不容易证明的法律行为赋予一定的形式要件,比如重大事件的决议制度、不动产买卖的登记制度、遗嘱继承的公证制度等,对民商事双方当事人

---

① 《法国民法典》第三卷"取得财产的各种方法"第十八篇"优先权及抵押权"第四章"优先权和抵押权的登录方法",在第 2146—2156 条中规定了具体登录的相关内容,不符合规定的登录方式的,优先权和抵押权归于无效。参见马育民译:《法国民法典》,北京大学出版社 1982 年版,第 399—405 页。

② 《法国民法典》第三卷"取得财产的各种方法"第二篇"生前赠与及遗嘱"第五章"遗嘱处分",在第一节"关于遗嘱形式的一般规定"第 967—980 条,第二节"关于某些遗嘱形式的特别规定"第 981—1001 条,对遗嘱处分的形式要件作了详细的规定。参见马育民译:《法国民法典》,北京大学出版社 1982 年版,第 200—204 页。

③ 《德意志联邦共和国民法典》关于"财产制登记簿册"(第 1558—1563 条)的规定;关于"继承证书"(第 2353—2370 条)的规定。参见上海社会科学院法学研究所译:《德意志联邦共和国民法典》,法律出版社 1984 年版,第 381—383、623—628 页。

④ 《德意志联邦共和国民法典》第 128 条规定:"〔公证证书〕法律规定契约须用公证证书者,如有公证人首先出具要约证书,然后出具承诺证书者,即可认为契约已经认证";第 129 条规定:"〔公证认证〕(1) 1. 法律规定意思表示应经公证认证者,意思表示应以书面作成,并由公证人证实表意人的签名。2. 如果意思表示有书面作成人用画押签署,此项签署要求由第 126 条第 1 项规定的有关对画押的认证,即可生效。(2) 前项公认书得用意思表示的公证证书代表。"参见上海社会科学院法学研究所译:《德意志联邦共和国民法典》,法律出版社 1984 年版,第 28 页。

⑤ 参见"台湾地区民法典"第 447 条。

⑥ 参见《日本民法典》第 739 条、第 799 条。

⑦ 马新彦、李国强:《民法典关于法律行为形式要件及其功能的应然设计》,《法制与社会发展》2003 年第 6 期,第 74 页。

的保护以及法律行为效力的提升具有重要意义。所以,在民商法中,民商事行为以意思自治为基本原则,以特定情形下的形式要件为补充的法律行为保障制度实属必要。

分拆上市行为是民商事法律行为,属于民商法调整,分拆上市的过程具体涉及到公司法、证券法、合同法等,相关当事人在这一过程中形成了上述法律关系。因此,民法有关法律行为的形式要件对分拆上市行为同样适用。只不过因法律行为的不同,在考虑具体情况时有所不同罢了。

分拆上市的过程是一个复杂的过程,当事人各方权利义务各不相同,法律行为也多种多样?如果分拆上市需要一定的形式要件,如何判断哪些行为或者哪些情形需具有一定的形式方能有效?笔者认为,"重大性"是分拆上市形式要件的判断标准,即对于分拆上市的重大法律行为应履行一定的形式要件。分拆上市的"重大性"主要体现在三个方面:其一,这一行为足以影响公司的分拆、分拆后的股份发行以及公司股票在证券交易所上市。这一行为有无一定的形式作保证直接关系到能不能分拆、发行和上市,以及如何分拆、发行和上市;其二,这一行为对分拆上市的相关当事人构成重大影响。这一行为有无一定的形式作保证对公司,公司的股东、董事、监事、高级管理人员、员工,以及公司的债权人、债务人影响巨大;其三,对监管机关的核准分拆、发行和上市意义重大。这一行为有无一定的形式作保证直接关系到分拆上市能否获得核准。

一般认为,法律行为的形式要件包含以下几种:① 登记形式。我国一直将登记形式作为房屋买卖、抵押担保、土地使用权的出让、转让等法律行为的形式要件。② 公证形式。这种形式是当事人依照法律规定,以国家公证机关对法律行为的内容加以审查公证的方式成立法律行为的一种形式。③ 见证形式。这是单方法律行为——遗嘱采用的形式要件。按着我国继承法的规定,录音遗嘱、代书遗嘱、口头遗嘱须有两名以上与继承无利害关系人的在场见证,以保证遗嘱的真实性。④ 书面形式。凡以文字表现当事人意思、记载当事人意思内容的,均为书面形式。但又有普通书面形式和数据电文形式之分。

分拆上市的形式要件是否上述四种形式呢?笔者认为这四种形式作为分拆上市的行为似乎不妥。

就登记形式而言。法律行为的本质是设权性。法律行为的这种本质属性决定,其外在形式对其本身是没有决定影响的,如果能够证明意思表示是确实存在的、行为人是善良不欺的,就不需再规定特别的形式要件来束缚法律行为,而降低当事人的意思在法律行为中决定性作用,将登记作为法律行为的形式要件会造成公权力对当事人自由意思的过分干预和束缚,登记不应当是不动产转让、抵押等法律行为生效的要件,而应当是物权变动的要件。[①] 除此之外,典型的应当适用这种形式的法律行为是婚姻和收养等身份性的法律行为,婚姻行为、收养行为所具有的身份性要求登记形式来维护双方之间的法律关系的安全与稳定。而分拆上市行为并不以资产分拆中所具有的不动产、抵押财产登记作分拆上市的生效要件的,更不是身份性质的法律行为,不具有身份属性的约束和保证。

就公证形式而言。它要求公证机关对法律行为进行认证,而这种认证通常只是对当事人签名或约定的认证。公证形式是一种复杂的书面形式,由于有了公证机关的认证从而获得了更大的安全性,有利于保障法律行为的真实性和合法性,以及促使当事人更好地履行行为。它更多的是适用于对财产约定不清的情况下,作为一种增信和增加证明效力的工具在促进履约方面发挥作用。依据我国现行法的规定,赠与行为、夫妻财产的约定等法律行为应当采用公证形式。而分拆上市并不具有这方面的要求,更不以此为前提。同样的道理,见证也具有公证的某些属性,也不应成为分拆上市的形式要件。

就书面形式而言。信件、自书遗嘱、合同文书都是普通书面形式的代表。普通书面形式的形成虽然较口头形式为复杂,但是其具有权利义务记载清楚、便于履行、发生纠纷时容易举证和分清责任的优点,所以大量应用于合同行为和遗嘱行为等法律行为的各个领域。近来出现了不同于纸面的数据电文,如电报、电传和传真以及新兴的电子数据交换和电子邮件,我国现行《合同法》把这些都作为书面形式的一种加以规范,国外(如韩国)立法例则已经制定独立的《电子商务法》来规范这些行为。对分拆上市而言,书面形式也不宜作为形式要件。在分拆上市活动中,各当事人之间所形成的权利义务关系,大量的是通过合同等体现出来的,这些合同大多数是书面形式,比如在资产和业务分拆阶段、在发行股票阶段、在公司股票上市阶段,分拆公司和相关证券经营机构、会计师事务所、律师事务所的权利义务关系都是用书面合同的形式固定下来的。将此作为分拆上市的形式要件,并不能反映其根本特征,反而会阻碍分拆上市活动。

除此之外,有的学者将审批作为法律行为的形式要件,[②]某些法律、法规或司法解释也将审批形式作为法律行为的形式要件。但是如前所述,民商事"法律行为的核心是依据当事人自己的意思表示发生法律效果,所以它的基本原则是'意思自治'",[③]当事人的意志决定当事人意思表示的内容、意思表示的方式,乃至于意思

---

① 王利明、崔建远主编:《合同法新论·总则》,中国政法大学出版社 1996 年版,第 230—231 页。

② 李开国:《中国民法学教程》,法律出版社 1997 年版,第 587 页。

③ 孙宪忠:《民法典立法中法律行为制度的应然设计》,中日"中国民法典制定"国际研讨会演讲报告,2003 年 10 月 5 日。

表示的效力。私法上的法律行为与公法上的法律行为的本质区别就在于此。审批形式实际上是国家公权力在民事生活中的渗透，与以"意思自治"为基本原则的法律行为的本质不相适宜，各国法律无一将审批作为法律行为的形式要件，而且我国已经加入世界贸易组织，其给民法带来的深刻变化就是国家对私法生活干预的弱化。国家有关机关应当以服务机构、辅助机构的姿态参与民事生活，而不应对其进行控制、指挥或干预。因此，审批形式不应再作为对法律行为效力有影响的重要条件。

笔者认为，分拆上市的形式要件主要体现为会议、决议和公告三个方面。将会议、决议和公告作为我国上市公司分拆上市形式要件的理由有三：其一，它是对分拆上市活动的最根本保障，是分拆公司（母公司、子公司）及相关当事人在上市公司分拆上市过程中充分表达真实意愿的重要载体；其二，它是相关管理机构在分拆上市审批过程中的重要依据；其三，它是我国《公司法》《证券法》等的基本要求。开不开会，开什么样的会，会议是否形成决议，会议和决议具有什么样的效力，为分拆上市所召开的会议及形成的决议是否进行了公告，有没有让相关当事人、利害关系人、市场知晓等都决定了分拆上市所具有的效力。这些基本的程序性安排保证了上市公司分拆上市过程中的民主，体现了公司、公司股东及其相关当事人的真实意思和公司的意思自治，防止公司大股东、控股股东、实际控制人等滥用权利，在公司分拆上市过程侵害中小股东和相关当事人的合法权益，由此构成了上市公司分拆上市的形式性要件。不具有这些要件，上市公司分拆上市的行为就不产生法律效力。

（一）会议

主要有两种形式的会议：一是公司董事会；二是股东大会。对于分拆上市，公司可能存在各种形式、各种类型的会议，但公司的董事会和股东大会是最为重要的会议，只有经过董事会并最终通过股东大会形成分拆上市的决议，才能使分拆上市真正形成并具有实现的可能性。因此，不经过董事会和股东大会的通过，就不可能有真正的分拆上市。以此，董事会会议和股东大会会议是分拆上市的必要的形式，它是分拆上市的形式要件，是分拆上市法律行为生效的条件。

我国法律对公司分拆上市的形式要件也有相似的规定。在《公司法》《证券法》中均有所规定。前者对公司分立在董事会和股东大会层面均提出了要求，后者对公司分拆后的发行上市在股东大会层面也提出了要求。

在董事会层面，我国《公司法》第 109 条第 4 款规定："本法第四十七条关于有限责任公司董事会职权的规定，适用于股份有限公司"；第 47 条则明确将公司分立作为董事会的职责范围："董事会对股东会负责，行使下列职权：……（七）制定公

司合并、分立、解散或者变更公司形式的方案。"在股东大会层面,我国《公司法》第
100 条规定:"本法第三十八条第一款关于有限责任公司股东会职权的规定,适用
于股份有限公司股东大会";第 38 条规定:"股东会行使下列职权……(九) 对公司
合并、分立、解散、清算或者变更公司形式作出决议。"可见,对于公司分立事宜,由
股份公司召开董事会,制定并通过公司分立方案,并由股份公司就此方案会召开股
东大会通过此方案,最终形成股东大会的决议是公司分立的必要条件。公司分立
如此,公司分拆在性质上与公司分立相似,因而也应经过董事会和股东大会,使其
成为公司分拆的形式要件。

分拆后公司发行股票并上市,也应当召开董事会和股东大会。我国《公司法》
在上述规定中虽然没有明确规定发行股票需要召开董事会和股东大会,但却将"制
定公司增加或者减少注册资本以及发行公司债券的方案"规定为董事会的职权,将
"对公司增加或者减少注册资本的决议"作为股东大会的职权。公司发行股票是公
司注册资本增加的一种形式,因此,可以将分拆后的公司发行股票作为董事会形成
方案、股东大会形成决议视为公司法的规定,需要由董事会和股东大会的会议形
成。非但如此,我国《证券法》还对公司发行新股和上市也提出了形式要求,其第
14 条规定:"公司公开发行新股,应当向国务院证券监督管理机构报送募股申请和
下列文件……(三) 股东大会决议";第 52 条规定:"申请股票上市交易,应当向证
券交易所报送下列文件……(二) 申请股票上市的股东大会决议。"可见,公司发行
上市,股东大会的召开是必要的形式要求。尽管《公司法》《证券法》均未规定公司
股票上市是否需要召开董事会,但鉴于公司分拆发行股票,其真正的目的是让分拆
公司发行的股票挂牌上市,子公司和新设公司成为上市公司,因此其行为具有重大
性,也应由董事会提出议案,由股东大会表决通过。实际上,分拆上市在实践中往
往视为一个整环节,一般情况下都将公司的发行和上市放在一起来讨论和决议。

(二) 决议

决议作为分拆上市的形式要件是非常重要的。分拆上市所要求的股东大会和
董事会作为形式要件,如果没有决议支撑,并不具有任何意义。因为即使履行了董
事会和股东大会的会议形式,如果没有形成决议或者决议未获得通过,分拆上市就
不可能存在。会议和决议之间的关系实质上是形式与内容的关系,也是行为和结
果的关系。会议是分拆上市形式要件的形式和行为,决议是分拆上市形式要件的
内容和结果。两者相辅相成,缺一不可。虽然形成决议,但不是董事会和股东大会
上的决议,其他形式的决议就不符合分拆上市的形式要件;虽召开股东大会但没有
形成决议,也构不成分拆上市的形式要件。

决议的形式由两种,即董事会的决议和股东大会的决议。根据我国《公司法》,

上市公司分拆应召开董事会形成分拆方案,并由股东大会审议通过。这一过程存在两种形式的决议,即董事会对形成公司分拆方案进行决议和股东大会审议通过公司分拆的决议,两个会议上的决议应该同时具备。因为如果没有董事会关于公司分拆方案形成的决议,就不可能有股东大会审议通过公司分拆的决议。

分拆后公司发行上市是否需要董事会和股东大会两个决议呢?公司发行新股实际上是公司的增资扩股的行为,如前所述,我国公司法仍要求需要董事会提出新股发行方案并在股东大会上形成决议,因而也需要两种决议。但对于新股发行后的上市行为,我国公司法并无规定,《公司法》第四章第五节尽管有上市公司组织机构的特别规定,但并未涉及公司的股票上市。我国《证券法》中只要求公司股票上市应当向证券交易所提供"申请股票上市的股东大会决议",也未要求提供"关于申请股票上市方案的董事会决议"。因此,在公司股票上市阶段并不需要两个决议,只需申请股票上市的股东大会决议即可。笔者认为这样的规定是有道理的。因为,一方面,我国目前阶段股票公开发行后,在证券交易所挂牌上市是自然而然的事,尽管法律规定证券交易所的上市标准可以高于股票公开发行标准,但在实践中并非如此。证券交易所的上市委员会只是形式性审核,而真正进行实质性审核的是公开发行阶段的中国证监会;另一方面,也是最为重要的原因,公司股票上市并非是复杂的技术问题,相较于分拆和发行而言并不需要也不存在所谓的方案,它只是需要反映公司意思和股东利益的股东大会是否同意而已,董事会的决议既显得多余还有可能阻碍了股东大会的决议。

综上所述,分拆上市的决议形式要件,在公司分拆和分拆后的发行两个阶段均为公司的董事会的决议和股东大会决议;在公司股票上市阶段为公司的股东大会决议。

(三)公告

将公告作为分拆上市的形式要件,是因为分拆上市是极其重大的法律行为,对分拆的母子公司或新设公司,以及与分拆上市有关的当事人利害关系重大,涉及的相关当事人也特别多。如不进行公告则不但会影响到相关当事人的权利义务,在事实上和法律上会带来一系列的问题,还有可能对使分拆上市本身受到影响。对分拆上市进行公告就是将公司分拆上市作为重大事件告知于市场和相关当事人,使他们因此可以采取相应的行动。因此,公告也应成为分拆上市的形式要件。

根据重大性的要求以及我国相关法律的规定,作为分拆上市形式要件的公告主要有分拆公告、发行公告和上市公告三种:

(1)分拆公告。我国《公司法》第 176 条规定:"公司分立,应当编制资产负债表及财产清单,公司应当自作出分立决议之日起十日内通知债权人,并于三十日内在报纸上公告。"这条规定同样适用于公司分拆。

（2）发行公告。《证券法》第 25 条规定："证券发行申请经核准，发行人应当依照法律、行政法规的规定，在证券公开发行前，公告公开发行募集文件，并将该文件置备与指定场所供公众查阅"。

（3）上市公告。《证券法》第 53 条规定："股票上市交易申请经证券交易所审核同意后，签订上市协议的公司应当在规定的期限内公告股票上市的有关文件，并将该文件备置于指定场所供公众查阅。"

二、分拆上市的实质要件

分拆上市的实质性要件，是对分拆上市的内容的判断。在公司股票上市阶段由于股票公开发行成功后，对上市在内容上的判断已没有太多的必要了，只是在形式要件上，向证券交易所提出上市申请有所要求，因此分拆上市的实质性要件主要针对的是分拆和分拆后的公司股份发行。

要对分拆上市的实质性要件进行全面而准确地判断其实是很困难的。这涉及到分拆上市的具体内容。具体体现在：哪些资产和业务要保留？哪些资产和业务要分离出去？分拆后要发多少股票？何时发行股票？凡此种种，很难给出一个标准的、相同的答案。对此，学者和实践中也有不同的看法和做法。归纳起来，大体为两类观点来评判分拆的资产、业务以及上市问题。一类是从分拆上市的动因看待分拆上市的内容，另一类是从分拆上市对公司股东财富和公司财务方面的影响方面来看待分拆上市的内容。有人认为若子公司的市场价值大于同行业公司时，即分拆后市场价值大于分拆前时，母公司会选择分拆上市；[1]有的认为分拆上市是从市场时机考虑的[2]；有的是从分拆上市的控制权理论来讨论分拆上市的，认为分拆上市是子公司的控制权转移给公司外部买方，该买方具有潜在的、能够创造更多价值的特点；[3]有人认为应从偿债能力、营运能力、盈利能力、成长能力等指标上进行判断；[4]有人认为分拆上市后子公司的业绩改变很大程度上是由于分拆上市使得子公司被放置于资本市场的严格监管之下，基于市场价值之上为股东和管理者提供了一个更加有效的激励契约。与此同时，分拆上市也使得母公司必须以市场

① Baker and Wurgler. Marker timing anda capital structure [J]. Journal of Finance, 2002, 57(1): 1 - 32.
② Myers and Majluf. Corporate financing and inverstment decisions when firms have imformation that inverstors do not have [J]. Journal of Financial Economics, 1984, 13(2): 187 - 221.
③ Hulburt Equity Carve-outs and Changes in Coporate Control [J]. Journal of Applied Business Resarch, 1996, 51(4): 1139 - 1174.
④ 刘凯：《上市公司分拆上市对子公司财务状况影响研究——以康恩贝分拆佐力药业上市为例》，浙江工商大学硕士论文，2014 年 12 月。

价格与子公司公平交易,以向母子公司的股东保证,利益不会在母子公司间输送,①随着上市公司通过分拆上市实现业务专业化和集中化,相应的上市公司的股东财富也随之增加。②

上述观点从某一方面、不同的角度来谈论分拆上市过程中如何对分拆的公司、公司财务资产、业务和股东利益,因而也是对分拆所涉及的内容和实质性条件的判断,应该说都有各自的道理,也是对分拆上市的动因和意义很好的阐述。但上述观点并未全面分析和讨论分拆上市的内容和应具备的实质性要件。笔者认为,公司分拆上市是相当复杂的,在具体分拆的实质性要求上也有各自的情况。公司分拆上市应根据公司自身的情况来判断哪些资产和业务要保留在母公司中,哪些资产和业务应该被分离出去,不应有统一的标准和尺度,因为各个分拆公司的情况是不一样的,分拆的资产和业务肯定也就不一样,分拆后的发行上市也有不同的情况和要求。但是否就不存在分拆上市的规律和基本原则呢? 答案是否定的。对于公司资产、业务的分拆以及分拆后的发行上市仍应有它的规律和基本原则,这些规律和基本原则就构成上分拆上市的实质性要件。笔者认为,分拆上市的实质性要件应当体现在整体性、独立性、有利性和合法性四个方面:

（一）分拆上市的整体性

分拆上市的整体性是不言而喻的。各国在涉及到公司分拆上市时,对分拆什么内容、如何进行上市都是将整体性作为一个很重要的条件。在母子公司的模式下,分拆上市就是将子公司从母公司中分拆出去,并谋求子公司的整体上市。这从对分拆上市的定义和法律法规的规定中就可以明确地看出来。在美国,分拆上市(spin-off)是指一家被母公司全资所有的部分或子公司从母公司中独立出去,且将分拆出来的子公司的股票分配给母公司的股东,③且被分拆出去的全部或者部分控股子公司的一部分股权进行公开出售的行为(equity carve-out),这些股权可由母公司进行二次发售,也可以由子公司以首次公开发行(IPO)的方式出售。④《日本公司法典》第763条对新设分立提出了具体的要求:规定在1个或2个以上的股份公司或合同公司进行新设分立,且新设分立而设立的公司属于股份公司时,须在新设分立计划中下列事项作出规定: ① 新设股份公司的经营范围、商号、总公司所在地及可发行股份总数。 ② 由新设股份公司章程所规定的事项。 ③ 新设分立设

① Schipper and Smith. A corporison of equity carve-outs and seasoned equity offerings: share price effects and corporate restructuring [J]. Journal of Financial Economics, 1986, 15(1/2): 153 – 186.
② Comment and Jarrell. Corporate Focus and Stock Returns [J]. Journal of Financial Economics, 1995 (37): 67 – 87.
③ 刘凤英:《浅析美国证券法关于分拆上市的规定》,《决策与信息》(下旬刊)2010 年第 4 期,第 91 页。
④ 李园园:《上市公司分拆上市法律问题研究》,《证券市场导报》2009 年第 3 期,第 17 页。

立股份公司的设立时董事的姓名。④ 按照设立股份公司类型,确立下述人员的姓名:一是会计参与设置公司的,新设时会计参与的姓名或名称;二是监事设置公司的,新设时监事的姓名。三是会计监察人设置公司的,新设时会计监察人的姓名或名称。⑤ 新设分立设立股份公司,通过新设分立所承继进行新设分立公司的资产、债务、雇佣合同及其他权利义务的相关事项。⑥ 在新设分立之际,代替有关其事业的全部或者部分权利义务,对新设分立公司所要交付的新设股份公司的股份数或其计算方式,与新设股份公司的资本金及公积金数额的事项;2 个以上股份公司或者合同公司共同进行新设分立时,对新设分立公司分配前项所规定股份的事项;盈余金分配等其他事项。

从我国关于分拆上市的法律规范中也可以看出分拆上市的整体性要求。2004 年 7 月 21 日,中国证监会颁布的《关于规范境内上市公司所属企业到境外上市有关问题的通知》,主要是依据《公司法》《证券法》《国务院关于股份有限公司境外募集股份及上市的特别规定》等制定的,对上市公司所属企业到境外上市进行了定义,即是指上市公司有控制权的所属企业到境外证券市场公开发行股票并上市的行为。从该通知的标题和内容就可以看出,我国境内上市公司境外分拆上市,是以其所属企业整体分拆后去境外上市的。

在我国已有的为数不多的境内上市公司赴境外上市的案例看,更是如此。境内上市公司的分拆上市在内容上无不考虑分拆上市的整体性,比如境内上市公司康恩贝分拆佐力药业到创业板上市①、同仁堂股份境外两次分拆上市②等,都是将其子公司整体分拆,再由分拆后的子公司进行上市的。

分拆上市的整体性要求是出于对分拆的母子公司或原公司及新设公司整体有利的情况下考虑的。因为不整体性地分拆公司的资产和业务,不利于生产经营,甚至会影响公司的正常生产经营,也会影响到彼此的利益和业绩,更会使分拆后的产权变得不够清晰,因而最终会影响分拆上市。在分拆上市的实践中,整体性的分拆上市无不作为一项基本原则体现在分拆的实质性要求中。

在实践中,之所以要进行分拆上市,一般有两种情况:一是公司的发展在业务上出现了两个不同的业务板块,在公司主营业务发展的同时,另一类业务的发展也

---

① 2011 年 2 月,我国证券市场的 A 股上市公司分拆子公司到创业板上市的首单,开创了我国主板上市公司境内上市的先河,意义十分重大。

② 同仁堂股份为上海证券交易所主板上市公司,其在境外两次分拆上市,即同仁堂股份分拆其境内子公司北京同仁堂科技发展股份有限公司于 2000 年到香港交易所上市;2013 年北京同仁堂科技发展股份有限公司又分拆其子公司同仁堂国药在香港创业板独立上市。同仁堂股份为我国境内上市公司分拆子公司到境外上市的首次,开创了境内上市公司境外分拆上市的先河,而其分别分拆子公司或孙子公司独立上市的案例颇具特点。

具有较大的空间、有着较大的发展前途。这类业务无论是以子公司的形式还是非子公司的形式,都在公司中形成了较大的占比,不将其剥离出去不但会对公司的主营业务形成一定的影响,更会对这一业务本身的发展形成影响。如果将其分拆上市,不但解决了公司本身的业务发展,更会使分拆上市公司的价值得到极大的发现,使其得到极大的发展,这对双方具有极大的意义。二是在公司业务发展中,子公司或某块业务尽管和公司的主营业务具有关联性,但却有自己的特点、极好的发展势头和一定的独立性,在某一细分行业中具有较强的竞争优势。不将其分拆上市就会削弱其发展,影响其竞争力,不但对其自身发展不利,也对公司的总体发展不利,因而有必要将其分拆出去,谋求上市。

（二）分拆上市的独立性

分拆上市的独立性要求几乎是所有国家分拆上市的实质性要求,将母公司和子公司、原公司和新设公司独立开来是分拆上市的必备条件。英国、日本、我国香港地区和内地的相关规定均有明确规定。英国上市规则要求新申请上市的公司必须具有业务上的独立性。这一独立性的要求体现在三个方面:一是与控股股东或其关联人的交易与安排公允合理,并依据通常的交易条款;二是控股股东或其任何关联方不会做出导致新申请者或上市公司不能履行上市规则所规定义务的行为;三是控股股东或其关联人不会提出阻碍其履行上市规则的股东大会决议议案。日本东京交易所《上市审核指南》涉及关于独立性要求的内容主要在第3条第3款针对主板国内公司、第8条第2款针对主板外国公司规定了独立性要求:首次公开发行申请者存在母公司的（除申请者在上市后第一经营年度内终止拥有母公司的情况外）,集团架构内申请者的内部管理活动应与母公司保持独立,包括申请者与母公司的业务线应保持独立,集团架构内母公司的业务调整不能导致申请者的业务构成母公司重要/主要业务部门;集团架构内申请者或母公司不能通过强制或引诱交易的方式导致母公司或申请者从事交易条款明显不同于正常交易的交易,对母公司或申请者产生不利影响;集团架构内申请者接受的调派人员不能过分依赖母公司,不得影响申请者的持续管理活动。我国香港地区对母公司分拆子公司单独上市的规定,集中在香港交易所《主板上市规则》第15项应用指引《有关发行人呈交的将其现有集团全部或部分资产或业务在本交易所或其他地方分拆独立上市的指引》中,其明确了上市审核委员会考虑分拆上市申请时所采用的原则。从内容上看,香港交易所非常关注分拆上市对母公司盈利能力、子公司股份的分配、母公司股东对分拆上市事宜的表决权、母子公司独立性、利益输送等方面的问题,其具体内容主要规定如下:① 要求母子公司独立,严防被分拆公司和分拆上市公司之间进行利益输送。② 为防止母子公司之间进行利益输送,损害证券市场投资者的利益,香港交易所对母子公司之间的独立性做出三个方面的明确要求:一是要业务独立,即子公司有不同于被分拆公司的业务,即申请上市公司经营的业务与被分拆公司之间的业务有明确的分离和界定。二是要职能独立,其中包括董事职务及公司管理方面的独立。两公司有相同董事出任的情况尽管不会对有关上市申请资格构成重大障碍,但发行人须使上市委员会确信,新公司会独立地及以其整体股东的利益为前提运作,并在其利益与母公司利益实际或可能出现冲突的情况时,不会仅仅考虑母公司的利益;行政能力方面的独立。尽管上市委员会就母公司与新公司在有关行政及非管理职能(如秘书服务)的分担方面愿意作弹性处理,但上市委员会会要求所有基本的行政职能均由新公司执行,而毋须由母公司给予支援。三是新申请上市的公司与被分拆公司之间的关联交易符合香港交易所《上市规则》第14章的相关要求,如果两者之间的交易存在豁免情形,从保护两公司少数股东利益的角度出发,对于这类交易不存在监管困难。母公司须使上市委员会确信,母公司及新公司两者之间上市后持续进行的关连交易,均根据香港交易所《上市规则》第14章A章及此章的豁免规定适当进行,尤其是即使获得任何豁免,母公司与新公司的持续关系,在保障各自的少数股东权益方面不会虚假或难以监察。我国对分拆上市独立性也同样重视,在实践中也常常出现一定的问题,尤其是在集团公司分拆所属公司上市时,容易出现此方面的问题。[①] 因此,中国证监会《关于规范境内上市公司所属企业到境外上市有关问题的通知》将独立性作为分拆上市的硬性条件。其第2条规定了境内上市公司所属企业到境外分拆上市应该符合的8个条件中,明确规定上市公司与所属企业不存在同业竞争,且资产、财务独立,经理人员不存在交叉任职,即将分拆上市的独立性作为分拆上市的实质性要件。

综上可知,分拆上市的独立性要求有利于分拆公司和被分拆公司的资产和业务的边界,明晰各种产权,有利于防止关联交易、利益输送。笔者认为,分拆上市的独立性要求应是全方面的,不但包括资产、业务、股权,还包括财务、经营,更包括人员、岗位等各个方面,这种独立性应当贯穿分拆上市的整个过程中。

(三) 分拆上市的有利性

有利性的要件就是分拆上市对于分拆上市的各方当事人均有利。这是分拆上市的意义所在,也是分拆上市各方当事人的动力所在。正如有学者所指出的,分拆上市应能满足上市公司融资需求与分散风险、适合企业长期发展的战略、获得财富

---

① 李卓琳:《我国上市公司"分拆上市"初探》,《财税金融》2011年第7期,第109页;李园园:《上市公司分拆上市法律问题研究》,《证券市场导报》2009年第3期,第20页。

效益、有利于兼并以及净化公司业绩等；①分拆的资产和业务应当有利于财务驱动、价值释放驱动和经营管理驱动。② 从我国分拆上市的各种成功案例中就充分证明了这一点。国内许多学者更是从分拆上市前后的财务指标上进行比较分析，来证明分拆上市给公司带来的积极变化。以康恩贝分拆佐力药业为例，有学者选取了 2009—2013 年的数据，分析康恩贝 2011 年分拆佐力药业前后两年的财务变化情况，主要从公司的偿债能力、营运能力、盈利能力和发展能力四方面的指标以及流动比率、资产负债率、流动资产周转率、总资产周转率、销售净利率、净资产收益率、销售收入增长率和营业利润增长率等财务指标进行比较。③ 从康恩贝的财务指标变动趋势来看，在偿债能力、营运能力、盈利能力上都没有明显的波动变化，然而在发展能力指标上，销售收入增长率、营业利润增长率在分拆前后均出现了较大波动。分拆上市后，康恩贝的主营业务更加突出，其核心产品的销售收入占主营业务收入总额的比重越来越大，康恩贝开始从多元化逐步回归专业化，主营业务更加集中，经营发展目标越来越清晰。而佐力药业 2011 年分拆上市后，迎来了全新的发展机遇，从财务指标上，变动最为明显的是偿债能力大大增强、财务风险大幅降低，债权人的权益得到充分保障。分拆上市后企业的盈利状况得到改善，研发投入有了充足的保障，增强了其核心竞争力。非但如此，康恩贝的股票价格因分拆上市大幅上涨，佐力药业上市后股票也一路上涨。④ 而在另一个案例中，在上海证券交易所主板上市的同方股份有限公司（简称同方股份）分拆同方泰德国际科技有限公司（简称同方泰德），同方泰德于 2011 年在香港交易所主板上市，也同康恩贝分拆佐力药业一样，在上述指标上，分拆上市给同方股份和同方泰德都带来了极其有利的正面影响。⑤ 可见，上市公司分拆后无论在境内上市还是在境外上市，给各方带来的积极影响是非常明显的。但分拆上市并不是一味地对分拆上市的各方均为有利，分拆上市也存在着这样那样的制度缺陷。⑥ 比如，有的认为在母公司资产二元结构情况下，一方面分拆上市模式容易产生两种趋势：分拆上市公司是母公司

① 王正斌、费安玲：《我国上市公司分拆行为的分析与思考》，《管理世界》2004 年第 5 期；秦耀林、胡开春：《上市公司缘何频频分拆上市》，《新财经》2005 年第 1 期，第 96—97 页。
② 王伟：《分拆上市的路径选择、效果评价——基于子公司视角的"联想系"两次分拆上市的案例研究》，浙江工商大学硕士论文，2015 年 12 月。
③ 李昂：《企业分拆上市研究——基于佐力药业和同方泰德的对比研究》，对外经济贸易大学硕士论文，2015 年 5 月，第 17—18 页。
④ 李昂：《企业分拆上市研究——基于佐力药业和同方泰德的对比研究》，对外经济贸易大学硕士论文，2015 年 5 月，第 19—21 页。
⑤ 李昂：《企业分拆上市研究——基于佐力药业和同方泰德的对比研究》，对外经济贸易大学硕士论文，2015 年 5 月，第 23—28 页。
⑥ 陈洁、徐聪：《上市公司分拆上市的利弊分析及监管要点》，《证券法苑》2017 年第 19 卷，第 28—47 页。

的"提款机"，母公司成为分拆上市公司的"垃圾桶"，以此来粉饰分拆上市公司的业绩等；另一方面容易形成母公司的双重经营目标，既希望分拆上市公司创造良好的业绩，又企图向分拆上市公司转嫁负担。[①] 有人认为分拆上市还容易形成大量关联交易、关联担保、母公司违规占用上市公司资金等情况；[②]有人认为分拆上市如果缺少创新和高成长性，或者是出现经营管理方面的失误，将会导致此部分资产价值下跌甚至完全消失。如果出现这种情况，分拆上市的子公司将会导致母公司的损失，损害股东的利益[③]。因此，将分拆上市的有利性作为实质性要件就是要防止或尽量减少分拆上市的种种不利因素。在董事会形成的分拆上市具体方案中、在股东大会的分拆上市决议中充分阐述分拆上市的利弊问题及防控手段，以使董事会、股东大会进行决策，在发行上市阶段还要对投资者和监管部门作出同样的阐述，以利投资者的投资决策和监管部门的审核批准。

（四）分拆上市的合法性

分拆上市的合法性就是要按照法律法规和监管部门的规定及要求进行分拆上市，这也是分拆上市的实质性要件。尽管分拆上市是民事法律行为，应由当事人各方根据自己的意愿进行，但法律法规和监管部门对分拆上市有一系列的规定和要求。法律法规和监管部门不但对分拆上市有形式和内容方面的规定和要求，同时规定了许多禁止性的行为，防止利用分拆上市损害公司及相关当事人的合法权益。比如，我国《关于规范境内上市公司所属企业到境外上市有关问题的通知》要求分拆上市必须符合相关的条件：上市公司在最近 3 年连续盈利；上市公司最近 3 个会计年度内发行股份及募集资金投向的业务和资产，不得作为对所属企业的出资申请境外上市；上市公司最近一个会计年度合并报表中按权益享有的所属企业的净利润不得超过上市公司合并报表净利润的 50%；上市公司最近一个会计年度合并报表中按权益享有的所属企业净资产，不得超过上市公司合并报表净资产的 30%；上市公司与所属企业不存在同业竞争，且资产、财务独立，经理人员不存在交叉任职；上市公司及所属企业董事、高级管理人员及其关联人员持有所属企业的股份，不得超过所属企业到境外上市前总股本的 10%；上市公司不存在资金、资产被具有实际控制权的个人、法人或其他组织及其关联人占用的情形，或其他损害公司利益的重大关联交易；上市公司最近 3 年无重大违法违规行为。除此之外，还对上市公司对所属企业境外上市依法应做的相关程序进行了规定。笔者认为，分拆上

① 张爱军：《从分拆上市到整体上市——中国资本市场的制度创新》，首都经济贸易大学硕士论文，2007 年，第 24 页。
② 《2002 年上市公司关联交易大透视》，《证券日报》2003 年 5 月 20 日。
③ 张伟利：《分拆上市相关问题探讨》，《现代商业》2013 年第 11 期，第 99 页。

市的合法性作为实质性要件,不但要满足法律法规和监管部门的内容和程序方面的规定和要求,还要满足法律法规和监管部门有关分拆上市的禁止性规定,比如不得从事利益输送、内幕交易,关联人回避、违规担保、违规占用资金,等等。

第二节　分拆上市的路径选择

对分拆上市的路径选择,国内外学者都有所讨论。在国外讨论比较集中的是在 20 世纪八九十年代,在国内大多在 2000 年之后,且大多数的研究集中在资本市场选择方面,即学者们大多研究分拆上市究竟是在本国市场上市好还是在境外市场上市好,并对在不同资本市场上市的动机以及上市前后的效应进行研究。

早在 1977 年 Stapleton 和 Subrahmanyam 提出的市场分割假说是对海外上市做出的最早解释。他们认为,市场分割源于政府在政策层面的资本管制,而海外上市可以消除投资壁垒和市场分割的负面效应,从而达到分散风险和降低资本的目的。[①] 在此之后相关学者对此进行了实证分析。美国学者 Alexander 于 1986 年、Eun 和 Lanakiramanan 于 1987 年、Miller 于 1999 年分别对非美国企业到美国上市的行为进行实证研究。研究结果表明,公司分拆海外上市通常伴有明显的超常收益和累积收益,很好地验证了市场分割假说。[②] 1986 年 Amihud 和 Mendel-son 通过研究在不同国家证券市场交叉上市的企业,提出了流动性假说,认为到一个流动性更好的境外证券市场上市可以有效降低流动性风险补偿,降低权益资本成本。[③] 1996 年 Cantal、1998 年 Fuest 和 1999 年 Moel 提出了信号效应假说,认为当一个国家资本市场信息披露制度不完善和对投资者保护不力时,在境外发达的证券市场上市有利于改善公司治理水平,使公司得到资本市场的一致好评,向公众投资者发出公司发展状况良好的信号。[④] 1999 年 Stulz 和 2002 年 Reese、Weisbach 提出来了投资者保护假说,认为在投资者制度不健全的证券市场进行外部融资往往会面临更大的难度,而在投者保护制度较完善的证券市场进行筹资,困难往往小很多。[⑤]

---

① Stapleton, Subrahmanyam, Market Imperfections, Capital Market Equilibruim and Corporat Financel Journal of Finance,1997,(32).

② 王伟:《分拆上市的路径选择、效果评价——基于子公司视角的"联想系"两次分拆的案例研究》,在浙江工商大学硕士论文,2015 年 12 月,第 9—10 页。

③ Amihud, Mendelson. Asset Pricing and the Bid-ask Spread. Joumal of financial ecnomic,1986,(17).

④ 郭海星、万迪昉:《分拆上市相关研究综述》,《证券市场导报》2010 年 2 月号,第 63 页。

⑤ Stulz, Globalization. Corporate Financne and the Cost of Capital. [J] Joumal of Appli Corporate Finance,1999,(12).

　　我国资本市场起步较晚,资本市场初期基本上是个本土市场且规模较小,加之其他方面的原因一时还难以满足大企业的融资需求,有些优质大型企业选择到境外上市。随着国内证券市场的改革以及人们意识到优质公司到境外上市是一种资源的流失,2000 年后,学术界开始对大型企业境外上市的利弊进行思考。有的认为,中国企业选择境外上市要面临上市所在地更为严格的监管,迫使上市公司不断提高管理效率和经营效率,有利于提高我国企业的市场竞争力;[①]有人认为中国公司境外上市一方面可以拓展国际融资渠道、构建国际化经营管理平台,另一方面也有利于提高公司治理水平、改善企业的国际形象;[②]有人认为在选择上市地点以及公司上市时机要以争取高市盈率作为重要的考量因素,[③]要与公司上市的发行价格息息相关;[④]有人认为企业上市在选择上市方式和路径时要慎之又慎,管理层要对上市的责任风险和法律要求要有充分认识;[⑤]有的认为,企业境外上市在获取国内上市不具备的好处的同时,也付出了比国内上市更大的代价。[⑥]

　　尽管国内外的学者对上市公司分拆上市观点不一、论述各异,但总体上看,对上市公司分拆上市大多持肯定的态度,且对上市公司分拆子公司在什么样的市场上市持一种开放的态度,在上市公司分拆上市的路径上并不苛求一致。实践中,2000 年上海证券交易所主板上市公司北京同仁堂股份公司分拆其境内子公司北京同仁堂科技发展股份有限公司到香港交易所上市成为我国境内上市公司分拆子公司到境外上市的首例,开创了境内上市公司境外分拆上市的先河。2004 年 7 月 21 日随着中国证监会《关于规范境内上市公司所属企业到境外上市有关问题的通知》的颁布,上市公司所属子公司赴境外上市逐步增加。随着时间的推移及分拆上市经验的不断增加,2011 年 2 月,我国证券市场的首单 A 股上市公司在上海证券交易所主板上市的股份有限公司康恩贝分拆子公司到深圳证券交易所创业板上市,开创了我国主板上市公司境内分拆上市的先河,分拆上市的模式和路径逐渐丰富。近年来,在分拆上市的路径上,相继出现了境内公司分拆到境外上市、境外公司分拆到境内、境内公司分拆到境内市场、境外公司分拆到境外市场多种情况。除了选择不同的市场外,在选择分拆上市的路径上,以什么样的模式切入,也会使分

①　何强:《关于上市公司国有股变现方式的思考》,《中央财经大学学报》2001 年第 2 期。
②　王凤荣:《境外上市与企业国际化》,《聊城大学学报》2004 年第 2 期。
③　林孟启:《企业境外上市应注意把握的几个问题》,《煤炭经济研究》2004 年第 5 期。
④　丁育生:《企业境外上市运作》,《对外经贸实务》2005 年第 2 期。
⑤　范力、毛谭:《境内外路径选择的成本收益分析》,《公共经济》2008 年第 4 期。
⑥　董本军:《海外上市:规则变迁折射新阶段》,《国际金融》2007 年第 4 期。

拆上市具有不同的效果。①

一、境内公司境内分拆上市

2010 年,证券监管部门先后三次对分拆上市传达了一些原则性的审核政策,对分拆上市的态度从明确允许转变为"不鼓励""从严把握",2010 年 3 月底,监管机构在创业板监管业务沟通会上表示允许符合一定条件的 A 股上市公司子公司分拆到创业板上市,但要满足 6 个条件:① 上市公司募集资金未用于发行人业务;② 上市公司最近 3 年盈利,业务正常经营;③ 上市公司与发行人不存在同竞争且出具未来不竞争承诺;④ 上市公司及发行人的股东及实际控制人与发行人之间不存在严重关联交易;⑤ 发行人净利润占上市公司净利润不超过 50%,发行人净资产占上市公司净资产不过 30%;⑥ 上市公司及下属企业,董、监、高及亲属持有发行人发行的股份不超过 10%。②

---

① 分拆上市的模式对于分拆上市也具有一定的影响,因此也可作为分拆上市路径的一部分来看待,一般可将分拆上市模式分成分立分拆和股权切离模式。(1) 公司分立分拆。公司分立分拆是指在法律上和组织上将一个公司划分为两个独立的实体。母公司将其部分资产和负债转移给新建立的公司的同时,将其在子公司中拥有的母公司全部股份按比例分配给公司的股东,我们称之为纯粹的分立(Pure Spin offs)。它包含了并股和拆股两种形式:并股(Split off)又称子股换母股,是指一个公司把其在子公司中占有的股份分配给其中的部分股东(不是全部母公司股东)交换其在来母公司中的股份。并股不像纯粹的分立那样经常发生,因为它要求一部分母公司的股东愿意放弃其在母公司中的利益,转向投资于子公司;拆股(Split up)是指将所拥有的全部子公司均分立出来,原母公司不复存在。在拆股后,除管理团队会发生变化以外,所有权比例也有可能发生变化。是否变化主要取决于母公司选择这样的方式向股东提供子公司的股票。分立分拆成功后母公司在子公司的股权被稀释。子公司作为单独的主体可重新申请上市,子公司在主管机关批准后可以公开上市,进行股权转移。(2) 公司股权切离。这是指母公司在保持控制权的前提下出售子公司或某一事业部的股票给公众投资者,从而获取现金收入。即股权进行了切离,将部分有价值的子公司或者事业部的部分股份稀释后发行上市,将子公司的管理业绩与资本市场直接联系。在这种模式下,母公司设立一新公司,并将母公司资产的一部分转移到新公司去,然后母公司再将子公司股权对外出售,认购这些股权的人可以是母公司的股东,也可以不是母公司的股东。股权切离相当于母公司全资所有的子公司部分普通股的首次公开发售。因而也被称作为子股换母股的 IPO。股权切离,是子公司普通股的 IPO 引起的资产所有权的公开交易,同时母公司得到了现金回报,也产生了新的法律实体。因此股权切离是公司分立的一种衍生形式,我们通常所称的分拆上市也包括这种形式。
　　公司股权切离和公司分立分拆是不同的,两者的差别在于:其一,在股权切离时,子公司部分股份向公众发行,因此存在着筹措资金的行为,而公司分立分拆却不存在这样的行为;其二,新申请的上市公司的股份只有一定的比例面向公众公开发行,因此原公司与新发行上市的公司之间的关联度与分立分拆相比较更加紧密。
　　股权切离和跟踪股票也是不同的。所谓跟踪股票,是指由上市公司发行的、与公司内部特定业务单元或特定子公司的经营业绩绑定的特殊股票。两者的差别在于:其一,母公司发行跟踪股票,是附属子公司在法律上并不脱离母公司,在法律上并不独立,母公司仍然保留控制权,母公司董事会对被跟踪业务及公司其他业务都进行监管;而股权切离分拆上市时,母公司将依据让渡出去的股份数额失去对新公司的部分控制权。其二,股权切离分拆上市一般认为是一种反收购重组的行为,在范围上属于公司的分立;而跟踪股票发行往往被理解成为是一种融资,常被用为收购融资。
　　除了这两种模式之外,在选择模式上还存在着以控股性分拆为主的分拆、以 IPO 为主的分拆、以重组借壳模式分拆、以剥离或参股为主等模式的分拆等,在此不一一论述。
② 参见《境内上市公司可分拆子公司创业板上市》,《中国证券报》2010 年 4 月 13 日。

若上市公司为发行人的控制人,在申报转让控制权时,需要满足:① 充分披露控制权转让过程,转让程序要合法合规;② 上市公司募集资金未用于发行人;③ 上市公司及发行人之间不存在同业竞争、关联交易等;④ 上市公司及其下属企业的董事、监事和高级管理人员不拥有发行人控制权;⑤ 如果是报告期内转出的,需要重点关注。

2010 年 9 月第四期保荐人培训会议上,监管部门表示,关于鼓励主板企业赴创业板分拆上市的说法是不正确的,创业板原则上不鼓励分拆上市,只有一些大型企业满足特定条件,才可以申请在创业板分拆上市。2010 年 11 月第六期保荐人培训会议上,监管机构进一步表示,分拆上市目前争议较大,操作性并不强。对于拟分拆到创业板上市的公司,即使发行人不是上市公司控股,而是由上市公司实际控制人控制的,也需要从严把握,不能搞垮一个上市公司,然后再拿一个公司来圈钱①。但是,随着我国资本市场的不断改革创新,中国证监会对国内上市公司分拆到境内上市公司上市的态度有所转变。2019 年 1 月底,中国证监会在涉及上海证券交易所设立科创板注册的相关文件中明确表示,国内 A 股上市公司在一定条件下可以分拆到上海证券交易所科创板上市,从而使国内上市公司分拆上市到境内证券市场具有了明确的政策依据。上海证券交易所也在相关的业务规则中对国内上市公司分拆到科创板上市进行了具体的规定。②

尽管在很长时间内,证券监管部门对国内 A 股上市公司分拆到境内资本市场上市持较为消极的态度,但实践中仍然有这样的案例。2011 年 2 月,我国证券市场的首单 A 股上市公司即在上海证券交易所主板上市的股份有限公司康恩贝分拆子公司到深圳证券交易所创业板上市,开创了我国主板上市公司境内分拆上市的先河。但由于监管政策的倾向性,之后我国境内上市公司分拆境内上市并没有很好地发展起来,真正意义上的分拆上市案例并不多。许多是采用相对变通的办法达到上市公司境内分拆上市的,即 A 股上市公司通过股权转让的方式逐步出让其对子公司的控制权,最终由上市公司实现分拆到境内市场上市,主要有以下几种路径:

一是上市公司将所属子公司控制权转让给上市公司的实际控制人,并由该子公司申请 A 股上市。这一类型较为典型的案例为 A 股上市公司上海外高桥集团股份公司(简称外高桥)分拆其控制的上海畅联国际物流股份有限公司(简称畅联股份)于 2017 年上海证券交易所(简称上交所)成功上市。畅联股份的前身是上海

---

① 《证监会不鼓励分拆子公司创业板上市》,《中国证券报》2010 年 11 月 18 日。
② 参见上海证券交易所科创板注册制相关文件。

实业外联发国际物流有限公司,并于 2008 年 4 月更名为上海畅联国际物流有限公司(简称畅联国际)。畅联国际在 2001 年 5 月 2 日设立时,由外高桥通过其全资子公司上海外高桥保税区联合发展股份有限公司(简称联合发展)持有其 50% 的股权,并一直保持对畅联国际的控股股东地位。2012 年 3 月,联合发展将其所持有的畅联国际 41% 的股权转让给浦东新区国资委,但仍持有畅联股份 13.76% 的股份。本次转让完成后,畅联国际的控股股东变更为浦东新区国资委。2017 年 9 月 13 日,畅联国际经过改制以畅联股份名义申请在上交所成功上市,成为上交所的上市公司。由于外高桥的实际控制人为浦东新区国资委,畅联股份的实际控制人也为浦东新区国资委,因此畅联股份与外高桥属同一实际控制人。可见,外高桥通过将子公司联合发展控股的畅联股份的控制权转让给浦东新区国资委,从而实现了将其控制的畅联股份分拆到上交所上市。①

二是上市公司将所属子公司控制权转让给其他关联方,并该子公司申请 A 股上市。这一类型较为典型的案例为在深圳证券交易所(简称深交所)上市的恒宝股份分拆恒银金融公司,使恒银金融公司于 2017 年 9 月 20 日在上交所成功上市。2017 年 9 月 20 日,恒银金融的公开资料显示,恒银金融于 2004 年 6 月设立时,由 A 股上市公司恒宝股份直接持有 60% 股权。于 2004 年 5 月—2006 年 12 月,恒宝股份一直保持对恒银金融的控股股东地位。其后,恒宝股份通过股权转让将恒银金融转让给了其他关联方,使恒银金融实现上市。

三是上市公司将所属子公司控制权转让给无关联方第三人,并由该子公司申请 A 股上市。这一类型中的"国民技术""佐力药业""天泽信息""瑞斯康达""中新赛克"5 起案例较为典型。

国民技术:2010 年 4 月 30 日,国民技术股份有限公司(简称国民技术)在深交所上市,其前身深圳市中兴集成电路有限责任公司(简称中兴集成)于 2000 年 3 月设立时,由 A 股上市公司中兴汽通讯股份有限公司(简称中兴通讯)直接持有其 60% 的股权。2000 年 3 月—2005 年 2 月,中兴通讯一直保持对中兴集成的控股股东地位。2005 年 3 月起,中兴通讯陆续对外转让中兴集成的股权,在国民技术上市前,中兴通讯持有国民技术 26.79% 的股权,系第二大股东。中兴通信将其控制权转让给无关联第三人,失去了对中兴集成的控股权,从而使中兴集成以国民技术名义分拆上市。

---

① 确切地说,畅联股份应该是外高桥的孙公司,外高桥是通过对子公司畅联国际控制畅联股份的方式从而间接控制了孙公司畅联股份,并将孙公司的控制权让渡给外高桥自己的控股公司实现上市公司分拆其所控制的公司在国内 A 股上市的。虽然不完全算上市公司分让子公司的控制权给上市公司自己的控制人,从而达到分拆拆子公司上市,但其方式和路径应该是相同的。

佐力药业：2011年2月22日,浙江佐力药业股份有限公司(简称佐力药业)在深交所上市,其前身为浙江佐力医药保健品有限公司(简称佐力有限)。2004年5月—2007年11月,浙江康恩贝制药股份有限公司(简称康恩贝)系佐力有限的控股股东;2007年11月,康恩贝及其控股子公司将其合计持有的佐力有限37%股权转让给非关联人钱有强,本次转让完成后至佐力药业上市前,康恩贝持有佐力有限26%的股权,系佐力有限的第二大股东。康恩贝将其控制权转让无关联第三人,失去了对佐力有限的控股权,从而使佐力有限以佐力药业名义分拆上市。

天泽信息：2011年4月26日,天泽信息产业股份有限公司(简称天泽信息)在深交所上市,其前身为江苏天泽信息产业有限公司（简称江苏天泽）。2001年6月—2007年8月,南京华东电子信息科技股份有限公司(简称华东科技)系江苏天泽的第一大股东。2007年1月,华东科技将其持有的江苏天泽全部股权转让给非关联方陈进和中住集团,华东科技不再持有江苏天泽股权,从而使江苏天泽以天泽信息的名义分拆上市。

瑞斯康达：2017年4月20日,瑞斯康达科技发展股份有限公司(简称瑞斯康达)在上交所上市,其前身为北京瑞斯康达科技发展有限公司(简称瑞康有限)。2001年8月—2011年10月,重庆国际实业投资股份有限公司(简称重庆实业)系瑞康有限的第一大股东。2011年10月及2014年3月,重庆实业在北京产权交易所通过挂牌转让的方式将其持有的瑞康有限全部股权分别转让给无关联第三方,重庆实业不再持有瑞斯康达股权。瑞斯康达通过对子公司瑞康有限股权的转让,使瑞康有限以瑞斯康达的名义实现分拆上市。

中新赛克：2017年11月21日,深市中新赛克科技股份有限公司(简称中新赛克)在深交所上市,其前身为深圳市中兴特种设备有限责任公司(简称中新有限)。自成立之日起至2012年9月,中兴通讯一直保持对中新有限的控股股东地位;2012年9月,中兴通讯将其所持中新有限的全部权转让给深圳创业投资有限公司等无关联第三方,中兴通讯不再持有中新有限股权。中兴通讯通过对子公司股权的转让,使中新有限以中新赛克的名义实现分拆上市。

上述案例中的国民技术与佐力药业,原控股股东虽然将其控制股转让给第三方,但仍保留了对公司的参股权,且持股比例较高;而天泽信息、瑞斯康达、中新赛克,原控股股东则以完全放弃其对子公司股权的方式,实现原子公司的分拆上市。

二、境内公司境外分拆上市

就我国目前情况看,在分拆上市的路径上,大多数上市公司选择将其所属境内子公司分拆到境外资本市场上市,其中绝大多数都选择分拆到香港市场上市,因

此,国内上市公司分拆到香港上市具有典型性。国内上市公司分拆香港上市的路径主要有以下几种:

(1)国内母公司+H 股子公司。

这种情况系国内母公司为国内 A 股市场的上市公司,其将旗下子公司分拆出去后在香港证券市场公开发行 H 股股票并上市。这是境内公司分拆上市的一种主要路径,也是一种常见的境内公司境外分拆上市的方式和路径。[①]

(2)国内母公司+红筹子公司。

这种情况系国内母公司为国内 A 股市场的上市公司,其子公司在香港市场或境外市场。境内母公司将其旗下的在境外的子公司分拆到香港证券市场上市。这也是境内公司分拆上市的一种主要途径,也是常见的分拆上市的方式和路径。[②]

三、境外公司境内分拆上市

境外上市公司在境内分拆上市也是上市公司分拆上市的一种路径。在实践中比较多的是香港证券市场的上市公司分拆其子公司到国内 A 股市场上市。较为典型的为:

(1)青鸟环宇分拆青鸟消防。北大青鸟环宇消防设备股份有限公司(简称青鸟消防)是一家主营业务为研究、开发、生产和销售消防安全系统产品的股份公司。母公司北大青鸟环宇科技股份有限公司(简称青鸟环宇)为香港交易所创业板上市公司,其股权结构分散,无控股股东和实际控制人。母公司青鸟环宇虽无控股股东和实际控制人,但却是青鸟消防的控股股东,持有青鸟消防 51.02%的股份。青鸟环宇的业务包括消防安全系统产品、旅游业、投资业务三大板块,其中,青鸟消防及其子公司经营消防安全系统产品,青鸟环宇的其他对外投资公司经营旅游业、投资业务,不存在青鸟环宇的其他对外投资公司经营消防安全系统产品的情形。母公司青鸟环宇通过分拆青鸟消防,使其在国内 A 股市场上市。

(2)石药集团分拆新诺威。石药集团新诺威制药股份有限公司(简称新诺威)的母公司石药集团为香港交易所主板上市,公司实际控制人为蔡东晨。石药集团间接持有恩必普药业 100%股权和欧意药业 100%股权,恩必普药业和欧意药业分别持有新诺威 98.69%的股份和 1.31%的股份,石药集团合计持有新诺威 100%的股份。石药集团为特大型制药企业,是我国医药行业的龙头企业之一;新诺威主要从事功能食品的研发、生产和销售。报告期内新诺威与同一控制下企业河北果维

---

① 如中国铁建分拆子公司铁建装备、同仁堂分拆同仁堂科技、天业股份分拆天业节水、海王生物分拆海王英特龙、同方股份分拆同方泰德、江河集团分拆子公司梁志天设计集团等。
② 如同仁堂分拆同仁堂国药、同方股份分拆科诺威德香港红筹。

康、中诺泰州存在同业竞争。为消除同业竞争,新诺威于 2016 年收购了同一控制下河北果维康 100％股权、中诺泰州 100％股权。

(3)华宝国际分拆华宝香精。华宝香精股份有限公司(简称华宝香精)的母公司华宝国际为香港联交所上市公司,实际控制人为朱林瑶。华宝国际间接持有华丰国际 100％股权和香悦科技 100％股权,华丰国际和香悦科技分别持有华宝香精 90.115％的股份和 0.090％的股份,华宝国际合计持有华宝香精 90.205％的股份。华宝香精主要从事香精的研发、生产和销售,同时经营少量食品配料业务。报告期内华宝国际和华宝香精存在同业竞争情形,华宝国际和华宝香精通过股权结构调整、固定资产转让、业务停止、注销等方式,对相关业务进行了剥离与整合。整合完毕后,华宝香精不再经营香原料、卷烟新材料、电子烟等业务。

(4)金山软件分拆金山办公。北京金山办公软件股份有限公司(简称金山办公)的母公司金山软件为香港联交所上市公司,实际控制人为雷军。金山软件通过WPS 开曼、WPS 香港持有金山办公 67.50％的股份。金山办公主要从事WPSOffice 办公软件产品及服务的设计研发及销售推广,金山软件主营业务为投资控股,金山软件通过 WPS 开曼持有 WPS 香港 100％的股权,WPS 香港除持有金山办公股权外还从事论坛网站运营业务。

(5)中航国际控股分拆深南电路。深南电路股份有限公司(简称深南电路)的母公司中航国际控股为香港联交所上市公司。中航国际控股直接持有深南电路92.99％股权,中航国际直接持有中航国际控股 37.50％的股份,并通过全资子公司中航国际深圳间接持有中航国际控股 33.93％的股份,中航工业持有中航国际62.52％的股权,中航工业为公司的实际控制人。深南电路主要从事印制电路板、封装基板、电子装联产品的研发、生产和销售。中航国际控股为一家多元化战略投资控股公司,主要通过附属公司从事电子高科技、零售及高端消费品、地产与酒店、贸易物流、资源投资与开发等业务,控股深交所上市公司天马微电子股份有限公司、飞亚达(集团)股份有限公司等,并持有深交所上市公司中航地产股份有限公司部分股权,与深南电路不存在同业竞争。

(6)信利国际分拆信利光电。信利光电股份有限公司(简称信利光电)的母公司信利国际系香港联交所上市公司,实际控制人为林伟华。信利国际间接持有信利光电 85.42％的股份。信利光电主营业务为集成触控模组、触摸屏和微型摄像模组等相关产品的研发、生产和销售;信利国际是一家投资控股型公司,主要从事投资、贸易和多项电子元器件及相关产品的制造及销售业务,下属最主要的两家生产制造型企业为信利光电和信利半导体,信利光电和信利半导体的营业收入合计占信利国际收入比例超过 90％。信利半导体的主营业务为生产经营液晶显示器、液晶显示模组等产品。

四、内地和香港分拆上市比较

从目前情况来看,我国上市公司分拆上市的主要路径是到香港证券市场上市;境外上市公司分拆到国内 A 股市场上市的也主要是香港证券市场上市公司分拆到国内市场。因此研究和比较国内 A 股市场和香港市场的分拆上市制度就较有必要。非但如此,从目前的政策趋势看,在中国证监会明确国内上市公司可以分拆子公司到科创板上市,且已有上市公司分拆子公司到深交所、新三板上市的情况下,国内上市公司分拆子公司在境内市场上市也必将成为发展趋势,我国上市公司分拆子公司到沪、深交易所和新三板上市将会越来越多。那么上市公司分拆上市在境内上市还是到香港市场上市,就面临着不同的抉择。两个市场的分拆上市的优劣对于上市公司分拆上市而言,就会有所比较。总体而言,内地市场上市公司分拆子公司 A 股上市和分拆子公司到香港市场上市各有利弊:

1. A 股上市的门槛较高

相对于在 H 股证券市场上市,在 A 股证券上市对拟上市公司的盈利性作了严格的要求,要求公司连续 3 年盈利稳定达到一定的标准。虽然目前上交所科创板在上市条件上有所放松,在综合性的多样选择中,可以有一种情况选择不需要盈利的标准,但总体来说这种选择的面是比较窄的;[①]而在 H 股市场上市对盈利性则没有这个要求,上市公司的控股子公司在亏损的情况下也可以进行分拆上市。

2. A 股上市的估值更高

根据 A 股市场新股发行的定价机制,新股发行价格应当参照证监会分类下所属行业最近一个月的平均滚动市盈率。较高的发行市盈率意味着拟上市公司在同样的利润水平下,可以在公开发行时获得更高的发行定价估值,融资规模也就越大;且二级市场的股票市盈率越高,上市公司市值就越大,财富效应必然越强,原始股东就可以以相对较高的价格对股票进行抛售套现。

3. A 股上市的费用较低

企业上市费用主要由发行费用以及后续维持费用两部分组成,而发行费用主要包括承销费用、保荐费用、律师费用、会计费用等、后续维持费用则由法律费用以及会计师费用等构成。目前在 A 股上市,上市公司主要是在发行上市时向保荐机

---

① 中国证监会 2019 年 1 月 30 日颁布《关于在上海证券交易所设立科创板并试点注册制的实施意见》,中指出:科创板根据板块定位和科创板企业特点,设立多元包容的上市条件,允许符合科创板定位、尚未盈利或存在累计未弥补亏损的企业在科创板上市,允许符合相关要求的特殊股权结构企业和红筹企业在科创板上市。科创板相应设置投资者适当性要求,防控好各种风险。

构支付承销保荐费,在之后的督导阶段不再需要向保荐机构支付相关费用。据 wide 统计,近年来 A 股上市公司发行上市的费用率有高有低,大体集中在 3.48%—6.74%。而香港证券交易所的相关资料表明,H 股的发行上市费用是 A 股市场发行上市费用的 3 倍左右,后续维持费用更是高达 A 股市场后续维持费用的 3—6 倍。

4. A 股上市再融资优势大

公司在 A 股上市再融资的优势主要在于两个方面:一是上市公司再融资须参考证券市场股票价格,而目前 A 股市场的市盈率高于 H 股市场,且从历史情况看,境内证券市场的股票交易更为活跃,使得再融资的规模相对 H 股证券市场更大;二是在 H 股上市的境内公司再融资同样要先经过中国证监会的审核,再经过香港交易所的批准,相比 A 股证券市场再融资而言在审批环节上更加频繁。

5. 香港市场分拆上市股票发审效率更高

我国内地和香港在公司分拆上市发行审核效率相比较,香港证券市场发行审核效率更高,主要体现在两个方面:一是内地证券发行审核的主观随意性大于香港。在内地受市场环境的影响,同一类型的上市公司,因为不同时间市场环境的不同,发行上市审核的情况就可能出现不同的结果。在发行审核的具体程序、发审制度、审核内容及审核时间的具体规定上虽然明确,但在实际操作中差别还是很大的。申请发行上市的公司缺乏主动权和话语权,能否发行、何时发行及何时上市等在许多情况下由证监会决定,申请发行上市具有较大的不确定性;香港证券市场与内地证券市场在发行审核制度上的不同就是将发行和上市同步进行,申请公司一旦通过香港交易所的上市审核就立刻公开招股、上市交易,这种高效的制度,能够使香港交易所更好地发挥自由裁量,提高发审效率。二是内地的发行审核在内容上比香港证券市场复杂。在发行审核程序上,内地证券市场体现为:① 中国证监会受理申请文件;② 中国证监会发行部对申请文件进行初审;③ 发审委审核并形成审核意见;④ 中国证监会做出是否核准发行的最终决定。[①] 香港证券市场体现为:① 香港交易所受理申请文件;② 香港交易所上市科对申请文件进行审核,审核通过后由上市委员会最终做出是否允许上市的决定。在发审制度上,内地证券市场和香港证券市场均采取核准制,但也有所区别:内地证券市场的核准制归中国证监会,发行审核上采取遵循强制性信息披露和合规性审核相结合的原则;香港证券市场的核准制归香港交易所,所有在香港证券市场公开发行的股票都必须得

[①] 目前内地证券市场正在上海证券交易所实行科创板发行审核注册制,总体的效率有所提高。但这一制度还未真正实施,即使实施也只仅仅在上交所的这一板块中,深交所的所有上市公司及上交所的主板等仍然没有改变。

到香港交易所的批准。在发行审核的内容上,内地证券市场要比香港证券市场复杂。内地证券市场的审核内容主要包括招股说明书、招股说明书摘要,最近 3 年审计报告及财务报告全文、发行公告,保荐人向中国证监会推荐公司发行股票的保荐函、对企业的核查意见以及保荐机构报中国证监会派出机构备案"股票发行辅导汇总报告",本次募集资金运用方案及股东大会的决议,有关部门对固定资产投资项目建议书的批准文件(如有立项批文),募集资金运用项目的可行性研究报告;香港证券市场只规定发行人申请资料是否齐全,招股说明书是否进行了充分披露以便投资者了解公司的相关信息,保荐人对公司能否发行的意见书。在审批时间上,内地证券市场要求时间为 6 个月以上;而香港证券市场只规定为 6—7 个月。

第三节 分拆上市的程序

一、分拆上市的内部程序

上市公司分拆上市作为公司重大事件,不但关系到上市公司全体股东的重大利益,还关系到上市公司其他利害关系人的重大利益。因此,上市公司决定分拆上市在公司内部必须经过一定的程序,由上市公司股东作出决定。这一内部程序主要体现在董事会和股东大会两个层面。

(一)董事会

我国法律对公司分拆上市的内部程序没有规定,但对公司分立却有相似的规定。在《公司法》《证券法》均有所规定。《公司法》对于公司分立在董事会和股东大会层面均进行了规定,《证券法》对于公司分拆后的发行上市在股东大会层面提出了要求。上市公司分拆上市,尽管和公司分立有所不同,但在内容上却有许多相似,且分拆上市和公司分立在重大性和对上市公司、上市公司的股东及其他利害关系人的重要性是相同的。因此,犹如公司分立一样,上市公司的分拆上市,在《公司法》上也应履行决策程序。

董事会层面的决策程序主要是通过董事会会议进行的。我国《公司法》第 109 条第 4 款规定"本法第四十七条关于有限责任公司董事会职权的规定,适用于股份有限公司";第 47 条则明确将公司分立作为董事会的职责范围内所决之事:"董事会对股东会负责,行使下列职权:……(七)制定公司合并、分立、解散或者变更公司形式的方案。"可见,对于公司分立事宜,由股份公司召开董事会,制定并通过公司分立方案。

在上市公司分拆上市过程中,当上市公司有意向分拆上市时,在内部程序上首先应由董事会形成公司分拆并上市的方案,这一方案必须提交董事会,并由董事会以会议的形式形成决议。根据《公司法》的规定,董事会会议由董事长召集和主持;董事长不能履行或者不履行职务的,由副董事长召集和主持;副董事长不能履行职务或者不履行职务的,由半数以上董事共同推举一名董事召集和主持。在审议上市公司分拆上市的方案时,董事会应当对所议事项的决定作成会议记录,出席会议的董事应当在会议记录上签名。

一个值得讨论的问题是,对上市公司分拆上市的方案,在董事会会议中,以什么样的议事方式和表决程序进行? 对此,我国《公司法》并没有明确的规定。《公司法》第49条只针对有限责任公司规定为"董事会的议事方式和表决程序,除本法有规定的外,由公司章程规定"。可见,我国公司法对董事会的议事方式和表决程序采取的是较为宽松的态度,并没有作明确的限制,而是将其交给了公司本身,由公司意思自治,在公司章程中加以规定。对股份有限公司,《公司法》的态度也同样如此。《公司法》第111条、第112条、第113条对董事会会议有关程序方面所作的规定均未涉及董事会的议事方式和表决程序,而仅仅规定会议召开前的通知方式和通知时间,以及董事出席会议的形式等。

这样的规定是考虑到我国公司的复杂情况,若对董事会的议事方式和表决程序作过多的限制,可能会妨碍董事会成员很好地履行职责,对董事会会议的召开形成一定的障碍。因此,《公司法》未做规定,赋予公司自主决定是有一定道理的。但笔者认为不能一概而论,对于特别重大事项,董事会会议的议事方式和表决形式应该采取明示方式,可将相关要求规定在相关法规或公司章程中。

上市公司分拆上市属于上市公司特别重大事项,在董事会会议审议时,其议事方式原则上宜采取现场会议的形式,在表决方式上宜采取无记名投票的方式。尽管通讯会议、电话会议、视频会议提高了董事会的决策效率,节省了会议成本,方便了董事会成员,但这种会议形式与现场会议相比较而言,其议事的充分性、对董事会成员间现场感受及会议的便捷性和灵活性都存在一定的缺憾。现场会议不但在这些方面有较大的优势,更重要的是彰显了对上市公司分拆上市的重视程度,体现了董事会对分拆上市方案审议的严肃性。相对于现场举手表决、拍手表决等非书面表决方式或者记名投票表决等方式,采取无记名投票的方式,则能够排除一些干扰因素,使董事会成员之间无所顾忌,能够更加全面客观地使董事会成员表达自己的真实意思,从而使分拆上市的方案能够真正体现董事会的意志。

对于上市公司分拆上市,董事会的表决通过效力如何体现呢? 我国《公司法》对有限责任公司董事会的决议效力并未明确规定,对股份有限公司董事会决议效力采取的是简单多数决形式。该法第 111 条规定："董事会会议应有过半数的董事出席方可举行。董事会作出决议，须经全体董事的过半数通过。"上市公司作为典型的股份有限公司，《公司法》的这条规定无疑对上市公司具有约束力。上市公司有关分拆上市的议案在董事会决议时必须经全体董事过半数通过方为有效。但在实践中，很多上市公司在其公司章程中，对于重大事项，将董事会的决议效力规定为 2/3 通过方为有效。①

上市公司章程的这一规定是不符合公司法规定的。根据《公司法》第 111 条的规定，董事会会议生效必须具备两个条件：一是必须有过半数的董事出席会议，方可召开董事会；二是董事会作出的决议必须经全体董事的过半数通过，方可生效。可见，《公司法》对董事会会议的召开形式和决议通过具有明确且严格的规定，即参加会议的董事人数和决议通过的董事人数均以过半数为前提。前者要求参会人数，后者要求会议决议的人数，都是以全体董事为基数的。

可见我国《公司法》中董事会的决议效力只有一种形式，即全体董事过半数的简单多数决形式。而我国《公司法》对于股东大会的会议决议效力却规定了简单多数决和绝对多数决两种形式，即一般决议才用简单多数决，重大决议采用 2/3 以上的绝对多数决。②

《公司法》这样的规定是有道理的。在董事会层面，任何议题只规定了简单多数决一种形式，其目的是降低决议效力的门槛，无论何种议题，在董事会上只要半数通过即为有效，而不考虑议题的重大性、重要性。这是因为公司的权力机构是股东大会，公司的全体股东对公司的行为具有决定权。只不过由于公司股东的分散性，在日常经营管理和运作中，股东大会将权力委托给董事会，董事会代股东大会行使相关权力。因此，对于董事会的议题，在有可能的情况下尽量地让股东大会决策，是公司法的应有之义。如果在董事会层面上设置绝对多数决，就意味着在重大议题上需要 2/3 以上的表决票，那么就有可能使重大议题无法通过，从而无法进入到股东大会的程序，股东大会也就无法对公司重大事件行使权力。因此，董事会只

---

① 例如，2016 年著名的宝能股份和万科股份控制权之争中，因万科股份在公司章程中规定了董事会决议须以 2/3 通过方为有效。在涉及宝万之争的重大议题的董事会审议时，就出现了应该由 11 位董事参加会议进行表决，由于独立董事张利平提出回避，不参加表决，结果会议审议 7 票赞成。这样的结果可能使会议审议的议题通过与否，受到了质疑。因为根据公司章程，公司 11 位董事，7 位董事赞成，并未达到 2/3 的有效通过数，如独立董事回避成立，不算在出席董事会会议的董事之列，以 10 位董事为基数，则 7 票通过意味着超过了 2/3，董事会该项议题的决议通过。但按照《公司法》第 111 条的理解，董事会决议的计算基数为全体董事，并非指出席会议的董事，且要求全体董事半数通过即产生效力。因此，对该议案是否获得通过存在着不同的看法。

② 我国《公司法》第 104 条规定："股东大会作出决议，必须经出席会议的股东所持表决权过半数通过。但是，股东大会作出修改公司章程、增加或者减少注册资本的决议，以及公司合并、分立、解散或者变更公司形式的决议，必须经出席会议的股东所持有表决权的三分之二以上通过。"

规定一种形式的决议效力并且采用简单多数决,就能使更多的决议形成后进入股东大会层面,防止在董事会层面阻止重大议题进入股东大会程序,从而使股东尤其是中小股东能够对重大议题行使表决权。

具体到上市公司分拆上市,其方案在提交董事会决议时,毫无疑问只要董事会的全体董事过半数通过,该决议方案即应进入股东大会审议,由股东大会采取绝对多数决的形式,经出席会议的 2/3 以上股东的同意后,方可实行。

（二）股东大会

上市公司分拆上市必须召开股东大会。我国《公司法》对此作了明确的规定。其第 38 条规定了股东会行使下列职权:"……（七）对公司增加或者减少注册资本作出决议;……（九）对公司合并、分立、解散、清算或者变更公司形式作出决议";第 100 条规定:"本法第三十八条第一款关于有限责任公司股东会职权的规定,适用于股份有限公司股东大会。"上市公司分拆上市涉及到《公司法》的上述内容,因而应召开股东大会进行审议。

与董事会决议效力不同的是,股东大会不但在决议效力的形式上采取了两种形式,而且对决议效力的计算依据也有所不同。根据我国《公司法》,董事会的决议效力是以全体董事的表决权为依据的,[①]而股东大会决议效力的依据则不以全体股东的表决权为依据,它只是以出席会议股东的表决权为依据的。[②]

我国公司法对董事会和股东大会决议所依据的基础的不同,反映了立法的不同态度。就董事会决议而言"董事会人数总体上来说比较少,容易形成相对集中的意志;同时,董事会作出决议,应当反映大多数成员的意愿,因此,必须经全体董事的过半数通过。即董事会决议经全体董事的过半数同意方为有效"[③]。而股东大会的决议效力以出席会议的股东所持表决权为基础,这是因为"股份有限公司通常股东人数多,且股东仅以其出资为限对公司承担责任,因此股东大会采用多数方式,不必全体股东一致同意","召开股东大会须依法定程序通知股东,股东不参加股东大会会议,就表明其放弃了自己的权利,股东大会即可经出席会议的股东进行表决,按照法定所需表决权数作出决议。这一做法可以方便股东大会作出决议,提高公司决策效率"[④]。

---

① 我国《公司法》第 112 条规定:"董事会会议应有过半数的董事出席方可举行。董事会作出决议,必须经全体董事的过半数通过。"

② 我国《公司法》第 104 条规定:"股东大会作出决议,必须经出席会议的股东所持有表决权过半数通过。但是,股东大会作出修改公司章程、增加或者减少注册资本的决议,以及公司合并、分立、解散或者变更公司形式的决议,必须经出席会议的股东所持表决权的三分之二以上通过。"

③ 黄来纪、徐明:《新公司法解读》,上海社会科学院出版社 2005 年版,第 148 页。

④ 黄来纪、徐明:《新公司法解读》,上海社会科学院出版社 2005 年版,第 138 页。

固然,这一立法意图有一定的道理,但在我国的上市公司中,大股东、控股股东、实际控制人对上市公司控制的情况是经常发生的。就目前情况来看,我国上市公司中小股东人数众多,持股有限且极其分散,上市公司股东大会出席会议的股东人数极少。2018 年,作为中国证监会设立的、由中国证监会直接管理的中证中小投资者服务中心有限责任公司(简称投服中心)参加了 100 家上市公司的年度股东大会,投服中心参会时发现"参会投票股东数(包括现场和网络)超过 100 人的仅9 场,而统计的 68 场股东大会网络投票显示,40 场年度股东大会网络投票股东人数不足 10 人,中小股东参会人数少、参会不投票、网络投票不理性等问题极为普遍。据统计,在投服中心参加的 100 场上市公司年度股东大会中,参会股东数(包括现场和网络)超过 100 人的仅 9 场,10—30 人的为 46 场,10 人以下的达 26 场,有 1 场仅 2 名股东"①。依照上述我国上市公司股东大会的中小股东参会情况,上市公司分拆上市的股东大会决议按照我国《公司法》的规定,以出席会议的股东所持表决权的 2/3 以上通过,大多数情况下上市公司股东大会实际上变成了大股东会,上市公司的大股东、控股股东和实际控制人主宰股东大会无法避免,所形成的分拆上市的决议很容易被少数大股东、控股股东左右,无法真正反映上市公司全体股东的意志尤其是广大中小股东的意志。"这一做法可能导致股东大会决议不能代表多数股东的意愿,在股东之间引起纠纷,未出席股东大会的股东甚至可以另外召开股东大会,作出决议,导致公司僵局"。② 笔者认为,对重大议题采取绝对多数决的股东大会,为防止上述情况的发生,可以规定股东大会出席会议的股东应持有的最低股份数,这一比例应为公司普通股的总股本的 50% 以上。

在上市公司分拆上市过程中,可能涉及到大股东、控股股东、实际控制人等的重大利益关系,也可能涉及重大关联交易和利益输送,使大股东等和广大的中小股东形成利益冲突。在此情况下,应当采取类别股东大会的形式,在股东大会决议后,还应当通过类别股东大会。类别股东大会应当排除大股东、控股股东、实际控制人等利害关系人参会,采取类别表决机制,以保护中小股东的合法权益不受侵害。③

在实际操作中,一般情况下,上市公司分拆上市作为一个整体议案由董事会提出方案并经股东大会审议通过,履行完内部程序并实施。但也有可能存在着另外一种情况,即上市公司先进行分拆,后发行股票并上市,将分拆上市分成两个环节

---

① 赵一蕙:《投服中心:部分中小股东参会行权不积极》,上海证券报,2018 年 7 月 30 日。
② 黄来纪、徐明:《新公司法解读》,上海社会科学院出版社 2005 年版,第 139 页。
③ 关于类别股东大会,在本书第五章第一节"中小股东的利益保护"的"分类表决机制"中有详细论述。这里略。

进行。如果存在这种情况,分拆后公司发行股票并上市,除了要召开董事会外,还要召开股东大会。我国《公司法》虽然没有明确规定发行股票需要召开董事会和股东大会,但却将"制定公司增加或者减少注册资本以及发行公司债券的方案"规定为董事会的职权,将"对公司增加或者减少注册资本作出决议"作为股东大会的职权。公司发行股票是公司注册资本增加的一种形式,因此,从上述规定中可以理解为分拆后的公司发行股票应由董事会形成方案、股东大会形成决议是公司法的应有之义,发行股票需要召开董事会和股东大会并形成会议决议。非但如此,我国《证券法》还对公司发行新股和上市也提出程序上的要求,其第 14 条规定"公司公开发行新股,应当向国务院证券监督管理机构报送募股申请和下列文件……(三)股东大会决议";《证券法》第 52 条规定:"申请股票上市交易,应当向证券交易所报送下列文件……(二)申请股票上市的股东大会决议。"可见,公司发行上市,股东大会的召开是必要的程序要求。尽管《公司法》《证券法》均未规定公司股票上市是否需要召开董事会,但鉴于公司分拆的目的不但要发行股票,其真正的目的是让分拆的公司发行的股票挂牌上市,子公司或新设公司成为上市公司,因此其行为具有重大性。对此行为也应由董事会提出议案,由股东大会表决通过。实际上,分拆上市在实践中往往作为一个整体环节,一般情况下都将公司的发行和上市放在一起来讨论和决议。

综上可知,在上市公司分拆上市的内部程序上,通过董事会提出分拆上市的方案并经股东大会通过,其采取的形式是决议;有效决议是在董事会和股东大会以会议形式按照我国相关法律规定通过,决议形成后应当通过公告的形式进行信息披露。[①]

二、分拆上市的外部程序

上市公司分拆上市的外部程序可分为申请、受理和审核、批准四个阶段。

(一)申请和受理

上市公司分拆上市包含分拆和上市两个阶段,其申请和受理也因不同的阶段而有所不同。就申请而言,上市公司在分拆阶段是否要提出申请,并没有一定的规定。上市公司是公众公司,一般认为分拆上市应当由上市公司董事会会议提出方案,并由上市公司股东大会决议通过即可实施。董事会会议和股东大会是上市公司的内部程序,并不需要在外部向有关部门提出申请并得到批准。但是在我国,许

---

① 关于决议和公告的具体论述,已在本书第四章第一节"分拆上市的要件"中关于分拆上市的形式要件,对董事会、股东大会的会议、决议和公告做了详细的论述。这里略。

多上市公司是由国资管理的企业改制而成,并公开发行股票实现上市的。上市公司的母公司或者实际控制人是国有资产管理部门或者国有资产管理部门委派的经营部门比如国有资产经营管理公司,在这种情况下,上市公司分拆上市就需要国有资产管理部门或者其委托的经营部门的同意。我国《企业国有资产管理办法》第5条规定:"本法所称国家出资企业是指国家出资承担国有独资企业、国有独资公司,以及国有资本控股公司、国有资本参股公司";第34条规定"重要的国有独资企业、国有独资公司、国有控股公司的合并、分立、解散、申请破产以及法律、行政法规和本级政府规定应当由履行出资人职责的机构报经本级政府批准的重大事项,履行出资人职责的机构在作出决定或者向其委派参加国有资本控股公司股东会会议、股东大会会议的股东代表作出指示前,应当报经本级政府批准";第53条规定:"国有资产转让由履行出资人职责的机构决定。履行出资人职责的机构决定转让全部国有资产的,或者转让部分国有资产致使国家对该企业不再具有控股地位的,应当报经本级政府批准。"

可见,对于国有控股的上市公司在分拆公司资产时,是需要得到有关部门批准的。因此,这类上市公司分拆在外部程序上就需要向国资管理部门或者政府申请并审核同意后方可实施。

除了上述情况,上市公司分拆后,被分拆出的子公司要成立股份公司并公开发行股票,发行完成后到交易所公开上市,这一过程均要向证券监管部门申请、获得受理并批准后方能完成股票公开发行并上市。由于分拆后,上市公司的子公司发行股票及发行完成后的上市是两个不同的环节,因此子公司的申请和受理也分为两次,即股票发行的申请和受理、子公司上市的申请和受理。两个环节申请和受理的要求也有所不同。

在公开发行股票环节,发行人即分拆后上市公司的子公司新设成为股份公司向中国证监会申请股票公司发行。按照《证券法》和中国证监会的相关规定,发行人应向中国证监会递交相关申请材料。《证券法》第12条规定:"设立股份有限公司公开发行股票,应当符合《中华人民共和国公司法》规定的条件和经国务院批准的国务院证券监督管理机构规定的其他条件,向国务院证券监督管理机构报送募股申请和下列文件:(一)公司章程;(二)发起人协议;(三)发起人姓名或者名称,发起人认购的股份数、出资种类及验资证明;(四)招股说明书;(五)代收股款银行的名称及地址;(六)承销机构名称及有关的协议。依照本法规定聘请保荐人的,还应当报送保荐人出具的发行保荐书。法律、行政法规规定设立公司必须报经批准的,还应当提交相应的批准文件";第14条规定"公司公开发行新股,应当向国务院证券监督管理机构报送募股申请和下列文件:(一)公司营业执照;(二)公司章程；（三）股东大会决议；（四）招股说明书；（五）财务会计报告；（六）代收股款银行的名称及地址；（七）承销机构名称及有关的协议。依照本法规定聘请保荐人的，还应当报送保荐人出具的发行保荐书。"以此为基础，中国证监会对企业拟公开发行股票的申请和受理作了详细的规定。[1] 对需要申报的相关材料具体要求也做了明确规定。[2]

在股票上市阶段，发行人应当向拟申请上市的证券交易所提交上市申请材料。《证券法》第48条规定："申请证券上市交易，应当向证券交易所提出申请，由证券交易所依法审核同意，并由双方签订上市协议"；第52条对申请人应提供的具体材料进行了规定，即"申请股票上市交易，应当向证券交易所报送下列文件：（一）上市报告书；（二）申请股票上市的股东大会决议；（三）公司章程；（四）公司营业执照；（五）依法经会计师事务所审计的公司最近三年的财务会计报告；（六）法律意见书和上市保荐书；（七）最近一次的招股说明书；（八）证券交易所上市规则规定的其他文件。"

（二）审核和批准

上市公司分拆上市，公开发行股票由中国证监会审核和批准。《证券法》第10条规定："公开发行证券，必须符合法律、行政法规规定的条件，并依法报经国务院证券监督管理机构或者国务院授权的部门核准；未经依法核准，任何单位和个人不得公开发行证券。有下列情形之一的，为公开发行：（一）向不特定对象发行证券的；（二）向特定对象发行证券累计超过二百人的；（三）法律、行政法规规定的其他发行行为。非公开发行证券，不得采用广告、公开劝诱和变相公开方式。"中国证监会《首次公开发行股票并上市管理办法》对公开发行股票并上市的审核批准做了进一步的规定，其第35条规定："中国证监会受理申请文件后，由相关职能部门对发行人的申请文件进行初审，并由发行审核委员会审核"；[3]第36条规定："中国证监

---

[1] 比如，2018年6月新修订的中国证监会《首次公开发行股票并上市管理办法》对公开发行股票并上市的申请做了更细致的规定。其第33条规定："发行人应当按照中国证监会的有关规定制作申请文件，由保荐人保荐并向中国证监会申报。特定行业的发行人应当提供管理部门的相关意见"；第34条规定："中国证监会收到申请文件后，在5个工作日内作出是否受理的决定。"

[2] 多年来，中国证监会对IPO申报材料的规定均较为严格，出台了一系列的格式指引。

[3] 我国《证券法》第22条规定："国务院证券监督管理机构设发行审核委员会，依法审核股票发行申请。发行审核委员会由国务院证券监督管理机构的专业人员和所聘请的该机构外的有关专家组成，以投票方式对股票发行申请进行表决，提出审核意见。发行审核委员会的具体组成办法、组成人员任期、工作程序，由国务院证券监督管理机构规定。"中国证监会根据证券法规定制定了《中国证监会发行审核委员会条例》，共5章26条，分别为总则、组成办法、委员的职责、权利与义务、工作程序、附则。2006年又颁布了《中国证券监督管理委员会发行审核委员会办法》，于2017年修订，共6章44条，分别为总则、发审委的组成、发审委的职责、发审委会议、监督和附则。此外，还于2001年制定了《中国证监会发行审核委员会工作程序指导意见》等。

会在初审过程中,将征求发行人注册地省级人民政府是否同意发行人发行股票的意见";第37条规定:"中国证监会依照法定条件对发行人的发行申请作出予以核准或者不予核准的决定,并出具相关文件。"在发行审核的内容上主要包括招股说明书、招股说明书摘要;最近3年审计报告及财务报告全文、发行公告;保荐人向中国证监会推荐公司发行股票的函、对企业的核查意见以及保荐机构报中国证监会派出机构备案"股票发行辅导汇总报告";本次募集资金运用方案及股东大会的决议;有关部门对固定资产投资项目建议书的批准文件(如有立项批文);募集资金运用项目的可行性研究报告;招股说明书是否进行了充分披露以便投资者了解公司的相关信息;保荐人对公司形成的公开发行意见书。在审批时间上一般情况下为6个月以上。

上市公司分拆后公开发行股票进行上市,上市时应当由上市地证券交易所审核和批准。《证券法》第48条规定:"申请证券上市交易,应当向证券交易所提出申请,由证券交易所依法审核同意,并由双方签订上市协议。"

可见,我国上市公司分拆上市于国内资本市场,在分拆后的股票发行阶段由分拆后的新设公司即发行人向中国证监会申请,由中国证监会受理,并对公开发行进行审核和批准。① 发行完成后上市交易的发行人向拟上市地的证券交易所申请股票上市,由该证券交易所受理并审核批准上市交易。② 无论是由中国证监会审核公开发行股票还是证券交易所审核公开发行的股票在证券交易所上市交易,都应按照有关法律法规的规定,审核公开发行的股票是否符合法律法规或者证券交易所的有关条件和规定。③

---

① 中国证监会对公开发行股票的审核主要是根据我国《证券法》及证监会本身的一系列相关规定,由证监会发行部具体负责并由证监会股票发行审核委员会进行审核,审核通过后由中国证监会出具核准文件。在具体审核上,主要是依据《证券法》等法律法规规定的股票公司发行的各种条件和要求,对发行人提供的申请材料进行审核和判断。

② 在我国,上市公司分拆上市,其具体的上市审核由上海和深圳证券交易所负责。证券交易所对发行人申请在证券交易所上市交易的审核主要是依据《证券法》和证券交易所的《上市规则》等自律规则,由证券交易所的相关职能部门具体负责,并由证券交易所上市委员会进行审核,审核的主要内容是发行人公开发行的股票是否符合在证券交易所上市交易的条件。审核通过后由证券交易所出具同意发行人股票上市交易的批准文件。

③ 《证券法》第13条规定:"公司公开发行新股,应当符合下列条件:(一)具备健全且运行良好的组织机构;(二)具有持续盈利能力,财务状况良好;(三)最近三年财务会计文件无虚假记载,无其他重大违法行为;(四)经国务院批准的国务院证券监督管理机构规定的其他条件。上市公司非公开发行新股,应当符合经国务院批准的国务院证券监督管理机构规定的条件,并报国务院证券监督管理机构核准。"第50条规定:"股份有限公司申请股票上市,应当符合下列条件:(一)股票经国务院证券监督管理机构核准已公开发行;(二)公司股本总额不少于人民币三千万元;(三)公开发行的股份达到公司股份总数的百分之二十五以上;公司股本总额超过人民币四亿元的,公开发行股份的比例为百分之十以上;(四)公司最近三年无重大违法行为,财务会计报告无虚假记载。证券交易所可以规定高于前款规定的上市条件,并报国务院证券监督管理机构批准。"

除了国内上市公司在国内证券交易所分拆上市之外,近年来也出现了国内上市公司分拆到全国性证券交易场所(全称全国中小企业股份转让系统,俗称新三板)挂牌转让的情况,比如上市公司长方照明股份公司分拆子公司深圳市康铭盛科技实业股份有限公司挂牌新三板、上市公司南方汇通股份公司分拆子公司贵州大自然科技股份公司挂牌新三板等。在实践中,关于上市公司分拆子公司挂牌新三板还出现了不同的情形。①

新三板挂牌公司没用上市公司的名称,但本质上在新三板挂牌转让的公司与上市公司并无实质性的区别。新三板市场为我国《证券法》所规定的全国性证券交易场所,它是个独立的、集中的、公开的市场,在资本市场的基本功能上和证券交易所一样,具有融资、资源配置、价格发现等,能够发行证券、上市证券、交易证券。上市公司分拆子公司到新三板挂牌,尽管在名称上称之为上市公司分拆挂牌,但仍应比照上市公司分拆上市,不应有所区别。因此,除上市公司在决定分拆挂牌内部程序上不应和上市公司分拆上市有所区别外,在外部程序上,也不应有本质区别。

但是,由于新三板挂牌的公司属于非上市公众公司,在股票发行审核方面和在上海、深圳交易所上市的公司发行审核并不完全一样。新三板公司的股票发行审核实际上由全国中小企业股份转让系统有限责任公司(简称全国股转公司,类似于上海证券交易所、深圳证券交易所)进行具体审核的。全国股转公司可以接受人数超过200人的公司发行,也可以接受不足200人的非公开发行。采取前者发行方式的,根据《证券法》的规定,虽然由全国股转公司审核,但仍应由中国证监会核准。因此,该种形式的上市公司分拆挂牌的申请、受理和批准仍应向中国证监会申请,由中国证监会受理并进行名义上审理和实质性批准。采取后者发行方式的,由于是非公开发行,均由全国股转公司负责。发行人应向全国股转公司申请,由全国股转公司受理并根据法律法规和全国股转公司的业务规则进行审理和批准。

我国上市公司分拆上市到境外,根据有关规定要得到中国证监会的批准,《关于规范境内上市公司所属企业到境外上市有关问题的通知》第7条规定:"上市公

---

① 按照几个标准进行简单的划分。(1)根据子公司的来源,一种是上市公司一开始设立并且发展壮大的,一种是上市公司收购(或者增资)了别人的公司之后挂牌新三板的(比如:① 深圳市康铭盛科技实业股份有限公司是长方照明在 2015 年 4 月收购的,以 2015 年 6 月 30 日作为基准日申请挂牌;② 芜湖市金贸流体科技股份有限公司是华伍股份在 2013 年 11 月通过增资才取得挂牌企业控制权的)。(2)根据子公司的业务,一种是跟上市公司业务完全属于不同的行业,一点关系都没有;一种是跟上市公司业务在大的行业或者很长的产业链上可能存在相似或者互补的情形。需要关注同业竞争的问题,但是关注不应过于严苛(比如:华海药业的主营业务是医药制造,挂牌主体是保健品研发;民和牧业是禽畜养殖,而挂牌主体是沼气的开发等)。(3)根据是否存在少数股东,一种是上市公司的全资子公司,一种是上市公司的控股子公司。(4)根据是否使用募集资金,一子公司是使用上市公司募集资金设立并发展的,一种是使用自有资金设立并发展的。

司所属企业申请到境外上市,应当按照中国证监会的要求编制并报送申请文件及相关材料。中国证监会对上市公司所属企业到境外上市申请实施行政许可。"此外,该通知还对境内上市公司分拆所属企业到境外上市提出了一系列的要求。因此境内上市公司分拆子公司赴境外交易所上市在程序上首先要符合我国的有关规定,应报送相关材料并由中国证监会审核批准。在此前提下,我国上市公司分拆子公司到境外上市,必须向当地证券监管或者证券交易所申请发行股票并上市。各个国家和地区因其对公开发行股票、在证券交易所上市的规定有所不同,上市公司分拆上市在程序上也有可能不同。总体上分为两类情况:一类是发行股票的申请向证监会申请,由证监会受理、审核和批准;发行后的股票上市向证券交易所申请,由证券交易所受理、审核和批准,如美国即如此。另一类是发行股票和股票的上市均向证券交易所申请,由证券交易所受理、审核和批准,如香港地区。相关国家和地区的审核和批准均有具体的审核程序和审核标准。①

在上市公司分拆上市的外部程序上,因上市公司子公司要经过公开发行股票和上市两个阶段,也应有发行股票和股票上市两个程序。就我国目前而言,股票公开发行程序由中国证监会管理,发行后股票上市程序由证券交易所管理。但公开发行股票并上市,在审核的具体内容上并没有太大的差异性。向两个机构申请并由两个机构审核的内容又大抵相同,因此,目前对于公开发行股票并上市的审核基本上采取的合并审理的方式,即由一个机构进行具体的审核,而另一机构并不进行具体的审核,只是象征性地审核而已。具体来说,是中国证监会进行具体审核,公开发行完成后,发行人向证券交易所申请上市时,证券交易所上市委员会进行象征性的审核,以使公开发行的股票能在证券交易所上市交易。

2018年11月5日,中国国家主席习近平在中国首届进口博览会上宣布,在上海证券交易所实行科创板注册制。2019年1月30日,中国证监会发布了《关于在上海证券交易所设立科创板并试点注册制的实施意见》,在(十五)"建立高效的并购重组机制"中指出:"证监会依法批准上交所制定的科创板上市公司并购重组审核标准及规则体系。达到一定规模的上市公司,可以依法分拆其业务独立、符合条件的子公司在科创板上市。"这一规定使我国上市公司分拆上市在外部程序上发生了变化,它使上市公司分拆上市原本由中国证监会具体审核,证券交易所象征性审核,发行审核吸收上市的核准制模式受到了冲击。

---

① 由于境外资本市场公开发行和上市标准、条件和程序的规定不尽相同,本书在第二章"国内外分拆上市规定与比较"第一节"主要国家分拆上市的相关规定"和第二节"我国分拆上市的相关规定"中有详细论述。这里略。

　　众所周知,在此模式下,上市公司分拆上市在程序上公开发行上市需要经历发行注册以及核准上市两个环节。尽管各国发行上市的审核机制各不相同,但大体而言,多由证券监管机构负责发行注册,证券交易所负责上市审核,两者独立分工。注册制下,证券监管机构主要依据信息披露原则进行形式审查,原则上不对公司的盈利、管理等实质性内容设置门槛,即仅关注公司"是否披露了所有投资者关心的信息"。各交易所的上市审核原则主要是根据各自的上市条件。选择什么样的股票在证券交易所上市交易,要兼顾交易安全与交易活跃两个因素,前者侧重于保护投资者权益,后者侧重于证券市场的发展。

　　长期以来,我国在核准制下,由于发行须实质审核,发行条件较高,为节省成本及监管资源,发行审核吸收了上市审核,即除特殊例外情形,个别公司公开发行但未能上市外,公开发行和上市总体呈现联动状态,注册审核和上市审核一定程度上出现竞合的状态。这种审核机制,一方面占用了巨大的监管资源,影响市场融资效率;另一方面是以失去上市条件的调节作用为代价。在证券市场发展初期,这种代价似乎不可避免,但随着证券市场的发展和证券法律制度的健全,没有必要再继续采取这种花大代价的做法。[①] 因此,在科创板注册制下,最核心的制度设计就是证券监管机构实施形式审查,具体的实质条件则交由各证券交易所按各自的上市标准予以审核。在这种审核机制下,由于交易所上市条件较高,发行注册并无实质性门槛,因此,科创板注册制采取的应该是交易所上市审核在前,证监会注册审查在后,即上市审吸收注册审的方式。通常交易所会先同意上市,监管机构再宣布注册表生效;若公司没有达到上市标准,交易所不同意上市,则监管机构也不会宣布注册生效。具体方式上,可以借鉴香港的做法,即上市申请人只需将有关材料提交香港交易所,由香港交易所负责核查申请人是否符合上市条件;香港交易所将材料副本转交香港证监会,香港证监会可以行使法定调查权,对违规行为进行调查。[②]

　　由于即将在上海证券交易所实施科创板注册制,在证监会主导审核与交易所主导审核孰优孰劣的问题上,见仁见智。但客观而言,尽管证监会审核具有天然的公正、权威的优势,但由交易所审查的优势无疑更为突出。一方面,交易所具有大批专业人才,对 IPO 相关审核有着丰富的经验,审核效率可以得到满足;另一方面,交易所贴近市场,了解市场,尤其交易所审核可以使 IPO 审核与后续的上市公司持续监管保持必要的衔接和协调,在监管的理念、方法、标准和尺度上也可以保

① 陈甦:《证券法专题研究》,高等教育出版社 2006 年版,第 90 页。
② 苏盼:《注册制背景下的保荐人制度改革:香港对大陆的启示》,《证券法苑》2013 年第 2 期。

持一致性,无疑有利于市场的良性运行。① 但不论如何,采取科创板注册制形式的上市公司分拆上市,在程序上重视证券交易所对上市公司的子公司公开发行股票并上市进行具体审核,而中国证监会只是形式性地进行注册,改变了目前上市公司分拆子公司国内发行上市的固有做法。

① 陈洁:《科创板注册制的实施机制与风险防范》,《法学》2019 年第 1 期。

第五章

分拆上市中的相关利益人的保护

第一节　中小股东权益的保护

在上市公司分拆上市中,上市公司股东权益的保护是一个极其重要的问题。由于分拆上市涉及重大利益,会引发上市公司各利害关系人包括股东、债权人、员工重大利益的变化。首当其冲、表现最为直接的就是上市公司的股东。

股东是公司经营的最大利害关系人,而债权人或其他利害关系人因为其债务或薪酬数额、内容较为确定,且对剩余财产的清偿优先于股东,因而对上市公司经营的利害关系和风险程度通常要小于公司股东。在上市公司分拆过程中,母公司在实体变化、财产债务转移、股份分配、股东退出等方面会产生一系列的法律后果,不论对股东的近期利益还是远期利益均是如此。因此上市公司分拆首先考虑的是股东权益问题。这是因为债权人或其他利害关系人的债权或权利并不因公司分拆上市而发生实质性影响,债权人的债权不会消灭,实现债权依托的财产也不会消灭,且债权人及其他利害关系人具有确定性和优先于股权实现的特点,这些都决定了公司分拆给股东带来的影响要高于债权人和其他利害关系人。

上市公司分拆股东权益的保护主要是对上市公司的中小股东权益的保护,其原因各异。① 但笔者认为主要集中在以下两方面:

---

① 参见证监会发行上市部 2011 年《关于 IPO 财务会计若干问题的处理意见征求意见稿的通知》第 8 条规定。

比如有人将其归纳为 8 个方面的原因:(1) 分拆上市内部表决权集中与大股东,中小股东缺乏参与权;(2) 管理层利用分拆上市获取公司利益,缺乏监管机制;(3) 分拆上市的资格审查标准不明,不利于防范分拆上市对投资者构成的风险;(4) 分拆上市的分拆内容缺乏监管,中小股东面临风险;(5) 中小股东权容易被稀释,利益分配方式有待明确;(6) 监管部门对上市公司分拆的权责规定有待明确;(7) 关联交易的法律法规有待完善;(8) 内幕交易影响中小股东的平等的股权收益机会。有人归纳成三个方面的原因:(1) 董事会独揽分拆上市以及转染股份协议的决定权与制定权,中小股东因为缺少在董事 (转下页)

一是在分拆上市重大利益中,中小股东的弱势地位使其合法权益受到侵害的可能极大。上市公司分拆上市既对母公司产生重大影响,又对分拆的子公司产生重大影响。对于母公司上市公司来说,分拆上市往往使子公司业务相对独立、经营发展不断成熟、子公司价值进一步发现、公司效率不断提高、公司资源合理配置、组织管理机制不断完善等。在实践中,被分拆的子公司往往是母公司的重要组成部分,也是公司生产经营、公司业绩和利润的重要来源,一旦子公司被分拆出去,母公司将受到较大的冲击,在管理、资产、经营、业务和利润等方面处于不利境况。 上市公司在二级市场的表现也因此受到较大的冲击。一方面,上市公司子公司被分拆后,对于母公司而言往往存在着业务范围的缩小、优质资产的分离、经营业绩和利润的下降等情况,股东的每股利润被稀释,公司股票在二级市场会受影响,使母公司的股东受到损失;另一方面,分拆上市的概念足以引起炒作的理由,诱发二级市场炒作,使母公司股票具有很大的不确定性,对中小股东的影响巨大。我国现阶段的资本市场是一个弱式有效的资本市场,具有许多鲜明的特征,如:个人投资者是最大的投资主体,公司股票"三高"现象普遍存在,散户投资者依然热衷于盲目炒新、狂热炒小、博傻炒差、频繁交易"四炒"操作,投资者利益保护机制,尤其是证券民事赔偿诉讼制度尚不健全。分拆控股子公司上市极有可能成为炒作的对象。[1] "其实当前中国 A 股市场大部分上市公司的价值已经被高估,而分拆上市有可能导致更高的估值泡沫。"[2]对分拆出去的子公司而言,由于需要重新上市,不但对母公司的股东意义重大,对通过 IPO 公开发售的公众股股东也事关重大。分拆出去的子公司的资产如何估值? 母公司作为控股股东其分拆的资产如何折股? 母公司的大股东、控股股东、实际控制人与母公司的中小股东在分拆公司的利益体现等一系列问题都对被分拆上市公司至关重要。非但如此,对于母公司和被分拆出去的子公司之间的股权比例如何划分、利益如何安排等也非常重要。公司全体股东都应该表示意见,形成股东决议。但母公司的中小股东天然的弱势

(接上页)会的话语权不能参与分拆上市及股权转让协议的表决与安排;(2)当上市公司按投资比例协议出售分拆公司的股份时,中小股东因为投资比例太小,无权通过股权协议购买股份;(3)上市公司高级管理人员可能通过夺取分拆公司上市带来的股份收益,而上市公司对高级管理人员的监管效果有限,中小股东行使监督权途径有限,防范高级管理人员损害投资人利益的机制不足。参见张玉芳:《论分拆上市中小股东权益的法律保护机制》,对外经济贸易大学硕士研究生论文 2011 年 5 月。

[1] 在 2010 年,中国证监会创业板发行监管业务情况沟通会与保荐代表人培训会议上,中国证监会相关人员谈及了境内上市公司分拆子公司上市的若干条件,二级市场由此掀起了一股炒作分拆上市概念股的热潮,若干分拆上市概念股在短短几个交易日内的涨幅超过了 30%,和大盘指数的偏离值超过了 40%,在部分投资者获利出逃的同时,众多投资者被高位套牢。

[2] 梁爽:《上市公司分拆上市的动机及其对公司发展的影响》,《大众商务》2010 年 6 月,第 3 页。

地位①,使他们很难发挥应有的作用。中小股东与大股东、控股股东和实际控制人在重大利益面前很难公平对待。

二是可能诱发利益输送和关联交易等违法违规频发,不利于对中小投资者等利益相关者的保护。在母子公司组织构架下,天然隐藏着难以发现和监管的利益输送和关联交易等行为。境内资本市场中,不公允、不透明的关联交易等行为一直是控股股东进行利益输送、掏空上市公司、侵害中小投资者权益的重要工具。"分拆上市后,如果监管不严,母子公司之间的关联交易可能会损害股东利益,甚至成为高官们谋取私利的工具";②我国上市公司分拆过程中存在虚假操作行为,在实际中由于类似交易一般发生在关联企业当中,因此常常会出现高估不良资产、低估优良资产的现象,从而达到转移利润、逃避债务的目的。对上市公司而言,在分拆过程中的虚假行为最终会导致上市公司中小股东的损失;③分拆上市也可能引发不当关联交易,损害资本市场和投资者,其表现为:① 关联销售,被分拆公司和分拆上市公司之间进行利益输送;② 集团公司与股份公司之间的资产买卖,进行内幕交易和市场炒作等;③ 资金占用的关联交易,可能发生新申请上市公司的资产被掏空;④ 股份公司为集团公司提供担保,转嫁费用负担;⑤ 集团公司的债务与股份公司的债权冲抵,增加三角债风险④。"近年来,中国证监会开展了解决同业竞争、减少关联交易的专项活动,并取得了显著成效。允许分拆分立上市,从某种意义上为控股股东提供了通过各种利益输送和关联交易行为实现自身利益最大化的渠道,如果相关监管机制无法及时跟进,中小投资者利益保护将更加困难。"⑤

分拆上市中保护中小股东方式方法应该是多种多样的。在上市公司分拆上市的法律和监管制度上可以多措并举,多方位关注分拆上市中的中小股东权益保护问题,比如:特别关注上市公司分拆上市的资格条件,给上市公司分拆上市设置一定的门槛;特别关注上市公司分拆上市的程序正义,给相关利益者主张权利的机会;要建立类别股东表决制度;发挥独立董事和相关专家作用;实施异议股东现金选择权,即异议股东股份回购请求权;要关注上市公司分拆上市的信息披露,阳光操作分拆上市;要关注上市公司大股东、董事、经理人的信义义务;关注弱势相关利

---

① 由于资本多数决根据股份多数者的意思形成最后的表决结果,因此多数派的股份表决权的实际效力是100%,而少数派是零。在公司运营中,股东大会决议经常按多数股东的利益形成,而不是公正地、为全体股东的利益而形成。在这种情况下,表决效力上的不平等就转化为股东权利的实质上的不平等,即多数股东的意志转化完全取代全体股东的意志,少数股东则完全无法体现自己的意志。

② 念延辉:《我国创业板分拆上市问题探析》,《现代经济信息》2010 年第 16 期,第 89 页。

③ 王正斌、洪安玲:《我国上市公司分拆行为的分析与思考》,《管理世界》2004 年第 5 期,第 139 页。

④ 吴勇毅:《分拆上市:盛宴还是泡沫》,《新财经》2010 年第 6 期,第 72—73 页。

⑤ 上海证券交易所上市公司分拆分立专题小组:《上市公司分拆分立专题研究报告》,2013 年 1 月。

益者的其他权利,如表决权、提案权、质询权、知情权、损害赔偿请求权等。此外,还应加强对违法违规的监管力度。重点加强对分拆上市中的利益输送、掏空公司、关联交易、内幕交易、权利滥用、市场炒作等违法违规行为的监管。建立具体的监管措施和处罚措施,加强事中事后监管①。笔者认为,在这些办法和措施中,分类表决机制和异议股东回购请求权极为重要,它是中小股东主动行使权利,用手投票和用脚投票的典范,对上市公司分拆上市中小股东权益保护极有意义,在此予以重点论述。

一、分类表决机制

分类表决机制在世界各国公司法中均有所规定,在适用情形上大致可分为两大类:一是涉及公司章程变更的分类表决;二是涉及重大利益冲突交易的分类表决。就前者而言,美国特拉华州公司法明确规定,公司章程影响类别权利时必须进行分类表决;在英国公司法中,如果章程变更影响了类别股东的权利,就应当举行类别股东会,由类别股东决定是否同意章程变更,以此来保护类别股东的权利不受影响;在法国公司法中也有类似规定,如果变更股东的特别权益,就应当取得特别股东大会会议通过,而且要求受影响的股东经专门股东会特别同意。法律之所以要求类别权利的改变必须经类别股东会另行同意,是因为在公司中,不同类别的股东其权利和利益诉求是不一样的。在公司章程中,各类股东权利的安排是经过法律的规定和公司意思自治所得到的公司股东们均能接受的结果,如果擅自变更而不经过被变更的类别股东的同意,极有可能破坏了之前的权利义务平衡的结果,使类别股东的权利或利益受到侵害。比如,公司法中关于普通股和优先股的规定,作为股东,两类股东的利益诉求并不相同因而在法律制度的安排上,普通股股东追求对公司经营和对公司治理的参与,获得的是公司的表决权,但对价是要承担更大的风险,和公司一荣俱荣、一损俱损;而优先股股东却不追求对公司经营和治理的参与,因而并不要求对公司的表决权,他们所追求的是公司在处于风险或者在清偿时使自己处于优势地位,有限获得利益。就后者而言,利益冲突交易是公司的大股东、控股股东、实际控制人,公司内部人董事、监事、高级管理人员等利用其在公司中的控制地位和独特地位,掌握了公司的各种权利,使公司和自己或者其关联人进行交易,可能损害公司利益的行为。这一种不公平的交易,其交易的结果显然对自己或者关联人有利,对公司不利。在表面上,利益冲突交易并不直接损害中小股东

---

① 陈洁、徐聪:《上市公司分拆上市的利弊分析及监管要点》,《证券法苑》第 19 卷,2017 年 5 月,第 42—47 页。

的利益,实际上它是通过损害公司利益促使对公司大股东或内部人有利,而使公司中小股东利益受损。各国公司法大多对利益冲突交易进行了限制和监督。综观各国公司法,主要有两种做法:一是以美国为代表的国家,原则上允许交易,但要保证交易结果公平,即对利益冲突交易,在决策程序上,法律并不进行强制性限制。如果关联股东自愿回避,则对交易结果是否公平不进行实质性审查;二是以大陆法系的一些国家为代表,原则上禁止有利益冲突的交易,而将允许这种交易作为例外,即对利益冲突加以决策程序上的限制,关联股东必须回避表决。可以看出,上述两种情况具有一个共同点,即如果中小股东大多数同意这种交易,认为这种交易是公平的,原则上就不允许关联股东对交易结果提出异议,因而在根本上都是以中小股东的意愿作为衡量交易是否有效的标准。两种做法的不同之处在于,中小股东表决的法律效力和与表决有关的制度。美国做法给予了公司控制人较多的权利,在法律上采取了事后规制的方法;而大陆法国家采取的是事前规制,采取表决权回避制度。我国资本市场上采取了表决权回避的做法,无论在董事会还是股东大会上,在关联交易中均要求关联交易人回避。①

　　上市公司分拆上市中,所涉及的各方利益关系重大。毫无疑问分拆上市是上市公司中一项特别重大事件。不但关系到上市公司的未来发展,还关系到上市公司股东及各种利害关系人的重大利益,因而作为股东大会的必要内容,公司法理应将这一事件纳入股东大会的范畴。我国公司法尽管没有直接将上市公司分拆上市直接列出,而只是将公司分立作为股东大会的职权②。尽管上市公司与公司分立有所不同,但上市公司分拆相对于公司合并而言,也可以看做是公司分立的一种形式,在大的概念上,两者有着许多共性,只不过两者在某些方面有所不同而已。有了回避制度,在上市公司分拆上市中是否还需要分类表决制度? 这是一个值得探讨的问题。回避制度设立的目的在于防止关联人利益输送,进而保护公司利益和公司其他股东的利益。我国目前法律对上市公司的回避制度作了规定,③相关部门规定还进一步细化了回避制度,扩大了上市公司回避主体,对关联交易的定义、具体的关联交易事项、关联人的种类、关联人的构成等均做了规定,对关联交易的

---

① 上海证券交易所《股票上市规则》第十章第二节"关联交易的审议程序和披露"第 10.2.1 规定:"上市公司董事会上市公司董事会审议关联交易事项时,关联董事应当回避表决,也不得代理其他董事行使表决权。"第 10.2.2 规定:"上市公司股东大会审议关联交易事项时,关联股东应当回避表决。"

② 我国《公司法》第 38 条第 9 款"对公司合并、分立、解散或者变更公司形式作出决议"的为公司股东会的职权。第 100 条规定:"本法第三十八条第一款规定关于有限责任公司股东会职权的规定,适用于股份有限公司股东大会。"

③ 我国《公司法》在第四章第五节"上市公司组织机构的特别规定"第 125 条规定:"上市公司董事与董事会会议决议事项所涉及的企业有关联关系的,不得对该项决议行使表决权,也不得代理其他董事行使表决权。"

回避制度作了较详细的规定，应该说是比较全面的。^①无论在董事会层面还是股东大会层面，上市公司在分拆过程中涉及到关联交易，按目前的规定，关联董事或关联股东都应回避表决。笔者认为，即使如此，分类表决制度在公司分拆上市过程仍然具有十分重要的意义。这是因为：

第一，关联交易中回避制度范围有一定的局限性。在股东大会或者董事会上，构成关联交易的回避制度是有条件和前提的，主要体现在：① 在主体上，必须有关联交易的当事人。各国对关联交易当事人的范围规定尽管有所不同，但总体来说，在董事会或股东大会上所议事项与该当事人具有直接或者间接的利害关系，而不是泛指整个公司以及公司的所有股东或者董事。因而这样的议决事项是和股东大会或董事会的某些股东或者董事具有特定的关系，有着特定的利益冲突，使他们成为关联交易中的关联人；② 在内容上，必须有交易事项，且交易事项与关联人具有一定的关联性。在大多数情况下，上市公司进行的交易事项并不构成关联交易，在有些情况下即使存在着一定的关联性也不一定就构成关联交易，^②在极少数情况下，即使构成了关联交易，也不需要关联人进行回避，而只需要信息披

---

① 上海证券交易所《股票上市规则》第十章第一节"关联交易和关联人"第 10.1.1 规定："上市公司的关联交易，是指上市公司或者其控股子公司与上市公司关联人之间发生的转移资源或者义务的事项，包括但不限于（一）9.1 条规定的交易事项；（二）购买原材料、燃料、动力；（三）销售产品、商品；（四）提供或者接受劳务；（五）委托或者接受销售；（六）在关联人财务公司存贷款；（七）与关联人共同投资；（八）其他通过约定可能引致资源或者义务转移的事项"；9.1 条规定"本款所称交易包括下列事项：（一）购买或者出售资产；（二）对外投资（含委托理财、委托贷款等）；（三）提供财务资助；（四）提供担保；（五）租入或者出租资产；（六）委托或者受托管理资产和业务；（七）赠与或者受赠资产；（八）债券、债务重组；（九）签订许可适用协议；（十）转让或者受让研究与开发项目；（十一）本所认定的其他交易"。该规则还将上市公司关联人分为关联法人和关联自然人。10.1 条规定："具有下列情形之一的法人或其他组织，为上市公司的关联法人：（一）直接或者间接控制上市公司的法人或其他组织；（二）在上述（一）项直接或者间接控制的出上市公司及其控股子公司以外的法人或其他组织；（三）由第 10.1.5 条所列上市公司的关联自然人直接或者间接控制的，或者由关联自然人担任董事、高级管理人员的出上市公司及其控股子公司以外的法人或其他组织；（四）持有上市公司 5% 以上股份法人或其他组织；（五）中国证监会、本所或者上市公司根据实质重于形式原则认定的其他与上市公司有特殊关系，可能导致上市公司利益对其倾斜的法人或其他组织。"第 10.1.5 条规定："具有以下情形之一的自然人，为上市公司的关联自然人：（一）直接或间接持有上市公司 5% 以上股份自然人；（二）上市公司董事、监事、高级管理人员；（三）第 10.1.3 条第（一）项所列关联法人的董事、监管和高级管理人员；（四）本条第（一）项和第（二）项所述人士的关系密切的家庭成员，包括配偶、年满 18 周岁的子女及其配偶、父母及配偶的父母、兄弟姐妹及其配偶、配偶的兄弟姐妹、子女配偶的父母；（五）中国证监会、本所或者上市公司根据实质重于形式原则认定的其他与上市公司有特殊关系，可能导致上市公司利益对其倾斜的自然人。"第 10.1.6 条规定："具有以下情形之一的法人或其他组织或者自然人，视同上市公司的关联人：（一）根据与上市公司或者其关联人签署的协议或者作出的安排，在协议或者安排生效后，或在未来十二个月内，将具有第 10.1.3 条或者第 10.1.5 条规定的情形之一；（二）过去十二个月内，曾经具有第 0.1.3 条或者第 10.1.5 条规定的情形之一。"

② 参见财政部：财会〔2006〕3 号：《企业会计准则第 36 号——关联方披露》第五条：仅与企业存在下列关系的各方，不构成企业的关联方：（一）与该企业发生日常往来的资金提供者、公用事业部门、政府部门和机构。（二）与该企业发生大量交易而存在经济依存关系的单个客户、供应商、特许商、经销商或代理商。（三）与该企业共同控制合营企业的合营者。

露即可。①

可见,关联交易回避制度在主体和内容上都受到一定范围的限制,主体上的关联性和内容上的交易性是关联交易回避制度的基础,没有关联性,就无法确认关联交易的回避当事人;所决事项不是交易事项,就无法确认关联交易的回避内容。

与股东大会的分类表决制度相比较,关联交易中的回避制度所涉主体和内容的范围要窄得多。分类表决在主体上并不仅仅局限于关联人,也不强调关联人,而是要解决上市公司中的某一类股东和另一类股东的利益冲突问题。它所关注的是上市公司涉及重大事项可能对某一类股东形成重大利害关系,不给这类股东自决的权利极有可能损害到他们的重大利益,因而在股东大会决议之后,法律或者公司章程仍然给予这类股东再次表决的权利。在实践中往往是"少数股东制衡控股股东、维护自身权益的重要手段,通过建立类别股东表决制度,可以较好地约束控股股东侵犯少数股东利益的行为。一股一票原则把公司的控制权赋予了多数股东或控股股东,同时,客观上也为控股股东滥用'资本多数决'侵害少数股东权益提供了可能。为了保护少数股东的利益,许多国家的公司法均规定在某些情形下控股股东的表决权应受到限制。限制的方式之一就是:如待决事项涉及到某类少数股东的权益,则允许有利害关系的少数股东组成类别股东大会进行表决,如果少数类别股东中的多数表决同意该事项,这就显示了一定的公正性,较好地维护了公司少数股东的权益"。② 不像关联事项仅仅是与关联人发生交易的事项,分类表决在内容上也不仅仅局限于关联事项,其内容涉及到整个上市公司,既涉及全体股东,又与某一类别股东利益息息相关,因而所议决的内容是广泛的,只要事项重大且可能侵害某一类股东的利益皆有可能形成类别股东表决。

第二,股权分置改革实践证明,分类表决机制作用较大。股权分置是指 A 股市场的上市公司股份能否在证券交易所上市交易被区分为非流通股和流通股。③ 作为历史遗留的制度性缺陷,股权分置在诸多方面制约了中国资本市场的规范发展和国有资产管理的根本性变革,主要表现在以下 6 个方面:扭曲证券市场定价机制;导致公司治理缺乏共同利益基础;不利于深化国有资产管理体制改革;不利于上市公司的并购重组;制约着资本市场国际化进程和产品创新;不利于形成稳定

---

① 上海证券交易所《股票上市规则》第十章第二节"关联交易的审议程序和披露"第 10.2.16 规定了三种情况,即"(一)一方以现金方式认购另一方公开发行的股票、公司债券或企业债券或者其他衍生品种;(二)一方作为承销团成员承销另一方公开发行的股票、公司债券或企业债券、可转换债券或者其他衍生品种;(三)一方依据另一方股东大会决议领取股息、红利或者报酬"。
② 杨正洪:《论流通股与非流通股分类表决制度的建立》,《金融法苑》2004 年第 1 期。
③ 参见证监会、国资委、财政部、人民银行、商务部:《关于上市公司股权分置改革的指导意见》,证监发(2005)80 号,2005 年 8 月 23 日。

的市场预期。因此,解决股权分置问题是恢复资本市场价格发现、资源配置、市场化并购重组等固有功能,完善市场基础制度的重要举措。[1] 2005 年,我国资本市场正式进行了股权分置改革,其核心内容就是通过非流通股股东和流通股股东之间的利益平衡协商机制,消除 A 股市场股份转让制度性差异。其主要手段是采取分类表决机制,由流通股股东审议通过股权分置改革方案。在具体操作程序上,中国证监会明确规定了分类表决机制,规定"公司股权分置改革动议,原则上应当由全体非流通股股东一致同意提出;未能达成一致意见的,也可以由单独或者合并持有公司三分之二以上非流通股份的股东提出。非流通股股东提出改革动议,应以书面形式委托公司董事会召集 A 股市场相关股东举行会议(简称相关股东会议),审议上市公司股权分置改革方案。相关股东会议的召开、表决和信息披露等事宜,参照执行上市公司股东大会的有关规定,并由相关股东对改革方案进行分类表决"[2],"相关股东会议表决改革方案,须经参加表决的股东所持表决权的三分之二以上通过,并经参加表决的流通股股东所持表决权的三分之二以上通过"[3]。

可见,分类表决机制在股权分置改革保护流通股股东即中小股股东发挥了至关重要的作用。如果没有这种制度,就很难想象股权分置改革能够顺利进行。尽管上市公司分拆上市并不完全像股权分置改革中的非流通股股东和流通股股东在利益上那样对立和尖锐,但在大股东和中小股东之间的利益分配上还是存在不一致的,而中小股东采用分类表决是对大股东制约的强有力的机制,这一制度的实施对上市公司分拆上市过程中的中小股东权益保护具有一定的借鉴作用。

分类表决机制适用于股权分置改革中的流通股股东,但在上市公司分拆上市中适用于哪一类股东呢? 即那一类别的股东实施分类表决制度。笔者认为,上市公司分拆上市类别股东应为持有该上市公司发行在外的普通股 5% 以下的社会公众股股东:

其一,类别股东应该是社会公众股股东。社会公众股是指股份公司采用募集设立方式设立时向社会公众(非公司内部职工)募集的股份,也指社会公众依法以其拥有的财产投入公司时形成的可上市流通股份,也即社会公众股股东必须是"非公司内部职工"的流通股股东。[4] 监管部门对社会公众股股东概念的提出首先见于中国证监会相关规定中,该规定的目的就是要形成抑制滥用上市公司控制权的制约机制,把保护社会公众股股东的权益落在实处,并从五个方面加强了对社会公众股股东

---

[1] 中国证监会:《关于进一步做好股权分置改革工作的通知》,证监发(2005)46 号,2005 年 6 月 9 日。
[2] 中国证监会:《上市公司股权分置改革管理办法》第 5 条,证监发(2005)86 号,2005 年 9 月 4 日。
[3] 中国证监会:《上市公司股权分置改革管理办法》第 16 条,证监发(2005)86 号,2005 年 9 月 4 日。
[4] 熊锦秋:《交易所对"社会公众股"的定义需尽快修订》,上海证券报,2016 年 4 月 21 日。

的保护,尤其提出了试行公司重大事项社会公众股股东表决制度。但该规定并没有明确社会公众股东的定义。[①]　之后,上海证券交易所《上市规则》的释义中将社会公众股东定义为:"指不包括下列股东的上市公司其他股东:1. 持有上市公司10%以上股份的股东及其一致行动人;2. 上市公司董事、监事、高级管理人员及其关联人。"[②]

其二,类别股股东应当是5%以下的中小股东。对于何为大股东、何为中小股东,我国有关法律法规并没有明确的规定,学者们也很少讨论中小股东的界定范围。但根据我国相关法律对股东信息披露的要求看,一般可推定持有上市公司5%以上的股东可视作上市公司的大股东。这是因为我国法律对持有5%以上的股东作出了很多特别的要求,比如我国《证券法》第74条[③]、第76条[④]、第86条[⑤]等均对持有5%以上的股东提出提别的要求,要求5%的股东,在股份交易、内幕信息披露、上市公司收购等方面作出相关的要求和规定。

二、异议股东回购请求权

(一) 异议股东回购请求权的概念

对异议股东回购请求权的概念,学者们看法并不完全一致。有的认为异议股东股份回购请求权,是指股东大会依照"资本多数决"的方式通过决议,改变了公司的结构并对股东的利益关系造成重大影响时,对该决议持反对意见的股东享有请求公司以公平的价格收购自己所持有的公司股份的权利。[⑥]　有的认为异议股东回购请求权是异议权、估价权、评估权、退出权等。也有的认为异议股东回购请求权是指在特定形态的交易中,法律赋予异议股东请求公司以公平价格回购其股份的权利。[⑦]　韩国学者李哲松认为,异议股东回购请求权是指在股东大会上决议了对

[①] 参见中国证监会:《关于加强社会公众股股东权益保护的若干规定》,证监发〔2004〕118号,2004年12月7日。

[②] 参见上海证券交易所:《股票上市规则》(2014年修订),第十八章释义18.1(十一),《上海证券交易所现行业务汇编》,股票类,第56页。

[③] 《证券法》第74条:"证券交易内幕信息的知情人包括:(一)发行人的董事、监事、高级管理人员;(二)持有公司百分之五以上股份的股东及其董事、监事、高级管理人员,公司的实际控制人及其董事、监事、高级管理人员。"

[④] 《证券法》第76条:"证券交易内幕信息的知情人和非法获取内幕信息的人,在内幕信息公开前,不得买卖该公司的证券,或者泄露该信息,或者建议他人买卖该证券。"

[⑤] 《证券法》第86条规定"通过证券交易所的证券交易,投资者持有或者通过协议、其他安排与他人共同持有一个上市公司已发行的股份达到百分之五时,应当在该事实发生之日起三日内,向国务院证券监督管理机构、证券交易所作出书面报告,通知该上市公司,并予以公告;在上述期限内,不得再行买卖该上市公司的股票"。

[⑥] 王伟:《论异议股东股份回购请求权》,《中国法学文档》2005年第1期,第208页。

[⑦] 施天涛:《商法学》,法律出版社2003年版,第269页。

股东的利害关系产生重大影响的议案时,反对决议的股东可让公司收买自己所有的股份的权利。[1]

异议股东的股份回购请求权渊源于普通法国家,该项制度旨在公司结构发生重大变化时赋予异议股东一项重要权利,从而使异议股东在获得合理的补偿后退出公司结构业已发生重大变化的公司。在各国现代公司法中,公司的决策通常采取"多数表决规则",即公司的决策应以股东大会中持多数股份的"多数股东"意见为准,持少数股份的少数股东应当服从股东大会依照法定程序基于多数股东的意见而作出的决议。这一规则既体现了股东民主、股份平等的原则,同时也有利于维护公司经营的顺利进行。但在实践中,多数股东特别是有控制权的股东利用"多数表决规则"排挤少数股东,侵害少数股东合法权益的情况也相当普遍。对此,各国公司法大多给予少数股东适当的补救,[2]因而股东异议回购请求权就是公司在重大决策时对那些不同意的少数股东进行适当补救的一种权利。这种补救对于在上市公司分拆过程中的异议股东的权益保护十分重要。

我国法律对股东异议回购请求权的概念未作明确规定,但法律对异议股东回购请求权还是有所规定的,主要体现在现行《公司法》的规定中,其第74条和第142条分别对有限责任公司和股份有限公司所涉的股东异议回购请求权作了规定。第74条规定:"有下列情形之一的,对股东会该向决议投反对票的股东可以请求公司按照合理的价格收购其股份:(一)公司连续五年不相股东分配利润,而公司该五年连续盈利,并且符合本法规定的分配利润条件的;(二)公司合并、分立、转让主要财产的;(三)公司章程规定的营业期限届满或者章程规定的其他解散事由出现,股东会会议通过决议修改章程使公司存续的。"第142条规定:"公司不得收购本公司股份。但是,有下列情形之一的除外:(一)减少公司注册资本;(二)与持有本公司股份的其他公司合并;(三)将股份奖励给本公司员工;(四)股东因对股东大会作出的公司合并、分立决议持有异议,要求公司收购其股份的。"可见我国《公司法》规定在7种情形下,可以行使异议股东请求权。其中《公司法》第75条第2款、第142条第4款与公司分拆有所关联。根据《公司法》的这两条规定,无论是有限责任公司还是股份有限公司,涉及到公司分立,在股东会或者股东大会上,只要有股东明确反对但又不足以阻止分立决议案的通过时,异议股东即可行使异议股东回购请求权来保护自己的利益。我国《公司法》这两条尽管只规定了公司分立情形的异议股东回购请求权,并未规定上市公司分拆的异议股东的回购请求权问

① 〔韩〕李哲松著:《韩国公司法》,吴日焕译,中国政法大学出版社2000年版,第404页。
② 焦津洪:《论对持少数股份股东的法律保护》,《中外法学》1995年第5期。

题,但是根据本书所论述的观点,公司分拆尽管和公司分立有所不同,但在基本原理和属种概念上具有很大的相似性,上市公司分拆在某种程度可以作为公司分立的一种形态。况且我国公司法作为公司的基本法律不太可能细无巨细地将公司分立的所表现的形式一一列举。因此在某种程度上,对公司分立异议股东回购请求权的规定同样可以适用上市公司分拆的情形。具体到本书所阐述的是上市公司的分拆上市,由于《公司法》第74条涉及的是有限责任公司的分立,在公司形态上不是股份有限公司,因此并不在本书的论述范围中,这里所适用的主要是《公司法》第142条的规定,即股份有限公司的分立,异议股东有异议回购请求权。《公司法》第142条关于公司分立的股东异议请求权的内容是极其简单的。上市公司分拆异议股东回购请求权的内涵是什么? 笔者认为异议股东回购请求权的内涵应当包括以下要素:第一,享有该权利的主体是异议股东,即在涉及到上市公司分拆上市时,该上市公司的股东在股东大会审议该项重大议案时有明确表示反对公司分拆上市的行为,在具体表决时,行使表决权投反对票。第二,该权利行使的时间是在股东大会决议之后,召开股东大会是该权利产生的条件。股东行使表决权的场所是股东大会,当股东反对的意思没有被采纳,同时自己的股份又面临着难以转让的困境时,该股东便享有该请求权。近年来,股东大会的召开形式多种多样,除了现场召开股东大会进行表决权外,还存在着非现场召开股东大会以及现场召开和非现场召开股东大会相结合的形式。在现场召开股东大会时,股东应当出席会议并在上市公司分拆上市的决议案现场投出反对议案的表决表;在非现场召开股东大会即通讯表决或网络表决的情况下,股东因为无现场股东大会,只需以通讯或者网络投票的形式投出反对票即可成立。目前对于上市公司的股东大会所采用的大多数是现场和非现场相结合的形式,即一部分股东主要是大股东、控股股东以及上市公司董事、监事、高级管理人员等在股东大会现场开会,绝大多数中小股东在现场外采取网络投票的形式开会,行使表决权。第三,该权利存在的价值在于股东能够请求上市公司以公平的价格回购其股份,以确保其合法权益不受损害。第四,异议股东回购请求权是一种形成权。所谓形成权,是指"依权利者一方之意思表示,得使权利发生、变更、消灭或产生其他法律上效果之权利也"[①]。异议股东回购请求权的行使并不需要对方的意思表示,而仅仅需要异议股东发出请求购买的意思即可发生。综上,笔者认为,上市公司分拆上市异议股东回购请求权,是指对股东大会上决议通过的上市公司分拆上市的议案持反对意见的股东享有的一项要求上市公司以公平价格回收其股份的形成权。

---

① 史尚宽:《民法总论》,中国政法大学出版社2000年版,第25页。

（二）异议股东回购请求权的主体

毋庸置疑，异议股东股份回购请求权行使的主体当然是反对股东，即对股东大会作出的上市公司分拆上市决议案表示反对的股东，因而有资格作为异议股东行使股份回购请求权的仅为"股份持有人"，即公司股份的"登记持有者"。但是这里要深究的是，有几种情况作为异议股东回购请求权的主体能否成立？

一是异议股东异议后即转让其所持股份，能否行使回购请求权？笔者认为，这种情况下异议股东不享有异议股东回购请求权，因而不能成为异议股东回购请求权的主体。因为这种请求权行使的对象是上市公司本身，是由上市公司购回异议股东所持有的股份，如果异议股东在投出反对上市公司分拆上市的议案表决票后，即将所持股份转让给了第三人，及表明该异议股东并不想将所持股份回购给上市公司，因而不符合异议股东回购请求权的基本含义，也失去了作为异议股东回购请求权的主体资格。尽管如此，随之而来的问题是，从异议股东购买得来股份的新股东能否承继原来的异议股东行使回购请求权？笔者认为也不能行使这一权利。这是因为承继的新股东在主观意思上是否对上市公司分拆决议案表示异议是无法判断的，一方面从理论和实践上看，如果表示异议即意味着新股东购买的目的是为了上市公司回购的价格可能比其购买的价格更高从而获取差价，但这种所谓的差价具有很大的不确定性，其结果未必比购买的价格更高，何况在获取异议股东股份后，行使回购请求权还要经过一系列诸如回购股份的评估、价格的确定等程序，从时间、成本、效益等方面均在存在较大的问题，对新股东未必有利；另一方面，异议股东回购请求权的行使是以在股东大会对分拆上市议案的表决投反对票为前提条件的。新股东所获得的股份是在股东大会之后，也即新股东没有可能也没有机会在股东大会上行使反对的权利了，即使在股东大会之后因获得新股份而做出对分拆上市异议的表示，也不具备这样的程序性要求了。因此，异议股东持有股份必须具有持续性，如果从其反对决议至股份被公平收购之前将其股份转让第三人，一般认为转让人和受让人均不再享有回购请求权。[①]

二是持有表决权的股东放弃表决权是否行使回购请求权？在上市公司分拆上市决议案在股东大会上进行表决时，有表决权的股东对该决议案表示弃权，即既不表示赞成也不表示反对该决议案，在意思表示方面处于中立。虽然这一行为对决议案的通过结果具有一定的影响力，但弃权股东仍不能成为异议股东回购请求权的主体。因为异议股东的构成是以对分拆上市决议案的异议为前提的，即主观上

[①] 王志诚：《论公司合并及其他变更营运政策之重大行为与少数股东股份收买请求权之行使》，《东吴法律学》，1999年版，第321页。

必须有明确异议(反对)的意思表示并应投出反对的表决票。弃权票并没有表示对决议案的反对,而仅仅是不发表意见,不作意思表示的行为,并不能达成异议行为。在资本多数决的股东大会上,弃权票对分拆决议的通过和生效具有一定的影响,如果弃权票过多就会对赞成票形成影响,在这一点上起到了反对票的效果,但在本质上并不意味着和反对票一样。

　　三是持有无表决权股份的股东是否享有股份回购请求权?美国、加拿大等国家否认无表决权之股东的股份回购请求权;相反,韩国公司法以及我国台湾地区"公司法"承认无表决权股东的回购请求权。有的学者认为"无表决权股东对其加入的公司同样具有应当受到尊重的期待权(利益),同样可以适用团体的可分解性理论,在对公司结构失望而又无他途的情况下,选择行使股份收买请求权退出公司"。[1]　在我国,有两种情况可能出现无表决权的股东,一种是法律将这种权利的有无归属于公司自治的范畴,由公司章程具体规定。我国《公司法》第43条规定:"股东会决议由股东按照出资比例行使表决权;但是,公司章程另有规定的除外。"据此,在有限公司中出现无表决权股东的可能性是完全存在的;另一种是优先股股东。我国《公司法》在股份有限公司中,尽管只规定了普通股的相关内容,但并没有排斥其他类型的股份类别,相反在相关条文中一定程度上认可了其他类型的股份形式。比如《公司法》第127条规定:"股份的发行,实行公平、公正的原则,同种类的每一股份应当具有同等权利。同次发行的同种类股票,每股的发行条件和价格应当相同";《公司法》第132条规定:"国务院可以对公司发行本法规定以外的其他种类的股份,另行作出规定。"在我国资本市场的实践中,优先股已大量存在。上市公司大量发行优先股,监管部门还专门规定了优先股的相关规定。[2]　众所周知,一般情况下优先股是没有表决权的。[3]　对于前一种情况,由于《公司法》第43条规定的是有限责任公司,对于上市公司分拆上市并不适用,无需论述;对于后一种情况,

---

[1]　蒋大兴:《公司法的展开与评判》,法律出版社2001年版,第771页。

[2]　《优先股试点管理办法》经2013年12月9第16次主席办公会会议审议通过,2014年3月21日中国证券监督管理委员会令第97号公布。该办法分总则、优先股股东权利的行使、上市公司发行优先股、非上市公众公司非公开发行优先股、交易转让及登记结算、信息披露、回购与并购重组、监管措施和法律责任、附则9章70条。

[3]　优先股是指依照公司法,在一般规定的普通种类股份之外,另行规定的其他种类股份,其股份持有人优先于普通股股东分配公司利润和剩余财产,但参与公司决策管理等权利受到限制。优先股股东按照约定的票面股息率,优先于普通股股东分配公司利润。公司因解散、破产等原因进行清算时,公司财产在按照公司法和破产法有关规定进行清偿后的剩余财产,应当优先向优先股股东支付未派发的股息和公司章程约定的清算金额,不足以支付的按照优先股股东持股比例分配。优先股股东的表决权受到限制。除特殊情况外,优先股股东不出席股东大会会议,所持股份没有表决权。但是公司累计3个会计年度或连续2个会计年度未按约定支付优先股股息的,优先股股东有权出席股东大会,每股优先股股份享有公司章程规定的表决权。

由于优先股无表决权,在上市公司分拆上市决议通过过程中,优先股股东明确表示反对的情形下,是否应当赋予其回购请求权是值得探讨的。笔者认为,应当赋予优先股异议股东回购请求权。不可否认,优先股在本意上之所以可以优先是以丧失某种管理权为前提的,与普通股股东相比,优先股股东在分配公司利润和剩余财产时具有一定的优势,公司因解散、破产等原因进行清算时,公司财产在按照公司法和破产法有关规定进行清偿后的剩余财产,应当优先向优先股股东支付未派发的股息和公司章程约定的清算金额,不足以支付的按照优先股股东持股比例分配。一般情况下,对涉及公司的相关经营决策,由于优先股的特点,使其不参与公司的决策,因而不行使表决权。但涉及重大利益关切,决定公司命运时,作为公司的股东,优先股股东能否表达自己的意见对优先股股东至关重要。针对这种情形,各国法律规定了特殊情况的优先股股东表决权恢复机制,使优先股股东参与公司重大利益的决策。大陆法系以法定的立法模式将优先股表决权机制规定在成文法中,其中《日本公司法典》以对种类股东权利有损害或者损害之虞为标准进行分类表决,并详细列举了13项需要种类股东召开专门会议进行分类表决的情形;德国则规定了较为及时的表决权恢复策略。英美法系以授权式的立法例为主,授权公司章程自主约定优先股表决机制,其相关法规为公司章程提供一定程度的指引。英美两国均规定了类别表决范围的划分标准,并适用于优先股分类表决,所不同的是,英国以"类别权利"的变更为标准,美国则以"公司章程的修改涉及、影响或者改变"类别股权利为标准。[①] 我国现行的相关制度实际上也确立了优先股股东在特殊情况下的恢复表决机制,使优先股股东参与上市公司股东大会,行使股东分类表决权。《优先股试点管理办法》第10条规定:"出现以下情况之一的,公司召开股东大会会议应通知优先股股东,并遵循《公司法》及公司章程通知普通股股东的规定程序。优先股股东有权出席股东大会会议,就以下事项与普通股股东分类表决,其所持每一优先股有一表决权,但公司持有的本公司优先股没有表决权:(一)修改公司章程中与优先股相关的内容;(二)一次或累计减少公司注册资本超过百分之十;(三)公司合并、分立、解散或变更公司形式;(四)发行优先股;(五)公司章程规定的其他情形。上述事项的决议,除须经出席会议的普通股股东(含表决权恢复的优先股股东)所持表决权的三分之二以上通过之外,还须经出席会议的优先股股东(不含表决权恢复的优先股股东)所持表决权的三分之二以上通过。"可见,优先股股东在涉及上市公司分拆上市时,应当参加股东大会行使相关表决权,理应可以作为异议股东回购请求权的主体。

---

① 左海峰:《我国优先股表决机制研究》,安徽大学硕士研究生论文,2017年5月。

异议股东回购请求权的主体,必须要有明确的意思表示方可行使这一权利。明确的意思表示体现在两个方面,即必须在股东大会决议阶段对上市公司分拆上市的决议作出明确反对的意思表示和在之后的法定期限内明确作出行使回购请求权的意思表示,两者缺一不可。① 股东对决议的反对意思表示。一般情况下,股东为反对的意思表示分为两个阶段:第一阶段是在股东大会决议之前,股东向公司提交书面反对通知。这一意思表示的前提是股东知晓自己享有异议股东股份回购请求权,若由于公司的原因未能履行通知义务,则股东可以据此抗辩;第二阶段是在股东大会决议时,即在股东大会上对决议表示反对。如果在股东大会上又赞成公司的决议,则以前所做出的反对通知失效。此外,如果股东在第一阶段做出了反对的书面通知,但并没有参加股东大会,如何认定其效力?笔者认为,可以借鉴韩国《商法典》的做法,即使异议股东不出席股东大会,决议时应将其加算在反对票之中。② 股东请求回购股份的意思表示。韩国、日本以及我国台湾地区公司法规定,异议股东应自股东大会决议日起 20 日内,向公司提交载明其股份种类及数量的书面文件。而美国《示范公司法》规定得更为详尽:异议股东应在法定期限内向公司提出收买请求权,并根据该通知规定的条件存放其股票证书。

对异议股东何时做出请求回购股份的意思表示,我国台湾地区"公司法"规定,股东在股东会对合并契约做出决议日起 60 日内未与公司就收买价格达成协议者,股东应在此期间经过后 30 日内申请法院裁定收买价格;否则,异议股东将丧失其股份收买请求权。我国相关法律没有做出明确规定,我国《公司法》第 74 条虽有 60 天的规定,但仅仅规定"自股东会会议决议通过之日起六十日内,股东与公司不能达成股权收购协议的,股东可以自股东会会议决议通过之日起九十日内向人民法院提起诉讼"的内容,并不是异议股东提起回购请求权的法定时间,也没有规定未在法定期间内行使该权利的后果;而《公司法》第 142 条规定了对于"股东因对股东大会作出的公司合并、分立决议持有异议,要求公司收购其股份的""应当在六个月内转让或者注销"也无法认定是异议股东行使这一请求权的法定时间。因此明确行使回购请求权的法定时间十分必要。按照我国《公司法》的规定,一般认为,对于有限责任公司,异议股东请求回购股份的时间应当少于 60 天;对于股份有限公司,异议股东请求回购股份的时间应当少于六个月,以便给上市公司有足够的处理回购股份的空间。

(三)异议股东回购请求权行使的程序

我国公司法对异议股东回购请求权行使的程序规定存在明显的不足,仅在第 74 条第 2 款规定先协商定价,协商定价不成的进入司法定价。第 142 条则完全未对股份有限公司异议股东回购请求权的行使程序进行规定;是否准用第 74 条的规定也没有明确的法律依据。美国特拉华州《普通公司法》规定，公司应当对能产生异议股东股份回购请求权的公司行动书面通知所有股东，并必须通知股东，每一位股东都有权在股东大会之前不少于 20 天之内，享有股份回购请求权。会议通知上应当附上持异议股东权利的法律条款。未发出通知的公司，即使在非故意的情况下，股东仍享有股份回购请求权的救济。持异议的股东必须在表决前向公司呈递书面的意向通知书，要求在提议的公司行动生效前，股东获得其股份的补偿；而且在股东会议投票时不应赞成上述行动。在公司采取行动或收到回购请求时，应当向合乎要求的异议股东支付其评估的代表公平股份价格的款项及尚未支付的利息。如公司未支付或异议股东认为其支付的款项不正确，则可以在 30 日内以书面形式通知公司自己对其股份的公平估价和利息总额，并要求按其估价支付。[1]

笔者认为，我国公司法应当借鉴域外立法，健全回购请求权的行使程序，从而使该项权利能够真正发挥维护中小股东利益的价值。具体到上市公司分拆上市异议股东股份回购请求权的行使程序，笔者认为大致有如下程序：关于上市公司分拆上市决议案股东大会的通知→异议股东对决议案反对的意思表示（股东大会召开前）或者异议股东对决议案投反对票（在股东大会上）→异议股东提出股份回购请求（在规定的期限内）→异议股东与上市公司协议回购股份事宜→回购股份的价值评估和价格确定→协议达成→股份转让，至此异议股东股份回购请求相关程序完成。如果异议股东在和上市公司就相关股份回购无法达成协议时，异议股东可向人民法院提起诉讼，异议股东股份回购请求权的行使即进入司法程序，最终由人民法院裁判而终结异议股东回购请求权行使的程序。因此，实际上异议股东回购请求权的行使程序有两个：一个是协议程序；另一个是司法程序。后一个程序以协议程序为前提，并以协议不成为结果而启动司法程序，这一程序并非典型的异议股东股份回购请求权的行使程序。

（1）股东大会通知。即上市公司应当在召开公司股东会议的会议之前发出通知，通知该上市公司的股东即将召开股东大会，并将股东大会的内容、上市公司分拆上市的议案告知股东同时告知股东可享有的异议股东回购请求权。对股东大会的通知时间，我国法律有明确的规定。《公司法》第 102 条规定："召开股东大会会议，应当将会议召开的时间、地点和审议的事项于会议召开二十日前通知各股东；临时股东大会应当于会议召开前十五日前通知各股东"；"单独或者合计持有公司百分之三以上股份的股东，可以在股东大会召开前提出临时提案并书面提交董事会；董事会应当在收到提案后，两日内通知其他股东，并将该临时提案提交股东大

---

① 魏磊杰：《论美国公司法中的异议股东股份评估权制度》，《研究生法学》2006 年第 3 期，第 58—61 页。

会审议。"见《公司法》将股东大会通知的时间法定化,分别规定在召开前 20 日、15 日和 2 日。三种不同的通知时间针对三种不同的情况。依照法定期限和程序通知股东参加股东大会是股东大会会议召集人的法定义务。

（2）异议股东反对。异议股东明确反对上市公司分拆上市的议案是其行使异议股东股份回购请求权的前提。反对意见的提出应在股东大会上明确提出,并以行使表决权的形式体现出来,异议股东在股东大会表决该项议案时投出反对票。由于上市公司分拆上市涉及到《公司法》第 142 条的公司分立异议股东股份回购请求权的规定,笔者认为,对涉及此项议题的股东大会应该做出特别的安排,明确规定在投出反对票之后,异议股东在行使异议股东回购请求权时负有书面告知公司的通知义务,同时异议股东须向公司提交相关身份证明文件的内容和格式。

（3）协议回购股份。这是异议股东行使股份回购请求权的重要内容,是异议股东和购回方上市公司之间就回购所涉及的相关内容进行协商进而达成一致的过程。在这个过程中,协商股份回购的价格及款项的支付是协议最为主要的内容。由于购回的一方是上市公司,其股份在二级市场有具体的价格,但并不意味着异议股东就一定按照市价将所持股份由上市公司一方购回,其价格的确定仍应由双方自行商定。对异议股东来说,可能会寻求比市价更高的价格是其行使请求权的目的,因为如果回购价格低于市价,异议股东就有可能放弃回购请求权,转而将手中的股票在二级市场转让或者等到转让期满后再次转让。对于上市公司来说,可能根据股份的价值将其价格尽量降低,双方在博弈中确定股份回购的价格,如果达成一致回购请求权即能得到实现;如不能达成一致,请求方既可以放弃请求权也可以向法院提起诉讼。如是前者,则异议股东股份回购请求权则归于消灭。

异议股东回购请求权能否放弃？我国法律并没有明确规定。对有限责任公司而言,《公司法》第 74 条规定了异议股东与公司协商不成的,异议股东可以在法定期限内向人民法院提起诉讼,其立法本意并不倾向于放弃请求权;对股份公司而言,《公司法》第 142 条并未规定协议回购,而只是规定异议股东提出异议时,应当在 6 个月内转让或者注销该公司的股份。因而异议股东请求回购的股份可有两种选择,即转让或者注销。对于后者,毫无疑问即异议股东和上市公司达成一致,公司的股份已由上市购回并予以消灭;对于前者应理解为异议股东将请求回购的股份转让给上市公司。在这里并没有涉及股票的价格,也没涉及协商问题。在实践中,转让股份的价格是回避不了的,也的确存在着对股份价格的不同看法。当双方对价格存在异议而无法达成一致时,如何解决就成了至关重要的问题。笔者认为在理论上,异议股东的股份回购请求权,既然是异议股东的权利,就应该允许其放弃权利,或者继续持有该股份或者将股份在二级市场上转让给第三人。

（4）回购股份的价值评估和价格确定。异议股东可以行使评估权获得股份公平价值而退出上市公司。评估权的实现不仅仅取决于法律规定，更依赖法律制度的落实，而公平价值的确定正是异议股东评估权制度的核心，是对中小股东产生实质影响的环节。1984 年修订版美国 MBCA（Model Business Corporation Act）规定，公平价值必须是"持异议者反对公司的行为生效之前那一刻的股份公平价值，排除任何因对这种公司行为的预期而造成的股份价值的增值或贬值因素，除非这种排除是不公平的"。① 但如何评估和确定反对公司行为生效前那一刻的股份公平价值呢？在实际操作中，各国有不同的方法，主要有协议模式②、会计专家模式③和司法评估模式④。一般在非诉前置阶段分为协议确定、会计专家确定等模式，之后是司法评估模式。限于国情和特定评估制度的不同，相关国家和地区模式选择有所差别，很难评价其优劣，但各国的做法都是尽量地在评估中给异议股东股份回购公平合理的价值，在界定评估的公平价值时也都排除分拆交易所引发的任何贬值或者升值，以保护少数股东和中小股东的利益不受损害。

在上市公司分拆上市过程中，大股东想改变企业的方向，中小股东不同意时则可以自主决定去留。如果中小股东选择不留在新企业当中，也就没有权利获得交易产生的价值，同样也不应承担交易带来的风险。公司法通过评估权给异议股东提供一个退出路径，因而排除交易带来的影响是比较合理的。而通常发生现金挤出分拆的企业尤其是被分拆的企业，都是业绩前景不错的企业，但是在分拆决议之前由于内部人控制、信息不对称，异议股东并不知情，直到交易前股价才会上升，中小股东作为事实上的贡献者却无法分享这种升值，如果在评估过程中仍然死守排除交易所产生的任何升值，就很有可能成为对中小股东损害的基础。

---

① 〔美〕罗伯特·C. 克拉克著：《公司法则》，胡平等译，工商出版社 1999 年版，第 361 页。
② 协议确定模式，是指支付给异议股东的公平价值可以由公司和异议股东协商确定。这种方法充分考虑到了公司和股东的意思自治，为大多数国家评估的必经阶段。根据支付时间的不同，又可以分为以加拿大为代表的"先谈判"协议模式，以及美国为代表的"先履行"协议模式。蒋大兴：《公司法的展开与批判》，法律出版社 2001 年版，第 781 页。
③ 在韩国，公司和股东协议决定公平价值不是必经程序，一旦协议不成，由会计专家估算的价格成为标准。〔韩〕李哲松著：《韩国公司法》，吴日焕译，中国政法大学出版社 2000 年版，第 410 页。
④ 司法评估，是指通过司法程序，由法院决定股份的公平价值。司法通常在各国都是定分止争的最后渠道，在评估救济上也不例外，但是提起司法评估是权利还是义务以及提起主体，各国均有所不同。MBCA 确定的是公司义务型，如果股东要求的支付无法兑现，该公司必须在收到该股东支付要求之日起 60 日内，提起一项请求法院决定股份公平价值及其利息的诉讼。《日本商法》确定的则是股东权利型，如果公司和股东协议不成，股东可以请求法院决定公平价值。《加拿大商业公司法》对司法评估则作了比较灵活的规定，如果公司未向异议股东发出支付要约或者异议股东在收到支付要约后未作承诺，公司可在决议批准的行动生效 50 日内或者法院允许的更长期间内，向法院提出要求确定异议股东股份公平价值的申请。如果公司没有提出申请，异议股东可以在另一 20 日或者法院允许的更长期间内，为相同目的向法院提出申请。参见美国 MBCA § 13.30 (2005)；《日本商法》第 245 条、第 408 条；我国台湾地区"公司法"第 187 条、第 317 条；《加拿大商业公司法》第 190 条第 15 款，第 1 款。

对于上市分拆上市而言,由于其股票在交易所上市,有着市场价格,评估是否有必要或者是否有意义呢? 在美国包括特拉华州在内的 23 个州都对评估权规定了市场例外原则,如果股东所持股份已经在交易所上市,或者持股状况十分分散以至于事实上存在着交易市场,那么这些股东就不享有评估救济权。[①] 这就意味着上市公司分拆,异议股东股份回购的价格不用评估只能按股票的市价进行回购。但这一规定是否完全公平或者对异议股东完全有利是值得讨论的。

众所周知,股票二级市场价格很容易受到人为影响,如应该公布的信息有可能被人为隐瞒、虚假误导行为时有发生、操纵市场行为屡见不鲜,这些行为都将错误引导该公司股票的市场价格。不仅违法行为可以影响市场价格,证券管理机关的许多稳定市场的措施虽然主观出发点是善意的,但也有"太多的意外因素会影响到每天股票市场价格的形成,从而令人难以把它作为对公平价值的准确和排他的反映",[②]更何况交易发生之前的市场价格是交易发生前一天还是一个月的市场价格? 规定适用交易前的价格,本意就是排除任何对公司交易行为的预期而造成的股份价值的增值或贬值因素。美国学者的实证分析证明,在合并公布之前股价通常平均上涨 13%,而且这种上涨可能在 40 天甚至 2 个月前就开始了,[③]那么使用哪天的市场价格就很难确定了。而且即使能找到一个合理的时间点来确定市场价格,逐日的股市交易的股价也无法反映公司长期的公平价值。

笔者认为,从最有利于保护异议股东和中小股东权益的角度出发,应赋予异议股东股份回购价格评估的选择权,即可选择协议回购股份,也可以直接选择股份市价回购,还可以在协议回购不成的情况下,采取司法确定的方法。

第二节 债权人的权益保护

在上市公司分拆上市中,除了涉及上市公司股东之外,还涉及上市公司的债权人。由于上市公司的子公司从母公司中分离出去,使得母公司在实体变化、财产债务转移、股份分配、股东退出等方面产生一系列的法律后果,这些后果与债权人利害关系重大,处理不慎极有可能损害到债权人的利益。因此,在上市公司分拆上市

[①] 〔美〕弗兰克·伊斯特布鲁克、丹尼尔·费希尔著:《公司法的经济结构》,张建伟、罗培新译,北京大学出版社 2005 年版,第 165 页。

[②] 1934 年的 Chicago Corp. v. Munds 案中,特拉华州衡平法院的法官对股票市场价格的质疑,172 A 452,455 (Del. Ch. 1934).

[③] G. William Schwert, Markup Pricing in Mergers and Acquisitions, 41 J. Fin. Econ. 153, 1996, p. 2102.

中,如何保护债权人的合法权益就变得非常重要。①

对于上市公司分拆上市,我国目前的法律并没有明确规定。作为部门规范性意见,中国证监会 2004 年 8 月曾颁布过《关于规范境内上市公司所属企业到境外上市有关问题的通知》,仅有 8 条规定,内容极其简单且主要规定的是境内上市公司子公司分拆到境外上市,对上市公司分拆上市涉及的债权人保护也无涉及。② 可以说我国法律对上市公司分拆上市中的债权人利益保护还处于空白阶段。我国目前立法所能比较的与上市公司分拆上市较为密切的是公司分立债权人保护的相关规定。

早在 1993 年,我国《公司法》就规定了公司分立的债权人保护,其第 185 条规定公司在分立中应当履行通知、公告、债权人异议清偿或者担保的相关程序,初步形成了以信息公开、债权人异议为内容的债权人利益保护机制。③ 2005 年修改后的《公司法》将公司分立的债权人保护相关规定进行了简化,取消了债权人异议清偿或担保制度,仅保留了信息公开制度,增加了公司分立后当事公司之间的连带责任。2013 年的《公司法》修改仍然保留了 2005 年《公司法》关于公司分立债权人保护的内容。现行《公司法》仅在第 175 条、第 176 条规定公司分立债权人保护。④

可以看出,现行《公司法》对公司分立中债权人利益保护进行了简单的规定,明确了公司分立信息通知公告制度和连带责任的债务承担规则,以法律形式确定了保证交易安全、保障债权人利益、维护社会经济秩序的原则。非但如此,现行《公司

---

① 对其债权人保护的必要性,许多文章从公司分立的角度多有论述,有的认为公司分立容易导致公司资产流失、公司分立会对公司债务承担造成重大影响、对保障交易安全构成影响(参见苏瑜:《公司分立的债权人利益保护研究》,山东财经大学硕士研究生论文,2016 年,第 19—21 页);有的认为公司分立是债务人公司法人人格发生变更,使债务人公司资产债务发生转移(李晓梅:《公司分立与债权人保护的法律问题研究》,北京工商大学硕士研究生论文,2005 年,第 6—8 页);有的认为公司分立是请求权的对象不确定化、加剧债权人的信息不对称、减少担保债权的责任财产(李瑾:《公司分立中的债权人利益保护研究》,大连理工大学硕士研究生论文,2016 年,第 10—12 页);有的认为公司分立是部分概括继受效力受到影响、直接影响债务人公司责任财产、增加债权人的代理成本和债券实现成(陈国红:《公司分立的债权人保护研究》,华东政法大学硕士研究生论文,2016 年,第 9—12 页)。凡此种种都说明,上市公司分拆上市对债权人所产生的重大影响,进而说明保护债权人的重大意义。

② 该通知于 2004 年 8 月 13 日由中国证监会以(2004)第 67 号文件颁布,8 条的主要内容分别为定义、条件、内部决策程序、财务顾问职责、上市公司信息披露、对财务顾问的监督、报送文件材料及行政许可等。

③ 《公司法》第 185 条规定:"公司分立,其财产作相应的分割。公司分立时,应当编制资产负债表及财产清单。公司应当自作出分立决议之日起 10 日内通知债权人,并于 30 日内在报纸上至少公告 3 次。债权人自接到通知书之日起 30 日内,未接到通知书的自第一次公告之日起 90 日内,有权要求公司清偿债务或者提供相应的担保。不清偿债务或者不提供相应的担保的,公司不得分立。公司分立前的债务按所达成的协议由分立后的公司承担。"

④ 《公司法》第 175 条规定:"公司分立,其财产做相应的分割。公司分立,应当编制资产负债表及财产清单。公司应当自作出分立决议之日起十日内通知债权人,并于三十日内在报纸上公告";第 176 条规定:"公司分立前的债务由分立后的公司承担连带责任。但是,公司在分立前与债权人就债务清偿达成的书面协议另有约定的除外。"

法》还对公司分立的责任承担规则由原来的协议承担责任改为连带责任形式,并允许在债权人同意的情况下就债务承担协议进行约定。这既有利于债权人保护,又与我国《民法通则》《合同法》所确立的债务承担原则很好地衔接,消除了原法律规范之间的冲突,这是立法在公司分立债权人保护的一个明显进步。然而,现行《公司法》更侧重于便利资本的重组和流动,鼓励股东和公司的自主决策,体现的是公司分立效率和自由价值取向,却没有将债权人的利益保护作为重点来加以规定。与2005年之前的《公司法》相比,公司分立公告的次数由3次减少到1次;取消了债权人法定期限内的异议清偿或担保权;删除了不为异议清偿或担保时的分立阻却效果。这样的规定显得对公司分立债权人保护不足,尤其是从风险或权利分配的角度看,取消分立中债权人异议制度,意味着公司法将权利的天平向当事公司及其股东倾斜,而将分立带来的风险更多地转移到债权人一边。按照这样立法逻辑及分立、分拆所具有的相似性,我国现行法律对上市公司分拆上市债权人保护的不足显而易见。

综观各国公司法律制度,对公司分拆普遍使用的保护制度主要有四种,即信息公开制度、债权人异议制度、连带责任制度和分拆无效制度。其中,信息公开制度是债权人利益保护的起点和基础,各国或地区相关规定均有涉及,且一般对公开的时间、方式、内容以及法律效力等方面进行详细规定,仅在细节上有所不同。债权人异议制度是事前的救济措施,体现法律的安全价值,也为各国或地区广泛采用,虽然具体规定不尽一致,但通常对异议清偿或担保的成立条件、法律效力方面设有较为明确的规定。连带责任制度是事后的救济措施,兼顾公平与效率价值,亦被各国或地区立法普遍规定,并通常在适用主体、期间和范围三个方面进行制度限制。分拆无效制度是保障债权人异议权的最后防线,为韩国、日本、欧盟相关立法采用,一般对无效原因、适用主体、期限、优先补正规则、溯及力等方面进行了限定。上述四大制度互不相斥,环环相扣,构成保护债权人利益的较为严密的保护体系。

事实上,将上述四种制度进一步归纳梳理,信息公开实际上是债权人主张权利的前提,而分拆无效制度又和分拆债务人的责任密切相连,因此,境外法律对公司分拆保护债权人的制度主要体现在两大方面,即事前的债权人异议制度和事后的连带责任制度。日本、韩国等,采用以债权人异议为主、连带责任为辅的保护机制;德国、欧盟及我国台湾地区等,采取连带责任为主、债权人异议为补充的保护机制。[①] 可见,债权人异议制度和连带责任制度对于上市公司分拆上市过程中的债

---

① 苏永三:《公司分立制度研究》,中国政法大学博士学位论文,2005年,第122—124页。

权人保护至关重要,它是债权人保护中的最为重要的制度。①

一、债权人异议制度

债权人异议制度,是指上市公司作出分拆上市的决议后向债权人通知或者公告,债权人知晓后有权在一定期间内对分拆上市的决定提出异议,要求上市公司清偿债务或者提供相应担保的一种制度。债权人享有的这种权利称为债权人的异议权,有的也称为异议催告权。

公司分拆债权人异议制度是各国保护债权人的普遍制度。如日本公司法规定,公司在股东大会作出同意分拆决议之日起 2 周之内在政府公报上公告,还要通知各个债权人,债权人能够在指定期间内提出异议。此时上市公司除非能够证明分拆行为没有损害债权人的利益,否则须对债权人承担清偿或者提供担保的责任,或者将相应资产托付于信托公司以保证清偿。德国公司法规定,分拆公司在办理分拆登记后,通知债权人可在登记公告之日起 6 个月内提出异议,分拆公司应对该异议债权人进行清偿或者提供等价值担保。

我国现行《公司法》对债权人制度没有作出明确规定。但在之前 1993 年和 1999 年的《公司法》中对公司分立的债权人异议制度作了肯定,确定了债权人的异议权。该两年法律的第 185 条规定:"公司分立,其财产作相应的分割。公司分立时,应当编制资产负债表及财产清单。公司应当自作出分立决议之日起 10 日内通知债权人,并于 30 日内在报纸上至少公告 3 次。债权人自接到通知书之日起 30 日内,未接到通知书的自第一次公告之日起 90 日内,有权要求公司清偿债务或者提供相应的担保。不清偿债务或者不提供相应的担保的,公司不得分立。公司分立前的债务按所达成的协议由分立后的公司承担。"2005 年修改后的《公司法》取消了前两个《公司法》第 185 条所规定的内容,而是在第 176 条确定了连带责任制度。

从公司法对公司分立的债权人保护的立法沿革看,我国公司分立的债权人保护机制经历了从仅依靠债权人异议制度走向了仅依赖连带责任制度的转变。

---

① 实际上,在公司分拆过程中对债权人的保护还存在着其他制度和手段,比如债权人会议制度、公司分拆信息公开制度、债权人撤销权制度、债权人对分拆无效诉讼制度等。这些制度总体上还是围绕着债权人在公司分拆过程中如何实现债权而展开的,在类别上也可归为两大类,即公司分拆过程中对债权人的事前保护措施和事后保护措施。比如,有认为信息公开制度是债权人行使异议权的前提,可以是作为债权人异议权的一个部分,"保障债权人的知情权是一切措施的起点,也是其债权实现的现实基础,只有充分知悉分立的相关信息,债权人才能有效启动维护自身权益的行动"(参见陈国红:《公司分立的债权人保护研究》,华东政法大学硕士研究生论文,2016 年,第 17 页);而债权人撤销权制度、债权人对分拆无效诉讼制度是在债权人行使权利受到阻碍的情况下,要求分拆的上市公司承担因此所应承受的法律后果。

这一转变引起了人们不同的看法,有的学者赞成取消债权人异议制度,有的反对取消债权人异议制度。赞成的人认为《公司法》中债权人异议制度的规定过于苛刻。新《公司法》的规定有利于提高分立效率,体现了新《公司法》贴近实践、反映实践、服务实践的务实风格。[①] 赞同取消债权人异议权的人进而列举了三点理由,即:债权人异议制度的存在过度干涉公司自治;[②]法律为规定分立无效制度,异议权对债权保护并无实效性;[③]2005 年《公司法》在取消债权人异议制度相关规定的同时,也规定了债权人保护的连带责任制度,担保债权实现的责任财产并未减少,即使债权人没有得到当事人的清偿或担保,也有兜底性的保护措施。[④] 反对的人认为债权异议制度是公司分立中债权人保护不可或缺的安排,[⑤]也有三点理由,即:债权人异议权是事前的保护机制,而连带责任制度是事后的救济措施,两者构成分立中债权人保护的周密机制,不可偏废;当反对分立的股东行使收购请求权,当事公司将发生事实上的减资,意味着其责任财产的必然减少,此时连带责任制度无法周全保护债权人利益;赋予债权人事前的异议权实际上是一种经济的安排,事后的连带责任实际上是一种高成本制度。[⑥] 应该说,两派观点各有道理,但新《公司法》取消了公司分立债权人异议制度所确立的注重保护交易秩序、交易安全,强调市场效率的立法思路是毫无疑问的。将公司分立中的债权人保护由事先保护注重转为事后保护,从而给公司分立之路铺平道路,是鼓励公司分立的制度性安排。这一制度安排并没有否定债权人保护的重要性,也没有排斥对债权人的保护。但这一规定的确弱化了对债权人保护的手段,且在《公司法》第 176 条相当简单地规定了"连带责任",并没有对连带责任进行具体的规定,的确值得反思。

尽管现行《公司法》没有规定债权人异议制度,但这一制度对上市公司分拆上市债权人保护的重要性是毫无疑问的。那么上市公司分拆上市中债权人异议制度又有哪些主要内容呢? 笔者认为,主要涉及以下几个方面:

(一) 债权人行使异议权的条件

一般认为上市公司分拆上市债权人行使异议权应具备以下前提条件:一是上市公司须有分拆上市的行为存在,即上市公司将其子公司分拆出去。子公司须履行一定的法律程序,设立新公司登记注册成新的独立法人,并谋求上市。二是必须

---

① 赵旭东主编:《新旧公司法比较分析》,人民法院出版社 2005 年版,第 372 页。
② 陈俐茹:《从利害关系人之视野解析公司分立制度》,中国政法大学博士学位论文,2006 年,第 61—62 页。
③ 苏永三:《公司分立制度研究》,中国政法大学博士学位论文,2005 年,第 130—132 页。
④ 陈英骅:《公司法分立的法律规制》,西南政法大学博士学位论文,2014 年,第 136 页。
⑤ 张颖杰、李松:《论我国分立制度之构建和完善》,《经济特区》,2008 年 3 月;车传波:《公司分立法律问题探析》,《东岳论丛》2010 年第 11 期。
⑥ 陈国红:《公司分立的债权人保护研究》,华东政法大学硕士研究生论文,2016 年,第 16 页。

有债权债务关系的存在。分拆子公司的上市公司即母公司必须是债务人,而行使异议权的必须是母公司的债权人,彼此之间存在债权债务关系。上市公司将其子公司分拆出去后,上市公司和子公司变成了两个独立的法人。对提出异议的债权人而言,由于前期合同的存在,其债务人的对象仍然是上市公司,而不是子公司被分拆出去后形成的新公司。三是上市公司分拆后,在法律上履行了信息披露和通知义务。如果上市公司实施分拆行为,不对外进行信息披露,也不通知其债权人,那么上市公司的债权人是无法行使异议权的。可见保障债权人的知情权是债权人一切保护措施的起点,也是债权人实现债权的基础。只有充分细致披露上市公司分拆上市的相关信息,债权人才有可能有效启动维护自身权益的行动。

(二)债权人异议权的行使主体

这一主体应该是在分拆上市决议通过后并进行信息披露时已是该上市公司的债权人。一般认为,有权在法定期限内行使异议权的只能是分拆上市信息披露前和上市公司具有债权债务关系的债权人,对分拆上市信息披露后上市公司所产生债务的债权人不能作为异议权行使的主体。这是因为在分拆上市信息披露后,上市公司新产生的债权人知晓了上市公司分拆上市的行为,应该能够判断分拆上市行为所带来的后果,并且能够因此承受这一后果。在此基础上与上市公司发生债权债务关系的债权人对公司分拆上市行为已无异议可言,这就失去了行使异议权的基础。上市公司作为债务人不履行债务,债权人仍然可以行使法律上赋予债权人的权利,但不是这里所称的债权人异议权。

对于上市公司分拆上市的信息披露如何理解?从公开方式上看,形式多样。我国《公司法》第 175 条规定:"公司分立,其财产做相应的分割。公司分立,应当编制资产负债表及财产清单。公司应当自作出分立决议之日起十日内通知债权人,并于三十日内在报纸上公告。"从《证券法》第 3 章"证券交易"第 3 节"持续信息公开"第 65 条①、第 66 条②、第 67 条③和第 4 章"上市公司的收购"第 86 条④的规定看,分别确立了通知+公告、报告+公告、通知+报告+公告三种模式。三种模式

---

① 《证券法》第 65 条第 1 款:"上市公司和公司债券上市交易的公司,应当在每一个会计年度的上半年结束之日起二个月内,向国务院证券监督管理机构和证券交易所报送记载以下内容的中期报告,并予以公告。"
② 《证券法》第 66 条第 1 款规定:"上市公司和公司债券上市交易的公司,应当在每一个会计年度结束之日起四个月内,向国务院证券监督管理机构和证券交易所报送记载以下内容的年度报告,并予以公告。"
③ 《证券法》第 67 条第 1 款规定:"发生可能对上市公司股票交易价格产生较大影响的重大事件,投资者尚未得知时,上市公司应当立即将有关该重大事件的情况向国务院证券监督管理机构和证券交易所报送临时报告,并予以公告,说明事件的起因、目前的状态和可能产生的法律后果。"
④ 《证券法》第 86 条第 1 款规定:"通过证券交易所的证券交易,投资者持有或者通过协议、其他安排与他人共同持有一个上市公司已发行的股份达到百分之五时,应当在该事实发生之日起三日内,向国务院证券监督管理机构、证券交易所作出书面报告,通知该上市公司,并予以公告;在上述期限内,不得再行买卖该上市公司的股票。"

中,前者仅仅针对公司分立的情况;中者是针对证券交易过程中涉及到的重大事件;后者是针对公司上市公司收购涉及的重大股权发生变动。上市公司公告是采用报纸、网络等纸质媒体或者非纸质媒体作为载体由上市公司向社会发布相关信息的方式。一般认为上市公司所利用的媒体应该是证券监督管理机构指定的媒体,以保证上市公司公告的权威性和公告所发布的受众面。在我国资本市场上,上市公司发布公告,进行信息披露的媒体为由中国证监会指定的《中国证券报》《上海证券报》《证券时报》《证券日报》等七大专业性媒体以及这些媒体的网站等。上市公司报告主要是针对上市公司的重大事件,这些事件不但对上市公司及其相关当事人影响重大,还对资本市场影响重大,资本市场监管者有必要知晓以便于关注和监管,因而需要上市公司在实施公告的同时,告之监管部门。通知一般是在重大事件中以书面方式告之涉及重大利益关系的当事人。对于公司分拆情况,日本《公司法》、韩国《商法》均选择个别通知＋公告的形式进行公示,对债权人实施双重知情权的保障,此种方式被我国《公司法》所采纳。笔者认为,对于上市公司分拆上市而言,不仅仅采用通知＋公告的方式,而应采用通知＋报告＋公告的形式较为妥当。这是因为,我国《公司法》175条所规定的情形仅仅指公司分立,并未完全包含上市公司分拆上市的情形。《公司法》所规定的公司包括了多种形态的公司,既包括有限责任公司又包括股份有限公司,将公众公司和非公众公司涵盖其中。而上市公司分拆上市与《公司法》第175条所规定的公司形态有所不同,它是在资本市场公开发行股份并上市交易的公司,涉众性极强。上市公司分拆上市不仅仅涉及到上市公司及其利害关系人本身,还对证券市场产生重大影响。分拆使母公司上市公司的资产、经营范围、经营业绩和利润等均发生较大的影响,对投资者影响极大;分拆上市还使被分拆出去的上市公司子公司面临再次上市,也涉及到交易场所的问题,是在母公司所在的交易场所上市还是在其他交易所场所上市,对母公司所在的交易场所都极具影响。因此,监管部门包括证券交易所对上市公司分拆上市予以关注、了解并予以监管是非常重要的。出现上市公司分拆上市的情况理应由上市公司向监管部门和母公司所在的证券交易所报告。

（三）债权人行使异议权的期间

这里主要涉及到两个方面的时间:

（1）通知、报告和公告的时间。该时间不是债权人行使异议权的期间,但却是债权人行使此项权利的基础,因而具有较强的关联性。从境外相关法律规定看,在分拆决议作出后通知债权人,对社会进行公告的时间并不相同。日本《公司法》、韩国《商法》规定对公司分拆后,应在股东会决议后的两周之内公告相关文件并对债权人进行个别通知。欧盟《公司法第六号指令》第1章第4条则规定在股东会召开

1个月前公示分拆草案。我国台湾地区"企业并购法"第35条第3项规定公司分立决议后即应进行通知和公告。我国现行《公司法》第175条则将通知和公告的时间分别列出,给予通知的时间较公告的时间要短,"公司应当自作出分立决议之日起10日内通知债权人","并于30日内在报纸上公告"。

我国上市公司分拆上市由于没有具体法律规范的规定,在分拆上市决定后通知、报告和公告在什么内时间较为合适值得讨论。我国《证券法》对上市公司信息披露的时间包括通知、报告和公告的时间,因所发生的事件性质的不同有所不同,对于上市公司定期报告的信息披露,规定的时间较长。比如,上市公司中期报告和年度报告分别给予自每一个会计年度的上半年结束之日起的2个月内和每一个会计年度结束之日起的4个月内进行信息披露;对于投资者持有上市公司的股份达到5%时,则应当在该事实发生之日起3日内进行信息披露;而对于可能发生的对上市公司股票交易价格产生较大影响的重大事件,投资者尚未得知时,上市公司则应当立即进行信息披露。可见,我国证券法对涉及上市公司信息披露时间长短的规定并不一致,长则2个月、4个月,短则3天甚至立即披露。这一规定符合实际情况,也符合资本市场的特点,具有一定的科学性。对于上市公司定期报告的披露,之所以给了2个月和4个月较长的时间,是因为完整、准确、全面地披露上市公司的财务、经营等各方面的情况,并不是件容易的事,除了上市公司自己要进行大量的工作外,会计师事务所等机构也要进行大量的工作,这些工作在短期内是无法完成的。而需要短期内甚至立即披露相关信息,是因为披露的仅仅是某一事实,不需要另外的工作,并且资本市场对信息的敏感性和重要性,使得许多重大事件不尽快或者立即披露会对上市公司股票价格形成影响,因而对投资者利益关系重大。基于上述理由,笔者认为对于上市公司分拆上市决议的信息披露时间应当尽量短,可比照台湾地区的做法,上市公司在分拆上市决定之后即应通知债权人、报告证券交易所并公告。

(2)债权人被通知后可以行使异议权的期间。一些国家和地区的法律将债权人行使异议权的期间规定在一个月左右。比如,日本《公司法》第789条、韩国《商法》第527条均规定为一个月,法国《商事公司法》规定为30日,我国台湾地区"企业并购法"第35条则规定为30日以上;有些则规定得更长一些,比如德国规定为6个月。我国现行《公司法》没有规定债权人异议权的期间。但1993年和1999年《公司法》均对债权人异议权的期间作了规定:"债权人自接到通知书之日起30日内,未接到通知书的自第一次公告之日起90日内,有权要求公司清偿债务或者提供相应的担保。"可以看出,我国原公司法对债权人异议权的期间和大多数国家和地区的规定基本相同,为一个月。笔者认为,上市公司分拆上市债权人异议权以一个月为限是适宜的。债权人在知晓上市公司分拆上市的决定后，这一时间足以使债权人决定和准备是否行使异议权。

（四）债权人异议权行使的效力

债权人提出异议，对进行分拆上市的上市公司及其子公司产生何种法律效力？一般来说，应当产生如下的法律效力：一是在债权人行使异议权时，上市公司作为债务人已到了债务履行期，此时对于已届清偿期的债权人，上市公司应当无条件地满足债权人要求清偿的权利。如果此时债权人无法清偿到期债务，上市公司则应当提供相应的担保，或者向信托公司提供相应的信托财产作为债权人接受清偿的标的，以保证债权人的异议权得以实现。二是在债权人行使异议权时，上市公司作为债务人的债务期限并未到期，应当以因上市公司分拆行为使债权人的债权实现有可能受到损害为前提，要求上市公司予以清偿或者提供相应的担保。日本《商法》第 374 条之 12 第 2 款准用第 100 条第 3 款规定，债权人提出异议时，公司须予以清偿，或者提供相应的担保，或者向信托公司提供相应的信托财产作为债权人接受清偿的标的。但在即使合并也并无损害其债权人之虞时，不在此限。欧盟《公司法第六号指令》第 1 章第 12 条规定，对于未届清偿期的一般无担保债权，各成员国法律至少应当规定，当分拆使得当事人公司的财产状况可能威胁债权实现时，应当对其提供担保；法国《商事公司法》则规定债权人陈述后，由法院判断驳回异议、命令清偿或者担保，[①]因此"在公司分立的场合，债权人提出异议，并不当然对债务人公司发生清偿或者担保的义务之效力，还应当满足分立行为有侵害其债权之虞的条件"。[②] 三是债权人行使异议权一般不发生阻碍上市公司分拆上市的效果。因为一旦认可分拆无效，其后果对上市公司的分拆上市将产生巨大负面影响，后果极其严重，不利于交易安全和稳定。正因为如此，我国 1993 年《公司法》虽然规定公司未进行异议清偿或者担保时"不得分立"，但随后的《公司法》删除了此条规定。各国对于分拆无效制度都有严格规定，即使确认分拆无效的国家，在对债权人行使异议权无法得到满足的情况下，确认分拆无效也是非常谨慎的，要求必须有程序上的瑕疵，或者内容违法或不公平，并且在性质或程度上须达到较为严重的情形才有可能构成分拆无效。欧盟《公司法第六号指令》还对无效之诉进行了严格限制，只有在三种情况下才能宣告无效，即：司法机关或者行政机关未就其合法性进行事前审查，分拆协议的拟定程序、内容存在瑕疵，股东大会决议本身存在瑕疵，未履行清偿或者担保或者信托义务的并不在宣告无效的范围之列；进行无效诉讼的时间

---

① 罗结珍：《法国公司法典（上）》，中国法制出版社 2007 年版，第 353 页。
② 高耀清：《论公司分立中债权人利益保护》，《法制与社会》2015 年第 11 期。

限定在分拆后的 6 个月内;分拆无效的溯及力应当严格限定在一定的范围内,分拆后当事公司与第三人之间合法形成的权利义务关系依然有效,并不对其产生溯及力。① 四是债权人行使异议权,上市公司未清偿或者提供相应担保,上市公司和被分拆出去的子公司承担连带责任。

二、对债权人的连带责任制度

连带责任是指两个以上债务人对共同负担的债务分别均须全面承担清偿的责任。在此种责任中,债权人得部分或全部地向债务人要求清偿债务,任一债务人在共同债务未清偿之前均负有全部清偿责任。各责任者在承担责任上没有先后顺序的差别,债权人同时或先后要求负连带责任的债务人清偿债务。连带责任是一种加重责任,实质上是共同债务人以其总财产保证债的履行,具有特别的担保作用。依照现代各国立法,连带债务的债务人和共同侵权行为的侵害人均应承担连带责任。责任人在承担全部清偿责任后,有权向其他责任人追偿。② 连带责任是民事责任制度中的一种非常重要的制度,各国民事法律制度均确认了这一制度,我国《民法通则》等相关法律法规对各种民事责任中的连带责任也作出了具体的安排。以我国 1993 年《公司法》为例,仅有股东违背出资义务时的连带责任以及公司不成立时发起人的连带责任两处规定;而 2005 年《公司法》对连带责任的规定达 7 处之多,进一步强化了商事领域的连带责任。连带责任制度的出现解决了债的不可分性难题,降低债权人偿债风险。

在理论上,商事领域与民事领域不同的是,在维护当事人的公平正义、保障当事人之间的平等互利等价有偿以及实现当事人民事权利的同时,更加注重市场秩序、保障交易效率、保证交易安全等使命。比如我国《证券法》第 120 条的规定即是以此为目的的一个典型例证。③ 具体到公司法中的公司分拆制度,民事责任制度的安排不但要保障债权人的债权安全,还要体现公司分拆的效率,保证公司分拆交易的安全。由于是上市公司分拆上市,这种安排更应谨慎,不但要考虑交易效率和安全,更要考虑资本市场的秩序,因而债权人债权的实现并不应以阻止上市公司分拆上市为前提。我国现行《公司法》删除 1993 年和 1999 年《公司法》中债权人异议权和诉讼无效制度,就是出于这样的目的。

在上市公司分拆上市过程中,债权人的利益受到损害的情况是极有可能发生

---

① 〔日〕神作裕之:《日本公司法中的公司分立制度》,《清华法学》2015 年第 5 期。
② 邹瑜、顾明主编:《法学大辞典》,中国政法大学出版社 1991 年版,第 758 页。
③ 《证券法》第 120 条规定:"按照依法制定的交易规则进行的交易,不得改变其交易结果。对交易中违规交易者应负的民事责任不得免除;在违规交易中所获得利益,依照有关规定处理。"

的。上市公司以及被分拆出去的子公司通过股东大会可以自由决定如何分配其资产或债务,涉及债务的转移无需取得债权人的同意,因而存在着将债务转移至一个与上市公司相比较为弱小的新公司的可能性,即使债权人行使异议权,一般情况下并不产生阻止上市公司分拆行为的效力。在上市公司分拆上市过程中,债权人的话语权被剥夺,加之上市公司分拆上市过程中的信息不对称,致使债权人在上市分拆上市过程中地位非常弱小,而上市公司分拆中的资产和债务安排与债权人的权利和利益保障息息相关,因此必须有相应的措施来弥补债权人因此可能受到的损害。各国立法通常将连带责任作为债权人在公司分拆中的事后补救手段,既作为法律没有规定事前保护程序的补充制度,又针对立法虽规定了事前保护程序,但分拆公司未履行的情形,其目的在于通过增加责任承担主体,以上市公司和被分拆出去的公司的全部财产总和作为对债权人的担保,从而减少了分拆上市中债权人债权利益无法受偿的风险,体现了法律对公平的追求,同时也可以起到减少债权人异议权的诱导作用,减轻分拆当事公司的负担。这就是连带责任较之于分拆无效制度对上市公司分拆上市的价值所在,许多国家和地区取消或者严格限制公司分拆中的债权人分拆无效制度而纷纷确认债务人连带责任制度的道理就在于此。我国现行《公司法》取消债权人异议权和诉讼无效转而确认连带责任制度也基于这样的考虑。

我国 2005 年《公司法》第 177 条明确规定:"公司分立前的债务由分立后的公司承担连带责任。但是,公司在分立前与债权人就债务清偿达成的书面协议另有约定的除外。"2002 年 12 月颁布的最高人民法院《关于审理与企业改制相关的民事纠纷案件若干问题的规定》第 12 条规定:"债权人向分立后的企业主张债权,企业分立时对原企业的债务承担有约定,并经债权人认可的,按照当事人的约定处理;企业分立时对原企业债务承担没有约定或者约定不明,或者虽然有约定但债权人不予认可的,分立后的企业应当承担连带责任。"1999 年《合同法》第 90 条规定:"当事人订立合同后分立的,除债权人和债务人另有约定的以外,由分立的法人或者其他组织对合同的权利和义务享有连带债权,承担连带债务。"由此可见,我国连带清偿责任主要是以分立当事公司承担连带清偿责任为原则,以债权人和分立公司达成个别协议为例外。立法和司法虽然规定的是公司分立,但根据其立法精神、法学原理和司法实践,这样的原则适用于上市公司分拆上市是毫无问题的。

(一)连带责任的主体

上市公司分拆涉及的连带责任主体应该是上市公司及分拆出去的新公司,即母公司上市公司和被分拆出去的子公司(新设公司)均应对上市公司的债权人承担连带责任。我国《公司法》在公司分立中所确立的就是这样的原则,即"公司分立前的债务由分立后的公司承担连带责任"。

在连带责任主体范围上，境外的做法并不完全一致，主要有两种做法：一种是以德国、日本、韩国及我国台湾地区为代表，连带责任主体既包括原有公司，也包括公司分拆后的新设公司，将公司分拆前上市公司的债权扩大到分拆的各当事公司之间[①]；另一种是以法国、欧盟为代表，连带责任的主体以新设公司为限，不涉及原有公司。[②] 学者们的看法也不完全一致，有的认为应当将连带责任的主体范围延伸至原公司；[③]有的认为应当将连带责任主体限定为"受让资产的既存公司或新设公司"。[④] 笔者认为，后一种观点是有其缺陷性的。在法律上，上市公司的债权人并不因上市公司分拆而使其原有的债权受到损害，上市公司也不能因为分拆行为减轻对债权人所应承担的债务。上市公司分拆涉及到股东的权利，同样也涉及到债权人的利益。而债权人在上市公司分拆上市过程中作为第三人并不存在任何过错，因而不存在减少其债权的任何事实和法律依据，债权人的全部债权都应得到保护。如果将上市公司排除在连带责任的主体范围内，转而让新设公司承担债务责任，一则使债权人实现全部债权变得有风险和困难，即使被分拆公司接受了上市公司的优质资产，有履约的能力，对债权人来说也显然是不公的；二则后一种观点所论述的继受公司（新设公司）必有两个以上公司存在才可能涉及连带责任，否则债务不涉及原有公司，在新设公司只有一个公司的情况下，所谓债务连带责任又和谁连带呢？而实践中，上市公司分拆上市，大多都是母公司上市公司将其子公司分拆出去，新设的是一个公司，并谋求这一公司的发行上市。因而后一种观点在实践中是很难成立的。第一种立法模式和第一观点却在最大程度上保护了上市公司债权人的合法权益，符合民法中对善意第三人保护的法律逻辑。

如果分拆的当事公司即母公司上市公司和被分拆出的新设公司在分拆计划中或者在分拆协议中约定各自承担债务，是否排除了连带责任？这种情况也值得探讨。法国和韩国确认了这种制度。[⑤] 有人认为"这一规定具有两方面的优点，一方面是给予分拆当事公司充分的自主权，体现了公司意思自治的精神；另一方面是经过对各自承担债务的约定，债权人明确了行使债权的对象，以免分拆当事公司相互

---

① 德国《公司改组法》第 133 条，日本《公司法》第 579 条，韩国《商法》第 530 条，我国台湾地区《公司法》第 319 条。

② 法国《商事公司法》第 236—18 条，欧盟《公司法第六号指令》第 12 条。

③ 张杰、李松：《论我国分立制度之构建和完善》，《经济特区》2008 年 3 月；陈俐茹：《从利害关系人之视野解析公司分立制度》，中国政法大学博士学位论文，2006 年，第 66—67 页；苏永三：《公司分立制度研究》，中国政法大学博士学位论文，2005 年，第 138—139 页。

④ 王保树主编：《中国公司法修改草案建议稿：理由说明与参考立法例》，社会科学文献出版社 2004 年版，第 435 页。

⑤ 法国《商事公司法》第 385 条，第 386 条第 1 项；韩国《商法》第 530 条之 9 第 2 项、第 3 项。

推诿的情况出现"。① 笔者认为,这一观点对保护债权人的债权未必有利,在当事公司针对债权人恶意串通的情况下,比如约定由履约能力差的一方承担全部或大部分债务,就对债权人极其不利。据此,债权人并不因当事公司的债务约定而放弃连带责任的请求权,用内部的约定对抗债权人不应得到认可。

(二)连带责任的内容

连带责任的内容应当限定在分拆前上市公司所具有的债务。在上市公司分拆后,由于存在两个不同的民事主体,彼此具有独立的法人地位,他们和其他民事主体发生的债权债务关系是彼此独立的,因债权人和其中的一个公司产生债的关系,无论是上市公司还是被分拆出去的新设公司,都应由债权人单独同其中一个公司发生单一的民事责任,即使上市公司和新设公司同时对同一债权人负有债务,他们彼此之间也都不再有连带责任。这是因为在分拆前,上市公司因分拆,公司的部分资产、业务、股权等转移到新设公司,其原有的债务也应相转移至新设公司,为了保护债权人的合法债权,防止上市公司利用分拆转嫁风险和责任承担,上市公司和新设公司对上市公司分拆前的债务存在着内在的关联,它们对分拆前的债权人承担连带责任在法律上完全成立。而上市公司分拆后,上市公司形成的新债务和分拆出去的新设公司并没有债务上的关联性;同理,新设公司所形成的债务和上市公司也不存在债务上的关联性,它们彼此独立,各自承担,不再具有连带责任也是毫无疑问的。

如何确定分拆时间涉及到连带责任的内容多少,对债权人债权的实现是有影响的。笔者认为,应以上市公司分拆的新公司登记成立的时间为准。对于债权人而言,尽管上市公司分拆决议通过后并进行了信息披露,通知债权人、报告证券交易所、向社会公告,意味着债权人知晓了上市公司分拆的事实,原债权人再与上市公司发生债权债务关系,在主观上知晓或者应当知晓上市公司的资产、经营业务、利润可能受到影响,进而对自己可能产生不利的后果,但并不能以此时间作为上市公司和新设公司是否承担连带责任的时间点。分拆上市的决议通过并由上市公司进行了信息披露并不表明已经实施了分拆,在此时,上市公司的部分财产等并没有发生分割和转移。一般来说,从决议的通过到分拆的新公司成立是需要一定时间的,要对具体的财产、股权、业务范围、利润进行分拆并在法律上履行相关的手续,直到新公司登记设立完毕。如果以决议通过并进行信息披露为连带责任的时间点,就有可能使上市公司在信息披露之后和债权人所形成的债务得以减少甚至逃避,随着上市公司将子公司分拆出去后,其承担债务的资产减少,在没有连带责任

① 蔡姗姗:《公司分立若干法律问题研究》,上海社会科学院硕士研究生论文,2013年,第42页。

的情况下,新设公司无需承担责任,上市公司没有能力或没有完全的能力承担其全部债务,这对债权人债权的实现是极其不利的。

当然,在连带责任的具体内容上,不排除债权人与债务人的协商,我国《公司法》第176条就规定了这种情况,即"公司分立前的债务由分立后的公司承担连带责任。但是,公司在分立前与债权人就债务清偿达成的书面协议另有约定的除外"。对上市公司分拆上市而言,这就意味着一旦债权人在上市公司分拆前与上市公司达成了债务清偿的书面协议,则双方均应按书面协议的内容履行,包括对责任主体和内容的履行。

连带责任所涉及的债务除了一般的金钱债务外,物的债务和其他特定的债务也应当在连带责任的范围之中。除此之外,偶发债务,如票据上的担保债务、上市公司分拆时所支出的费用、上市公司分拆之前潜在的在上市公司分拆之后转化成确定的债务等,都应作为连带责任的内容由连带债务人承担。

(三)连带责任的期间

对于上市公司分拆上市债务人连带责任的期间,我国法律并没有明确的规定。我国现行《公司法》第176条虽然确定了连带责任制度但并未对连带责任附加期限。我国部分学者建议对连带责任课以除斥期间,以督促债权人行使其权利,并尽快确定各方当事人的权利义务状态。[①] 德国、欧盟及我国台湾地区等规定了连带责任的期间。德国《公司改组法》第13条第3款规定,只有在分拆协议中约定负担债务的当事公司(主债权人),才负担全部的清偿责任;而负连带责任的公司责任,限制在分拆后5年内到期。[②] 我国台湾地区"公司法"亦有类似规定,其第319条之1明确规定,债权人如自分割基准日2年内不向负连带责任的公司主张连带清偿权利,则该权利自行消灭。我国有的学者据此提出了我国公司法也应该将连带责任的期间规定为2年。在公司法修改时应移植我国台湾地区的相关规定,债权人如自分割基准日2年内不向负连带责任的公司主张连带清偿权利,则该权利自行消灭[③]。

笔者认为规定连带责任的期间是有道理的,将上市公司分拆上市连带责任期间规定为3年较为合适。主要有以下几个原因:一是对分拆连带责任附以期限,

---

① 张颖杰、李松:《论我国分立制度之构建和完善》,《经济特区》2008年3月;苏永三:《公司分立制度研究》,中国政法大学博士学位论文,2005年,142页;陈俐茹:《从利害关系人角之视野解析公司分立制度》,中国政法大学博士学位论文,2006年,第69页。

② 〔德〕托马斯·赛耶尔、吕迪格·法伊尔著:《德国合资公司法》,高旭军、单晓光、方晓敏等译,法律出版社2005年版,第766页。

③ 王保树主编:《中国公司法修改草案建议稿:理由说明与参考立法例》,社会科学文献出版社2004年版,第435页。

免除了当事公司承担长期连带责任的担忧,尤其是对于分拆上市而言,被分拆出去形成新公司的目的是要使新公司公开发行股份并在资本市场上市,成为新的上市公司。如果连带责任不设期间,显然使新设公司在发行上市过程中形成新的负担,不利于增加市场主体利用分拆上市制度的积极性。二是在上市公司分拆后,无论作为上市公司的母公司还是分拆出去的子公司,均已成为两个彼此独立的法人,具有独立的人格和民事责任能力,承担独立的民事责任后果。不可否认,在上市公司分拆之初,当事公司间存在较为密切的关系。然而,随着时间的推移,各当事公司逐渐走入各自运营的轨道,当事公司间的关联关系也越来越淡化,并且因业务的发展会产生新的债务人。如果不给连带责任设立期间,而让这种责任无限地延续下去,随着时间的推移,债权人再向早已脱离出去的相关当事公司主张债权已失去现实基础,对该当事公司的新债权人来说也是不公平的。三是法律意义上的期间,"尤其对请求权的产生和消灭、法律地位以及给付拒绝权的产生具有重要意义"[①]。对债权人的连带清偿请求权适用一定期间既能督促债权人行使其权利,也有利于稳定分拆后当事各方的权利义务状态,使分拆后的公司尽快走入各自独立的轨道。四是连带责任请求权 3 年期间的规定符合我国相关法律有关诉讼时效规定。诉讼时效是指权利人在法定期间内不行使请求权依法将丧失诉请法院保护的实体意义上诉权的制度。[②] 我国 1987 年 7 月实行的《民法通则》第 135 条规定了诉讼时效:"向人民法院请求保护民事权利的诉讼时效期间为二年,法律另有规定的除外。"但是,2017 年 10 月实行的《民法总则》对《民法通则》关于 2 年的诉讼时效讼进行了修改,将 2 年的诉讼时效改为 3 年,该法第 188 条规定:"向人民法院请求保护民事权利的诉讼时效期间为三年。法律另有规定的,依照其规定。"《民法总则》是规范民商事领域的总的法律规则,其诉讼时效的规定应当涉及整个民商事领域,无特殊情况很难另行制定特殊的诉讼时效,而上市公司分拆上市债务人连带责任所适用的诉讼时效,作为一般的商事行为所涉及的诉讼时效并不具有特别之处,因而在法律上无法脱离《民法总则》的规定,进行特殊的安排。况且诉讼时效只是消灭实体意义上的诉权制度,诉讼时效期间届满后,权利人仍可向法院起诉,并不丧失程序意义上的诉权,如义务人自愿履行,权利人仍可实现其权利。因此,即使连带清偿请求权的期间已过,并不意味着债权本身的消灭,债权人和连带责任人仍然存在着债权债务关系。

---

① 〔德〕汉斯·布洛克斯、沃尔夫·迪特里希·瓦尔克著:《德国民法总论》,张艳、杨大可译,中国人民大学出版社 2012 年版,第 482 页。
② 邹瑜、顾明主编:《法学大辞典》,中国政法大学出版社 1991 年版,第 812 页。

第三节　公司员工的权益保护

如股东、债权人一样,上市公司分拆上市对于公司员工影响同样重大。上市公司因分拆上市行为使上市公司在人格、资产、权利、义务等多方面都发生了很大的变化,同时也使上市公司员工和上市公司原本存在的劳动关系发生变更,劳动合同的主体也发生了变化。对于上市公司和被分拆出去新设立的公司而言,都面临着如何处理上市公司的员工及所涉及的相关利益,员工本身也面临如何使自己合法权益不因分拆上市受到损害。

员工是上市公司的基本元素,是上市公司最为重要的力量。上市公司的生产经营、价值创造、利润产生都因员工的工作而形成,没有员工,上市公司无法产生更无法持续。保护公司员工的合法权利,使员工能够有一个安全稳定的工作环境和持续可靠的收入不但是员工正当要求,也是上市公司应有之义,对上市公司的长远发展有益。上市公司分拆上市作为公司重大事件尤其可能涉及到员工利益的损害。这是因为伴随着上市公司的分拆,必然发生公司资产要素和人的要素的重新配置组合,在此过程中,员工和上市公司原有的劳动合同关系会发生变化。

在实践中,由于种种原因,员工在上市公司中的合法权益并不能完全得到保护,尤其是在公司分拆这一重大事件涉及到员工利益时,忽视、损害员工利益的情况是经常发生的,主要体现在以下几个方面:

一是裁员。上市公司分拆上市过程中,公司借机对员工进行裁员。一般将普通劳动者特别是能力较差的老弱病残、知识技能不多的相关员工裁减,或者以员工无法适应公司发展战略调整、生产经营变化、产业技术革新等理由对相关员工裁减。这些员工一旦被公司裁减后,由于再就业能力较弱,极有可能失去基本生活来源或者生活极其不稳定。裁员行为容易引起被裁员工和公司激烈矛盾,引发冲突甚至升级为群体性事件,对社会安全稳定带来危害。

二是买断工龄。对部分员工在无法裁员的情况下,上市公司往往采取买断工龄的方式强行与员工解除劳动关系。这种方式通常是公司用较为低的价格一次性买断员工工龄,从而彻底摆脱对员工的责任,不再向员工支付任何报酬和福利待遇。买断工龄的行为实际上剥夺了员工要求公司提供劳动保险、福利待遇等相关的权利,是对员工利益的损害。

三是调岗轮岗,降低待遇。无论是母公司上市公司还是分拆新设公司,在无法采取上述手段使员工离开的情况下,对于仍保留在公司的员工,公司随意变更与员工的劳动合同内容,调整工作岗位、降低工作条件或劳动报酬、增加工作强度,甚至通过制定相关制度、修改公司章程等使处于弱势地位的员工接受或者被迫主动辞职,避免因强行解雇员工劳动关系所带来的法律责任。

我国相关法律制度对公司分离中员工利益的保护有所规定,但内容相对简单,操作性并不强。虽然我国《劳动合同法》对公司和员工因劳动行为而发生的各种权利义务关系做了比较细致的规定,[①]但涉及公司分离的劳动合同关系规定得相当简单,仅在第34条有所涉及:"用人单位发生合并或者分立等情况,原劳动合同继续有效,劳动合同由承继其权利和义务的用人单位继续履行"。上市公司分拆上市过程中,对员工权益的保护本质上是对员工和所在公司劳动关系的保护,公司员工并不因为上市公司分拆上市使其合法权益受到根本上的影响和侵害。因此,研究探讨上市公司分拆上市中员工和公司的劳动合同关系至关重要。

员工和上市公司及分拆后新公司的劳动关系是一种什么性质的关系? 对此,学界的认识并不相同。有的认为劳动关系是一般的债权债务关系;有的认为劳动关系是一种特别的债权债务关系。持前一种观点的人认为劳动债权债务不应例外,理应属于公司法规定的债权债务范畴,并且在性质上属于公司的对外债权债务;持后一种观点的人认为劳动关系是公司内部关系,这种关系兼具财产性和人身性,劳动债权债务关系具有特殊性,不同于普通债权债务,因而不属于公司法的债权债务范畴,公司法中所称的"协议"是指处理公司对外债务的协议,而不包括对于劳动债务的处理。[②] 笔者认为,上市公司分拆上市中涉及的公司和员工的劳动关系是一种内部关系,是一种特殊的债权债务关系。按照前一种观点,如果劳动关系作为一般的债券债务关系,就应归属于民法、公司法、合同法等法律的调整。我国《民法通则》第44条第2款规定:"企业法人分立、合并,它的权利和义务由变更后的法人享有和承担。"《民法总则》第67条规定:"法人合并的,其权利和义务由合并后的法人享有和承担。法人分立的,其权利和义务由分立后的法人享有连带债权,承担连带债务,但是债权人和债务人另有约定的除外。"《合同法》第90条规定:"当事人订立合同后合并的,由合并后的法人或者其他组织行使合同权利,履行合同义务。当事人订立合同后分立的,除债权人和债务人另有约定的以外,由分立的法人或者其他组织对合同的权利和义务享有连带债权,承担连带债务。"《公司法》第177条规定:"公司分立前的债务由分立后的公司承担连带责任。但是,公司在分立前与债权人就债务清偿达成的书面协议另有约定的除外。"可以看出,这些法律

---

① 我国《劳动合同法》共8章98条,分别为总则、劳动合同订的订立、劳动合同的履行和变更、劳动合同的解除和终止、特别规定、监督检查、法律责任和附则。

② 冯彦君:《公司分立与劳动权保障——我国应确立劳动契约继承制度》,《法学家》2005年第5期,第16页。

规定均涉及到当事人的债权债务关系,也涉及到公司分立的情形,但各个法律规定的目的和立法意图是不相同的,其调整的范围也完全不一样。就《民法通则》《民法总则》而言,它所规范的是整个民商事领域的民事法律关系,其涉及的领域极为广泛,这里的债权债务关系也极为广泛,既包括当事人因合意形成的合同上的债权债务关系,也包括因其他情况比如智力成果、侵权行为等导致的债权债务关系;就《合同法》而言,它仅仅规范民商事领域的合意行为导致的债权债务关系,这种关系不仅仅指某一特殊领域的债权债务关系,而是涵盖民法和商法领域的一般合同关系,并不能包含特别意义上的合同关系,比如《证券法》上的交易合同关系就有别于一般的合同关系;①就《公司法》而言,它所规范的是公司在从事各种商事行为时所形成的债权债务关系,并不有所特指。各个法律在调整法律关系时都有各自的调整范围。如果将其混为一谈,也就没有必要将这些法律分别规定,法学上也不存在各自的学科了。劳动关系之所以不是一般债权债务关系,不应归属于公司法的对外的债权债务关系,就在于它含有一般债的关系所不包括的身份因素在内,它具有高度的身份上的专属性,即"劳动关系不同于其他合同关系的本质特征在于,劳动关系具有双重性,即财产的依赖性与人身的依赖性"②。劳动力的具体提供者是何人对于用人单位关系很大,具体的、特定的用人单位对于劳动者而言也关系重大。劳动债权债务关系专属于特定主体,不经对方当事人同意,不能随意转让或者由第三方代为履行。因此,《劳动合同法》不同于《合同法》,它特别强调公司和劳动者的特殊关系,在内容上规定了大量的依附于劳动者人身内容的条款,这种特别的债权债务关系相当明显,因而在法律上,上市公司分拆上市过程中对公司员工合法权利的特殊保护也实属应当了。笔者认为,上市公司分拆上市员工利益的保护,重点应关注以下几个方面。

一、劳动合同的承继

我国《劳动合同法》第34条对劳动合同的承继做出了规定,确认了因分拆上市而设立的新公司对上市公司员工劳动合同的认可。2008年颁布的《劳动合同法实施条例》第10条还对上市公司员工的具体保障作了规定:"劳动者非因本人原因从原用人单位被安排到新用人单位工作的,劳动者在原用人单位的工作年限合并计

---

① 我国《证券法》第120条规定:"按照依法制定的交易规则进行的交易,不得改变其交易结果。"该条规定显示了交易结果的不可逆性。这是这是因为证券交易具有无因性、流动性、集中性等特征,只要依据依法制定的交易规则进行的交易,无论其交易主体是否有违法行为,其交易结果不得改变。如此规定有助于维护交易安全和正常的市场秩序。但却打破了《合同法》中一般意义上的合同的相关规定,即合同一方有违法行为,合同或无效或可撤销。
② 冯彦君:《劳动权的多重意蕴》,《当代法学》2004年(第18卷)第2期,第43页。

算为新用人单位的工作年限。"但我国《劳动合同法》及实施条例对劳动合同承继的规定，没有就如何具体承继以及承继中所涉及的相关问题作出规定，总体还很简单。因此，进一步细化劳动合同承继具体问题，对上市公司分拆上市过程中的员工利益保护十分必要。

在上市公司分拆上市时，由于公司组织发生了变动，形成了两个独立的公司，即母公司上市公司和子公司被分拆出去新设立的公司，新旧公司作为雇主是否具有选择留用员工的权利，是劳动合同承继中的一个重要问题。相关国家的法律对此有所规定。以日本和欧盟为例。日本 2000 年《公司分割劳动关系契约承继法》第 3 条、第 4 条规定，对于以新公司所继受的营业为主要业务的劳动者，以将其劳动合同转移至新公司为原则，劳动关系发生转移；第 5 条规定，对于非以从事新公司所继受营业为主要业务的劳动者，以留在原公司继续工作为原则，其劳动关系不发生转移。[①] 对于前者，在内容上又作了两种安排，即：如果公司分拆计划书中写明了员工劳动合同由新公司继受，那么在公司分拆发生法律效力的同时，该员工的劳动合同当然由新公司承继，无需经过员工本人同意；如果公司分拆计划书未安排员工劳动合同由新公司继受，该员工即享有异议权，如果员工同意由新公司继受，只需在接到通知后的特定期间内提出异议，即在分拆生效时，由新公司承继该员工劳动合同的法律后果；对于后者，如果公司分拆计划书中安排了员工劳动合同由新公司继受，那么该员工享有异议权，如果员工不同意由新公司继受，只需在接到通知后的特定期间内提出异议，在分拆生效时，即不得由新公司承继该员工劳动合同的法律后果。可见，在公司分拆时，日本的做法是新旧单位享有一定的商定留用或者转移员工的权利，但这一权利也受到了一定的限制。[②] 这样的做法既兼顾了公司的利益，遵循了"人随业务走"的惯例，也尊重了员工的意愿，让其有一定的选择权。欧盟国家在《欧盟劳动法》中也对劳动合同承继问题有所规定，在第 77/187 号《关于企业、事业全部或部分移转时劳动者权利保护的指令》中有所涉及。[③] 该指令针对用人单位发生变化时员工权益保护问题做出了三方面的规定：一是企业转让时，劳动关系以及劳动合同所约定的权利义务全部自动移转至受让企业。转让企业的员工自动成为受让企业的员工，员工在受让企业中享有在转让企业中相同的劳动条件和待遇，受让企业对该员工负有与转让企业相同的责任、主张相同的权利；二是保护员工不被转让企业或者受让企业解雇，用人单位不得以营业的转让为由解雇员工。但这种不被解雇的保护受到一定限制，即用人单位可以在"经济、技

① 徐磊：《公司分立中劳动者利益的保护研究》，苏州大学硕士研究生论文，2013 年，第 19 页。
② 陈俐茹：《从利害关系人视野解析公司分立》，中国政法大学博士研究生论文，2006 年，第 72 页。
③ 〔英〕凯瑟琳·巴纳德著：《欧盟劳动法》，付欣、郭捷译，中国法制出版社 2005 年版，第 480—483 页。

术或组织等原因致使劳动力发生变化时"解雇员工;三是转让企业和受让企业应将相关转让信息通知受转让行为影响的员工代表,并且与之进行协商。第77/187号指令是保护欧盟成员国劳动者的最低标准的要求。该指令同时指出,欧盟成员国既可以自行制定施行更有利于劳动者保护的法律法规,也可以依据《欧盟劳动法》第98/50号指令的规定,促进或者允许适用社会团体之间签订更有利于保护劳动者权益的协议或者集体协议。① 可以看出,欧盟国家对公司分拆上市时员工利益的保护具有两个特点:其一,在尊重"人随业务走"的原则下,公司作为雇主在公司分拆时有条件地行使解雇权;其二,工会在劳资关系中具有举足轻重的地位,集体协商、集体谈判制度在处理劳动关系上应用广泛、作用重大。欧盟的做法也具有一定的灵活性,一方面尊重员工的权利,但用人单位可以在"经济、技术或组织等原因致使劳动力发生变化时"解雇员工。虽然这一规定是从公司的实际情况出发,但极有可能成为公司分拆中被用人单位利用的工具;另一方面欧盟规定的"员工代表",又使公司员工的力量得以整合,使员工之间可能存在利益、需求不一致的情况大为降低,使员工在和公司的利益博弈中,发挥集体的力量,防止公司各个击破,从而使员工在上市公司分拆上市过程中与公司的劳动关系处于有利的位置。

我国《劳动合同法》对公司分拆中的劳动合同承继制度进行了初步的确认,它是劳动法制度体系中的一个特殊制度,是在公司处于重大不确定情况下对员工劳动权保障的特殊安排,目的是在上市公司分拆上市过程中对公司员工重大利益的保护。但《劳动合同法》关于公司分拆上市过程中员工承继制度的规定过于简单。笔者认为,可以借鉴境外经验,进一步细化我国劳动合同法实施细则和具体的条例,按照"人随主要业务走"的原则,以其他情况为例外,在新旧公司中划分员工的劳动关系,严格限制公司解雇权,适当赋予员工选择权,并充分发挥工会在劳动合同承继制度的作用,将上市公司分拆上市中保护员工合法的权益不受侵害落到实处。

二、员工异议请求权

上市公司分拆上市,公司员工在这一重大关系变动中,一般认为公司员工应享有知情权、异议请求权和经济补偿权等。员工的知情权不难理解,即在上市公司分拆上市过程中,员工有权获得和知晓涉及公司分拆以及和员工利益息息相关的各种信息。这里着重论述异议请求权和经济补偿权。

异议请求权是员工在上市公司分拆上市过程中保护自身利益的一项重要权

---

① 〔英〕凯瑟琳·巴纳德著:《欧盟劳动法》,付欣、郭捷译,中国法制出版社2005年版,第480—483页。

利,也是保护员工的合法权益最有力的工具。劳动合同作为合同的一种,具有合同所固有的特点。根据合同法原理,合同是当事人双方意思表示一致的结果,合同一旦签订,双方当事人应当毫无条件地予以履行,任何一方当事人在未经对方同意的情况下,无权自行改变合同规定的内容。我国《合同法》第8条规定:"依法成立的合同,对当事人具有法律约束力。当事人应当按照约定履行自己的义务,不得擅自变更或者解除合同。"劳动合同也是如此,在公司分拆的情况下,未经公司员工同意,上市公司无权私自转移劳动合同上所设定的权利义务。一旦转移,形成合同的变更,应征得公司员工的同意。合同的相对性使劳动合同只能在上市公司和员工之间履行,并不涉及分拆出去的新设公司。无论在劳动合同的主体、内容还是责任上也都与新设公司无关。① 当出现公司分拆时,劳动合同出现了重大情势变更,这一客观情况迫使劳动合同出现了主体上的差异。劳动合同的一方由原来的上市公司一家公司变成了母公司上市公司和分拆出去子公司成立的新公司两家公司,这种情况使其中一部分员工劳动合同的变更无法避免。此时,法律上作出了有利于员工和公司业务发展、经营方针变化的需要,将合同主体移转视为符合实际情况的,因此,对于合同的相对性在法律有特别规定的情况下是例外的。

在劳动合同承继中,除法律规定的特殊情况外,允许上市公司和员工就劳动合同的内容进行协商,而不是上市公司一方随意更改业已存在的劳动合同,损害公司员工的利益。如果上市公司更改合同内容,公司员工可以提出异议请求权,要求上市公司遵守劳动合同。一般认为至少在下列情况下,在上市公司分拆上市过程中,公司员工可以行使异议请求权:一是上市公司没有足够理由因分拆上市而裁减员工、买断员工工龄、轮岗调岗、降低员工薪酬福利待遇等;二是因分拆上市,上市公司业务发生变更,分拆出去的新设公司承继了母公司上市公司的部分业务,员工所从事的在新公司的业务为该员工的主要业务和工作时,上市公司和新设公司在员工的具体安排上,并无计划将原上市公司与该员工的劳动合同纳入在新公司中,新设公司没有承继这部分员工的劳动合同;三是因分拆上市,上市公司业务发生变更,分拆出去的新设公司承继了母公司上市公司的部分业务,员工所从事的在新公

---

① 合同相对性是指原则上合同项下的权利义务只能赋予给当事人或加在当事人身上,合同只能对合同当事人产生拘束力,而非合同当事人不能诉请强制执行合同。包括主体相对,即指合同关系只能发生在特定的主体之间,只有合同当事人一方能够向合同的另一方当事人基于合同提出请求或提起。内容相对,即指除法律、合同另有规定以外,只有合同当事人才能享有合同规定的权利,并承担该合同规定的义务,当事人以外的任何第三人不能主张合同上的权利,更不负担合同中规定的义务。责任相对,即违反合同责任的内容包含三个方面:违约当事人应对因自己的过错造成的违约后果承担违约责任,而不能将责任推卸给他人;在因第三人的行为造成债务不能履行的情况下,债务人仍应向债权人承担违约责任。债务人在承担违约责任后,有权向第三人追偿,债务人为第三人的行为负责,既是合同相对性原则的体现,也是保护利益所必须的;债务人只能向债权人承担违约责任,而不应向国家或第三人承担违约责任。

司的业务并非该员工的主要业务和工作时,上市公司和新公司在员工的具体安排上却计划将原上市公司与员工的劳动合同纳入在新公司中,新公司承继了这部分员工的劳动合同。

由于劳动异议请求权对员工和上市公司均关系重大,因此在员工行使这一权利时,应有一定的形式要求,应该以书面的形式在法律规定的期限内向指定的机构提出异议,以确保程序上正当和严谨。

三、员工经济补偿权

上市公司分拆上市会涉及到公司员工的变动和劳动关系的改变。一方面,上市公司和分拆子公司因公司的战略经营等发生重大变化,分拆出的子公司要谋求上市,对公司员工的调整、减员在所难免;另一方面,公司员工对上市公司分拆上市所导致的变化也存在着不适应,对公司给予的重新安排不满意而主动选择离开的情况。两种情况,无论是上市公司还是员工都有可能导致员工离开上市公司或者在上市公司的位置发生较大变化,使员工的实质利益受到损害。此时,公司员工要求公司给予一定的经济补偿是保护自身合法权利、维护自己切身利益的正当要求。我国《劳动合同法》第 38 条①、第 39 条②对用人单位和劳动者因各自的原因解约均作了规定,列出了双方可以各自解除劳动合同的情形,并在第 46 条③、第 47 条④、

---

① 《劳动合同法》第 38 条规定,"用人单位有下列情形之一的,劳动者可以解除劳动合同:(一)未按照劳动合同约定提供劳动保护或者劳动条件的;(二)未及时足额支付劳动报酬的;(三)未依法为劳动者缴纳社会保险费的;(四)用人单位的规章制度违反法律、法规的规定,损害劳动者权益的;(五)因本法第二十六条第一款规定的情形致使劳动合同无效的;(六)法律、行政法规规定劳动者可以解除劳动合同的其他情形。"

② 《劳动合同法》第 39 条规定:"劳动者有下列情形之一的,用人单位可以解除劳动合同:(一)在试用期间被证明不符合录用条件的;(二)严重违反用人单位的规章制度的;(三)严重失职,营私舞弊,给用人单位造成重大损害的;(四)劳动者同时与其他用人单位建立劳动关系,对完成本单位的工作任务造成严重影响,或者经用人单位提出,拒不改正的;(五)因本法第二十六条第一款第一项规定的情形致使劳动合同无效的;(六)被依法追究刑事责任的。"

③ 《劳动合同法》第 46 条规定:"有下列情形之一的,用人单位应当向劳动者支付经济补偿:(一)劳动者依照本法第三十八条规定解除劳动合同的;(二)用人单位依照本法第三十六条规定向劳动者提出解除劳动合同并与劳动者协商一致解除劳动合同的;(三)用人单位依照本法第四十条规定解除劳动合同的;(四)用人单位依照本法第四十一条第一款规定解除劳动合同的;(五)除用人单位维持或者提高劳动合同约定条件续订劳动合同,劳动者不同意续订的情形外,依照本法第四十四条第一项规定终止固定期限劳动合同的;(六)依照本法第四十四条第四项、第五项规定终止劳动合同的;(七)法律、行政法规规定的其他情形。"

④ 《劳动合同法》第 47 条规定:"经济补偿按劳动者在本单位工作的年限,每满一年支付一个月工资的标准向劳动者支付。六个月以上不满一年的,按一年计算;不满六个月的,向劳动者支付半个月工资的经济补偿。劳动者月工资高于用人单位所在直辖市、设区的市级人民政府公布的本地区上年度职工月平均工资三倍的,向其支付经济补偿的标准按职工月平均工资三倍的数额支付,向其支付经济补偿的年限最高不超过十二年。本条所称月工资是指劳动者在劳动合同解除或者终止前十二个月的平均工资。"

第48条①规定了对劳动者的经济补偿,并就具体数额、计算方法、支付方法等作出了具体规定。上市公司分拆上市过程中,公司员工出现了《劳动合同法》中规定的上述情形,公司员工完全可以行使经济补偿权,要求上市公司依据《劳动合同法》并以上述经济补偿的具体规定对自己做出经济补偿。

① 《劳动合同法》第48条规定:"用人单位违反本法规定解除或者终止劳动合同,劳动者要求继续履行劳动合同的,用人单位应当继续履行;劳动者不要求继续履行劳动合同或者劳动合同已经不能继续履行的,用人单位应当依照本法第八十七条规定支付赔偿金。"

第六章

我国上市公司分拆上市的制度构建

第一节　立法上的制度构建

一、法律上的制度构建

分拆上市所包含的法律关系较为全面,不但涉及到母子公司和其他有关联的公司,公司的大股东、控股股东及大量的中小股东,还涉及到公司的董事监事高管、内部员工,更涉及到公司的债权债务人。在具体内容上,分拆上市也较为复杂,不但涉及到一系列的分拆行为,包括大量的资产、财务、经营、业务、人员、公司变更、设立、股权安排、划分切割、股份移转等,还包括大量的程序性安排,包括董事会、股东大会、公告、信息披露、申请、审核等。分拆上市的内容和程序的复杂性,必须有明确的法律和制度来加以规范,以使分拆上市能够顺利进行,也能够使分拆上市涉及到的各方利益能够得到法律和制度的保护。由是,在立法上对分拆上市进行规定,显得十分必要。

我国的立法对分拆上市的规定并不十分明确,对分拆上市的相关规定在法律上多处于空白状态。我国现行《公司法》和《证券法》并没有规定分拆上市。《公司法》中只规定了公司分立的情况,且只有极少的条文规定了公司分立所涉及的相关问题。我国法律对公司分拆的规定明显欠缺。

或许有人说,公司分拆是一个比较具体的问题,公司法、证券法是公司组织和资本市场的基本法,规定的是比较原则的和较大的问题,不可能面面俱到,也不可能细致入微,因此不可能也没有必要对公司分拆进行规定。这种说法有一定的道理,但也不够全面。这是因为,其一,公司分拆是公司运营中的一种较为常见的方式,与公司合并一样,公司在经营活动中,由于各种原因将原有的组织形态进行变更,由原来的一个组织体变成两个或两个以上是非常正常的,是公司的经营活动中重要的环节和组成部分,也应构成公司经营活动的基本制度。尽管它在大的范围内与公司分立具有一定的相似性,甚至可以看做是公司分立的一种形式,但公司分立和公司分拆毕竟并不相同,对这一类活动进行一定的规制却有必要,因此在公司法规制公司分立制度的时候,对公司分拆进行概括性规定,就公司分立和公司分拆一同纳入公司法中是有必要的。其二,分拆上市是资本市场一种比较普遍的现象。公司分拆上市与公司收购兼并都是资本市场两种常用的手段,各国证券法律均对资本市场的收购和分拆予以高度重视,并在立法层面进行了规制。但我国,《证券法》对分拆上市没有规定,却对公司收购进行了较多的规定,[①]对因上市公司收购导致的信息披露进行较为详细的规定。非但如此,我国还对上市公司收购进行了专门性的立法,制定了《收购条例》,对收购进行了全方位的规定。[②] 但实际上,上市公司收购和分拆上市是资本市场两个同样重要的交易方式,对公司来说也同样是重要的资本运作方式,涉及到公司资产的优化配置和公司经营的重新组合。两者不同的是,公司收购是在上市公司本身范围内进一步优化资源做强公司,即使是在敌意收购的情况下,原公司第一大股东或实际控制人无意愿、迫不得已接受对公司的资产整合也是如此;公司分拆则是上市公司的进一步扩张,将公司的子公司独立出去进一步发展壮大,上市公司仍然对其享有一定的控制权,从而使上市公司本身的资产业务等得以壮大。两者最终导致的结果都能使得公司资产和业务进行优化和整合,从而使公司获得进一步发展。因此,收购和分拆在资本市场中应同样重要,立法不应厚此薄彼。其三,我国资本市场越来越成熟,分拆上市的情况将会越来越多。我国资本市场经过 30 多年的发展,已经成为全球主要的资本市场,资本市场的制度建设也逐步完善。资本市场中分拆作为一种常见现象,在我国资本市场也屡见不鲜。我国的上市公司不但经常分拆其子公司赴境外上市,就是在国内市场分拆上市也并不少见。资本市场发展的客观需要也要求我们对分拆上在法律层面加以规定。因此,在法律上对分拆上市进行原则性规定是十分必要的。法律上对分拆上市的规定主要体现在两个方面:

---

① 《证券法》第四章对上市公司收购专章进行了规定,该章共计 17 条即从第 85—101 条,对收购的形式、种类、收购持股比例所涉及的权益变动的信息披露、公告、收购报告书、收购期限、收购条件、收购中的禁止行为、股份转让等进行了较为详细的规定。

② 《上市公司收购管理办法》(2006 年 5 月 17 日中国证券监督管理委员会第 180 次主席办公会议审议通过,根据 2008 年 8 月 27 日中国证券监督管理委员会《关于修改〈上市公司收购管理办法〉第六十三条的决定》、2012 年 2 月 14 日中国证券监督管理委员会《关于修改〈上市公司收购管理办法〉第六十二条及第六十三条的决定》、2014 年 10 月 23 日中国证券监督管理委员会《关于修改〈上市公司收购管理办法〉的决定》修订)。该办法共 10 章 90 条,对上市公司收购行为作了更为细致的规定。

（一）公司法上的规定

应在公司法上明确公司分拆的概念，完善公司分立制度。我国现行《公司法》第175条、第176条对公司分立制度进行了规定。该两条规定是我国公司分立制度的核心内容，也是我国分立制度构建的法律基础。但该两条规定相当简单，与我国分立制度极其丰富的内容并不相称。公司法并没有对公司分立的涵义、具体形式、分割财产的范围、分立的对价等作出规定，致使理论和实践中对公司分立的理解和操作难以统一。实际上，公司分立的形式不但是多种多样的，而且分立和分拆也并不完全相同。分拆作为一种重要的公司经营活动和公司治理的重大变化，是资本市场中极为常见的形式，因此将公司分拆这一重大法律行为在公司法上予以规定非常必要。非但如此，分立和分拆在概念和内涵上有所区别，但在我国的法律制度上并没有将此明晰规定，致使在上市公司分拆上市中常将分拆视同为分立。从已有的规范来看，①分立后新公司是分立中新设的公司还是存续公司尚存争议。在我国现有法律制度环境下，公司分立是将原具有控制关系的母子公司调整为具有相同股东结构下的兄弟关系，这就与分拆上市后，依旧保持母子公司控制关系存在着根本性的区别。此外，从境外有关公司分立的实践看，公司分立立法也呈多样化，公司分立的内涵各有不同，也与我国的公司法律规定有所区别。② 因此，在我国《公司法》的修改中，不但要进一步明确公司分立的内容，还应该明确公司分拆的定义，使《公司法》有关公司分立的规定有所完善，使公司分立和公司分拆的边界进一步厘清。

（二）证券法上的规定

证券法应进一步明确证券发行上市的种类，体现分拆发行上市的安排。我国现行《证券法》对证券的发行和上市均有所规定，但这种规定非常简单。《证券法》第10条仅规定了股票公开发行的情形，③而对其他形式的发行并未规定。《证券法》第13条也只涉及到非公开发行一种情况，并未规定非公开发行的条件和情形，其规定："上市公司非公开发行新股，应当符合经国务院批准的国务院证券监督管理机构规定的条件，并报国务院监督管理机构核准。"而对股票发行后的上市条件

---

① 《民法通则》《公司法》虽然规定了公司分立制度，但却未对"分立"进行定义，也未对公司分立的类型进行规定。

② 王通平：《现行法律环境下分立上市法律路径探索》，《证券法苑》第18卷，法律出版社2016年版，第283页。

③ 《证券法》第13条规定："公司公开发行新股，应当符合下列条件：（一）具备健全且运行良好的组织机构；（二）具有持续盈利能力，财务状况良好；（三）最近三年财务会计文件无虚假记载，无其他重大违法行为；（四）经国务院批准的国务院证券监督管理机构规定的其他条件。"

和上市申请仅在《证券法》第50条和第52条进行了规定。① 这些规定虽然体现了证券发行上市的最为基本的问题，但并未涵盖周全。就分拆上市而言，它是一项较为复杂的证券活动。上市公司分拆后，新设子公司作为独立的法律实体单独上市。其中，包含了分拆后子公司上市行为是公开发行还是非公开发行，是首次发行还是存量发行，有人对此提出了疑问。② 笔者认为，上市公司分拆子公司发行上市在其性质和特征上，具备了《证券法》第10条和第13条的情形，应当符合《证券法》规定的公开发行的条件。但上市公司分拆上市毕竟不同于一般股份公司的公开发行并上市的情形，它本身是在上市公司的基础上涉及的分拆并上市，因此涉及的上市公司和当事人的利益更大，更涉及到广大中小投资者利益和市场波动。对这一情况应在证券法的层面上给予基本制度性的安排。《证券法》对上市公司的收购用专章16个条文进行了详细的规定，而对上市公司分拆却没有一条规定。实际上，上市公司分拆与上市公司收购是具有同样重要的资本市场活动，涉及到上市公司重大重组、资源优化配置等，只不过两者的方向不同，涉及的当事人主体侧重点不同而已。但两者所涉及的法律活动、具体事务及方方面面的利益是相同的，其重要性是一样的。在某种程度上，上市公司分拆上市比上市公司收购更加复杂。因此，证券法规定中这种厚此薄彼的做法是缺乏法律逻辑的。笔者认为，应对上市公司分拆上市进行基本制度上的规定，对分拆上市的实质性和形式性条件作出规定，并对分拆发行上市的程序加以规范。在证券法中，可将上市公司收购一章的内容加以扩充，形成"上市公司的分拆和收购"。在原有规定上市公司收购的基础上，对上市公司的分拆上市进行原则性的规定，确立分拆的原则、条件、信息披露、相关当事人的主要职责和义务等。

二、规章上的制度构建

立法上对分拆上市的规定，使分拆上市有了最为基本的法律依据，也使分拆上市所涉及的重大问题具有法律上的权威性和稳定性，提高了分拆上市的法律地位。但众所周知，法律作为一国法律体系中的最高表现形态，法律所规制的都是最为基本的法律关系，不太可能事无巨细地将社会关系中的点点滴滴纳入其中，否则处于法律体系中下层的法规、部门规章就毫无空间，法律体系也就很难构成。因此，法

---

① 《证券法》第50条主要是从核准、股本总额、股份发行和分散比例、财务和重大违法性几个角度规定公开发行上市的条件的，并且明确规定证券交易所可以规定更高的上市条件。第52条主要是从上市报告书、股东大会决议、公司章程、执照、财务、法律、上市保荐和招股说明书等角度来规定上市申请的。
② 李燕、何滨好：《公司分拆上市法律监管的制度逻辑与建构》，《西南政法大学学报》2017年第4期，第127页。

律体系的建立是一个由粗变细、由上至下的系统性工程。分拆上市在法律规制上也是如此,在公司法和证券法层面,对分拆上市的规定也应该是原则性的、较为基本的规定,而具体的操作方面的规定,则由部门规章或者规范性文件加以规定。

我国目前分拆上市的法律规制,不但在法律层面规定几乎处于空白状态,在下一层级的部门规章或规范性文件方面规定得也较为欠缺。我国目前对分拆上市的规范性文件仅仅为《关于规范境内上市公司所属企业到境外上市有关问题的通知》[2004年7月21日由中国证监会颁布的证监发(2004)第67号文],主要是依据《公司法》《证券法》《国务院关于股份有限公司境外募集股份及上市的特别规定》等法律、行政法规,对上市公司所属企业到境外上市进行了定义,是指上市公司有控制权的所属企业(简称所属企业)到境外证券市场公开发行股票并上市的行为。从该通知的内容看,仅仅对境内上市公司到境外分拆上市做了简单的规定,且只将分拆上市的范围规定在赴境外分拆上市情形内,因而该规范性文件无法涵盖更广的分拆上市主体,也不能满足分拆上市所涉及到的较为复杂的内容和程序,局限性不言而喻。笔者认为,应在证监会部门规章层面对分拆上市进行较为系统性的规定,以使我国资本市场分拆上市所涉及到的种种关系在规章和制度上有依据,在实践中可操作。具体来说,应总结我国目前资本市场上有关上市公司分拆上市的具体实践经验,制定《上市公司分拆上市暂行办法》。其主要包括但不限于包括的以下内容:

(1)一般规定。包括制定办法的目的、宗旨、依据、基本原则、分拆上市的适用范围、调整对象、种类等。

(2)分拆上市法律关系。分拆上市法律关系的主体包括分拆上市的公司、分拆上市的内部关系人、分拆上市的利益相关人,分拆上市法律关系的内容包括公司法上的权利义务、证券法上的权利义务、合同法上的权利义务,分拆上市法律关系的客体包括分拆法律关系的客体、上市法律关系的客体等。

(3)分拆上市的要件和程序。分拆上市的要件包括:分拆上市的形式要件、分拆上市的实质要件,分拆上市的路径,分拆上市的程序包括分拆上市的内部程序比如董事会、股东大会、类别股东大会,分拆上市的外部程序包括分拆上市的申请程序、分拆上市的受理程序、分拆上市的审核程序、分拆上市的批准程序,分拆上市信息披露等。

(4)分拆、发行和上市。具体规定如何进行公司分拆,分拆后发行以及完成发行后如何在证券交易所上市等。

(5)分拆上市中的利益保护。中小股东利益保护包括分类表决机制、异议股东回购请求权等,债权人利益保护包括债权人异议制度、对债权人的连带责任制度等,其他相关利益主体保护包括劳动合同的承继、员工异议请求权、员工经济补偿权等,民事赔偿救济制度等。

(6)分拆上市的监管机构和法律责任。证监会的权力职责、证券交易的自律监管、行业协会的管理,发行人、大股东、董监高的责任,中介机构的责任,违法违规的情形及对违法违规行为的处罚等。

三、规则上的制度构建

在资本市场上,由于涉及的法律关系主体较为复杂、利益关系重大、技术含量较高、市场活动较为专业,因此不但在监管上要投入较大的力量,并且需要一套系统的制度体系去支撑。证券交易所的业务规则就是这一套制度体系中最为基础的,也是最具有操作性的制度性安排。这是由证券交易所的性质和特点所决定的。证券交易所是资本市场的一线监管者,又是资本市场的组织者,具体负责证券的上市交易组织活动,这些具体的活动都需要一系列的规则加以规范,通过组织类、发行类、上市类、交易类、会员类、服务类等基本业务规则,并辅之以各种细则、办法、工作规程、指引、通知、问答、备忘录等更为细致的规定,将层级较高的部门规章和层级更高的法规、法律落实在具体的操作中。

在分拆上市中,证券交易所在规则上的安排至少应考虑如下内容:一是上市公司分拆上市在发行环节的技术性安排。比如《上市公司分拆上市公开发行股票采取网上发行实施细则》《上市公司分拆上市公开发行股票采取网下发行实施细则》《上市公司分拆上市网上发行资金申购实施办法》等;二是上市公司分拆上市在上市环节的具体安排。比如《上市公司分拆上市公告书内容与格式指引》《上市公司分拆上市审核工作流程》等;三是上市公司分拆上市在交易上的制度性安排。比如《上市公司分拆上市交易监管有关事项的通知》《上市公司分拆上市股份存量股转让有关事宜的通知》等;四是上市公司分拆上市在股东权益上的制度性安排。比如《上市公司分拆上市股东登记有关问题的通知》《上市公司分拆上市股东配售有关问题的通知》《上市公司分拆上市股东分红派息的通知》等。

第二节　司法上的制度构建

一、司法介入的必要性

在我国,上市公司分拆上市在资本市场实践中较少,法律规制并不完善。作为一种创新活动,上市公司分拆上市司法上的保护非常重要。司法上的制度构建在我国资本市场创新活动中意义重大。

司法机关通过案件审理介入资本市场活动,规范、促进和保障资本市场运行,是现代资本市场发展的一个基本特征。由此,有观点认为,资本市场除了"行政监管"和"自律监管"之外,还存在"司法监管";有观点认为,行政机关、自律组织与司法机构相互配合的监管模式已经是大势所趋,"我国的证券有效监管结构正在经历着一个从无到有,从单一主体到多层次主体,从各主体定位模糊、职能不清到逐渐独立、目标明确的走向成熟的过程"。①

在我国,司法机关也已广泛而深入地介入资本市场各类活动中。总体而言,受制于特定的市场环境、法制基础,加上市场创新固有的"双刃剑"效应,相对于资本市场传统领域,我国资本市场的创新更容易引发利益冲突,产生诉讼纠纷,司法的介入更为普遍,司法的保障更为必要。这一点已经为我国资本市场创新发展的实践所证实。我们看到,在诸多市场创新风险化解和问题处理中,始终活跃着司法的身影,司法一直发挥着独有的定分止争、促进引导、规制保障等功能。从实践看,市场创新领域之所以容易引起利益冲突和诉讼纠纷,特别需要司法的介入和保障,主要原因大致有以下三方面:

(1)先行先试的需要。我国资本市场创新大多遵循"先行先试"的成长路径,是在特定的法制框架下展开的。基于法律的局限性、不完备性和创新活动的超前性,很多创新甚至是在法律制度缺位、缺乏法律规范支撑情况下进行的,经常需要变通甚至突破法律的限制。这容易导致人们质疑创新活动的合法性。

(2)风险防范的需要。资本市场创新的品种、工具、机制和制度安排带有比较高的专业性和复杂性,其隐含的风险也高于常规的交易品种和传统的交易方式。而我国资本市场的投资者以个人为主,风险防范意识和自我保护意识薄弱,证券交易的动机中带有浓厚的投机炒作成分。遭受损失的市场主体容易从创新产品的原理、设计、运行和监管中寻找损失产生的外因,进而质疑创新活动的合理性。

(3)纠偏纠错的需要。在市场创新过程中,受限于市场环境的特殊性、金融市场的复杂性、金融主体利益多元性和人的认识能力的有限性,难免会出现偏差、失误乃至错误,市场主体由此容易质疑创新活动的规范性。

司法机关在介入市场创新、裁判相关案件的过程中,可以重点、同步发挥如下四方面具体的职能保障作用:一是定分止争的功能。重点是及时高效地解决当事人之间直接的利益冲突,平等保护市场主体合法权益。二是规范引导的功能。重

---

① 何浩:《我国证券市场监管的有效性研究》,武汉大学硕士研究生论文,2005年9月。

点是通过审判活动,发挥金融创新的积极作用,抑制其消极影响,为市场创新持续健康发展提供司法指引,吸引更多的创新者和参与者。三是完善法制的功能。重点是形成高质量的司法裁判,及时总结审判经验、制定相关司法解释,进而使之成为资本市场游戏规则,促进资本市场法制完善。这一模式可以概括为"个案裁决—经验总结—司法解释跟进—法律制度完善"的顺序渐进式司法制度功能模式。四是塑造环境的功能。重点是从体制、机制、人员、组织等层面持续推进金融司法生态系统建设。

二、司法制度构建的原则

境内外资本市场创新发展的实践已经并将继续证明,公正有效的司法体系及和谐良好的司法环境,与资本市场创新发展之间呈紧密的正向的关联关系。一个强大的富有活力和竞争力的资本市场,高度依赖优良的资本市场司法生态环境。

在我国,司法审判保障市场创新发展的功能日益增强,资本市场创新发展的司法生态环境正在不断改善。但长远来看,我国资本市场未来发展对司法保障功能的内在需求也将持续提升。由此,我国资本市场的司法环境建设依旧面临挑战,任重道远。

司法妥善地有效地介入和保障资本市场创新发展需要确立合理的司法介入政策。对此,司法机关在介入和处理资本市场创新发展引发的诉讼案件中,已经形成了一些感性认识,确立了一些合理原则和价值取向,但现有的认识和做法还是经验性的、分散的、临时的,缺乏系统性、普遍性和稳定性。市场创新应有的司法介入政策可以从不同层面和不同角度去归纳、提炼。构建司法介入的具体制度应兼顾以下三个方面的原则:

（一）能动司法原则

即坚持能动司法的功能定位政策。倡导和坚持能动司法,是当前法院审判工作的重要指导思想之一。在资本市场创新发展领域,这一原则具有更为重要的意义。我们知道,成文法律通常是滞后的、不完备的,具体的法律制度存在漏洞或者缺陷,是无法避免的。具体到法制和创新,两者始终是一对矛盾统一体,金融领域的创新和法律尤其如此。这就要求法院在审理相关金融纠纷中,不能局限于具体法条,而应更多地从法律精神和基本原理出发,积极行使司法自由裁量权,主动填补法律漏洞,通过典型案例,进行"法官造法",形成与资本市场规律和特点相吻合的"市场游戏规则",引导和推动市场发展,进而推动成文法和具体法律制度的完善。

（二）商事规则优先原则

即坚持商事规则优先的法律适用政策。在资本市场法律体系中,规范市场创新的制度规范除了普遍熟悉的法律、法规、部门规章之外，还包括很重要的一块，即市场商事规则，其中的主体是证券交易所、证券登记结算机构等市场组织者和管理者制定的自律性业务规则。在市场创新发展中，这些商事规则与法律法规、行政规章并存，甚至先于后者而存在。对这些商事规则的法律属性和效力，目前还存在一些不同的认识，对司法裁判中如何审查这些规则，可否直接将之作为裁判的规范依据，还有一些不同理解。这一方面，在近年的权证诉讼案件审理中，上海法院系统的数起典型判决作出了大胆探索，采取了比较合理的立场，最高法院在相关裁判中也予以认可。尽快研究制定涉及如何看待资本市场业务规则法律效力、如何审查其内容的合法性、合理性及依照其进行的具体行为的正当性等事项的相关司法解释。

（三）公共利益优先原则

即坚持市场公共利益优先的利益平衡政策。在资本市场创新发展中，很多诉讼纠纷是投资者以个体权益遭受侵害、产生投资经济损失为诉因的，诉讼的对象通常指向组织市场创新、制定制度规范的组织者、监管者。我们知道，市场创新的组织管理和制度规范侧重于投资者的整体保护，着眼于市场整体秩序，在这其中，个别乃至少数投资者的交易行为和投资收益受到影响在所难免。如此出现了投资者的个体利益和以市场秩序保护为核心的市场公共利益之间的冲突。在审理此类案件的利益平衡上，自应考虑特定的投资者所诉求的具体利益，但更需要考虑市场公共利益，当两者出现冲突时，无疑应当以公共利益为先。由此，市场组织者和监管者履行公共职责，从投资者整体利益和市场整体秩序考虑而实施的组织管理资本市场的正当行为，即便对特定的投资者的投资利益产生影响，也不应受到民事责任的追究。

三、分拆上市的具体司法制度

上市公司分拆上市是我国资本市场的一项创新活动，这一制度的建立在我国并无实践经验。上市公司分拆上市涉及到发行上市活动、母子公司资产和股份处置、各当事人法律关系等大量事务。在这些活动中，各方利益相互交织，市场风险在所难免。仅仅依靠既有的行政监管并不能完全解决分拆上市中可能出现的问题以及投资者尤其是中小投资者合法权益的充分保护。要有效防范分拆上市过程中可能导致的风险，必须通过特殊的制度设计，尤其要针对中小投资者的事前预防性保护与事后救济性目标建构合理有效的风险配套制度。只有从整体制度目标、责任配置、配套制度、整体协调等方面提高上市公司分拆上市的违法成本，并对中介机构施加更加有效的约束和惩戒机制，才能确保上市公司分拆上市的安全性和有效性。

（一）建立先行赔付制度

所谓先行赔付，是指在证券市场发生虚假陈述案件时，在对发行人、上市公司等市场主体据以承担赔偿责任的行政处罚、司法裁判做出之前，由虚假陈述民事赔偿责任的可能的连带责任人之一先行垫资向投资者承担赔偿责任，然后再由先行赔付者向未参与先期赔付的发行人、上市公司以及其他责任人进行追偿的一种措施。[①] 先行赔付制度因其可以及时赔偿投资者的损失并积极推动证券业的良性生态而广受认可。在我国的证券市场运行与管理实践中，已经出现了先行赔付的成功做法。[②]《证券法》修订草案、中国证监会《证券发行上市保荐业务管理办法》《公开发行证券的公司信息披露内容与格式指引第 1 号—招股说明书》等也对先行赔付做了原则性规定，[③]但针对上市公司分拆上市的先行赔付需要强化以下几项规则：

（1）启动时间。先期赔付在上市公司或者相关当事人自行承认信息披露违法或其他违法违规或监管部门启动稽查程序且有一定的结论时即可启动，不需要以证监会做出相应的行政处罚决定作为前置条件。因此，先期赔付中的"先期"，就是指先于法院裁判决之期，先于证监会做出行政处罚之期。

（2）赔付主体。先行赔付应当以保荐人为优先赔付主体。分拆上市主体在分拆后作为发行人公开发行股票可能缺乏足够的偿付能力。在履行先期赔付责任的连带责任人中，鉴于保荐人在发行过程的基本职责及其偿付能力，先行赔付制度可以明确先由保荐人负责。即便保荐人最终未必一定会承担连带责任上的赔偿份额，也可能是经法院裁判后不必承担赔偿责任的市场主体，但是，先行赔付规则明确保荐人为第一先行赔付人，无疑有利于先行赔付的落实，也有利于督促保荐人在

---

① 陈洁：《先期赔付制度的引入与适用》，《法律适用》2016 年第 10 期。

② 2012 年 9 月，中国证监会对湖南上市公司万福生科股份有限公司财务造假一案进行了行政处罚。其保荐人平安证券公司为补偿投资者因此造成的损失，出资 3 亿元设立了补偿基金，实行先行赔付；2014 年 7 月，上市公司深圳海联讯科技股份有限公司章峰等 4 位大股东因该公司虚假陈述被行政处罚后，为补偿投资者因此造成的损失出资设立 2 亿元补偿基金，实行先行赔付；2016 年上市公司欣泰电器股份有限公司因欺诈发行被退市，其保荐人兴业证券公司出资 5.5 亿元设立投资者补偿基金，实行先行赔付。上述 3 个案例是我国证券市场实践中最为典型的先行赔付的案例，对因上市公司违法行为而遭受损失的广大中小投资给予了及时的保护，意义重大。

③ 我国《证券法》修订稿一读稿第 173 条规定："因欺诈发行、虚假陈述或者其他重大违法行为给投资者造成损失的，发行人的控股股东、实际控制人、相关的证券经营机构、证券服务机构以及国务院证券监管管理机构认可的投资者保护机构可以就赔偿事宜与投资者达成协议，予以先期赔付。先期赔付后，可以依法向发行人以及其他连带责任人追偿"，二读稿第 96 条规定"因欺诈发行、虚假陈述或者其他重大违法行为给投资者造成损失的，发行人的控股股东、实际控制人、相关的证券公司、证券服务机构可以委托国家设立的投资者保护机构就赔偿事宜与投资者达成协议，予以先行赔付。先行赔付后，可以依法向发行人以及其他连带责任人追偿。"2016 年 1 月实施的中国证监会《公开发行证券的公司信息披露内容与格式指引 1 号——招股说明书（2015 年修订）》第 2 章第 18 条也做了此规定。

发行保荐中的尽职尽责。

（3）适用范围。先行赔付应该适用于分拆上市的被分拆公司以欺骗手段取得上市资格以及其他较为严重的虚假陈述的情形，包括可能影响投资者价值判断的信息披露违规以及"业绩粉饰""利润操纵"等。

（4）启动和配合机制。为有效保障先行赔付制度的实施，可以明确规定保荐人应当按照相关规则规定的具体实施要求和程序及时启动先行赔付，制定投资者损失赔付方案，赔偿投资者损失。至于实践中争议的赔偿基金的存放保管问题，可以由投资者保护基金存管。

（二）促进投保基金功能转型

我国《证券法》出台伊始就确立了证券民事赔偿责任优先的原则，但现行有关民事责任优先的原则性立法不足以支撑证券民事赔偿责任执行优先的有效实施。因此，如何使广大中小投资者的损害赔偿金真正落实到位，成为资本市场投资者保护的一个亟需解决的难题。

作为证券市场风险补偿机制的重要组织形式，2005年中国证券保护基金公司有限公司正式成立，该公司主要负责运作中国证券投资者保护基金（简称投保基金）。投保基金是防范和处置证券公司风险中用于保护证券投资者利益的资金。实践中由于证券公司陷于破产风险的情形很少，致使该基金的功能效用难以得到发挥。要落实资本市场民事赔偿优先的法律规定，可以发挥投保基金的作用，让投保基金取之于市场用之于市场，在投资者民事赔偿金一时难以实现时，由投保基金先行垫付，并取得受害投资者的代位求偿权。[1] 具体制度设计上，可以从以下4个方面实现投保基金的功能转型：① 投保基金可以实行诉讼担当制度，代表中小投资者群体利益起诉欺诈行为人；② 应当明确投保基金的功能用途。目前，我国的投保基金只是针对证券公司发生客户交易结算资金缺口时的救济手段，它不同于投资者权益保障基金。应当使投保基金向投资者权益保障基金转型，将投保基金用于发生证券市场虚假陈述、内幕交易、操纵市场时对投资者损失的补偿与救济措施。它同证券交易所风险基金、中央登记结算公司风险基金共同构成风险基金系列，从不同侧面保护投资者的合法权益；[2]③ 确定投保基金的赔偿对象。主要为我国《证券法》规定的证券交易所和全国性的证券交易场所的中小投资者。前者为上海证券交易所市场和深圳证券交易所市场的中小投资者的利益；后者为新三板市场的中小投资者的利益；④ 投保基金应当与投服中心配合，在发生发行欺诈时，可

---

[1] 徐明：《应尽快制定"资本市场投资者保护条例"——徐明在首届中小投资者服务论坛上的发言》，中证中小投资者服务中心网站，2018年9月27日。

[2] 吴冬：《证券投资者保护基金的国际法律规制及经验借鉴》，《探索与争鸣（理论月刊）》2007年第10期。

以委托投服中心提起公益诉讼或支持诉讼。

（三）加重行政、刑事责任

证券法律责任制度的实施与完善，是实现我国资本市场法治的基本路径，也是上市公司分拆上市风险防控的根本保障。对欺诈发行以及虚假陈述者的处罚过轻、威慑不足、阻吓不够早已成为业资本市场的共识。现行《证券法》法律责任一章48 条中有 36 条涉及行政罚款，其中 17 条涉及处以违法所得 1 倍以上 5 倍以下的罚款、19 条涉及具体数额的罚款。除违法所得倍数罚款具有一定的不确定性外，具体数额的罚款金额明显过低。对违法机构或者个人的罚款，均不超过 60 万元，且绝大多数罚款在 30 万元以下。我国《刑法》在刑事罚金方面的规定，沿袭了《证券法》《公司法》行政罚款的思路，在具体罚金数额方面也对应了两部法律的具体规定，罚金数额均在万元至数十万元之间。相对于发行欺诈巨额的违法收益，现行处罚的威慑力度实在不值得一提。为此，建议无论在哪个阶段发现虚假陈述行为，都应该给予申请人相应的行政处罚。对发行上市中及上市后的发行欺诈行为规定更为严格的责任。可以参考美国《证券法》第 11 条中规定，增加了发行人上市后一年内被发现虚假陈述的法律责任，并且授权证券持有人（无论其是发行时购买还是在二级市场上购买取得证券）有权要求发行人按照发行价并加算银行同期存款利息返还价款。这实际上是用发行价为证券持有人做了一个保险，以促进我国证券发行的法律责任体系的完整。[①] 同时，还要规定必要的刑事责任条款，进一步威慑和阻吓违法违规者。

（四）明确中介机构责任分担

从证券市场实践来看，信息披露需由多个主体协作实施。因此，虚假陈述的民事责任通常由多个相关主体共同承担，呈现连带责任的特点。依据证券法的规定，在有多个责任主体的情形下，除了信息公开义务人要承担全部责任外，其他责任主体要承担连带责任。目前实践中，究竟谁是招股说明书责任主体、谁是招股说明书财务信息的责任主体、哪个主体对什么信息负责任，都存在不太清晰的地方，影响了责任制度的落实。分拆上市在公开发行并上市的过程中，也同样会遇到与其他公开发行这样的问题。因此，实践中值得强调的是两个问题：

1. 保荐机构与其他中介机构的责任分担问题

市场实践中保荐责任存在扩大化趋势。笔者认为，无限地扩大保荐担保责任的范围，会导致证券市场运行机制中的责任体系失衡，最终可能导致保荐制度本身

---

① 参见中国证监会组织翻译：《美国〈1934 年证券交易法〉及相关证券监督管理委员会规则与规章》第二册（中英文对照本），法律出版社 2015 年版。

失去应有的制度效益。就证券法的规定而言，[①]保荐机构与其他证券服务机构之间彼此责任是独立承担的，其间不存在连带关系。证券服务机构如会计师事务所和律师事务所等应当对各自提供的审计报告、法律意见书的真实性、准确性和完整性独立承担相应的法律责任。虽然保荐机构对这些资料的真实性和完整性也进行审查，但这是在不影响证券服务机构的独立地位和专业判断前提下的审查，并且在事实上也只能是形式性的审查，因此对这些资料的违法披露信息给投资者造成财产损失，应由发行人和参与资料制作的证券服务机构承担连带赔偿责任，而不应当再由保荐机构也介入其中并承担连带责任。

2. 明确中介机构各自的归责原则与免责事由

证券民事责任具有法定性的特点，这在虚假陈述的民事责任制度中体现得尤为明显。诸如证券法直接规定虚假陈述的民事主体范围、直接规定适用不同主体的不同归责原则、直接规定连带责任的适用范围等。如果信息公开义务人违法所承担的是无过错责任，那么，不能认为证券服务机构的连带责任就一定是无过错责任。在这些主体有过错时，则与发行人承担连带责任；在其没有过错时，则不承担连带责任。只是对连带责任主体实行推定过错归责原则。具体到中介机构，其承担的是过错推定责任，能够证明自己没有过错的，就能免责，即以"能够证明自己没有过错"作为免责事由。

（五）引入公益诉讼与示范判决

证券纠纷小额多数的典型特征导致众多投资者的搭便车心理和集体行动困境，致使证券民事赔偿诉讼的撮起率低下。为完善投资者保护，在分拆上市涉及的投资者权益救济方面，引入证券公益诉讼与示范判决机制甚为必要。

1. 证券公益诉讼

2014年成立的投服中心是由证监会直接管理的证券金融类公益机构，其主要职责是通过持股行权、纠纷调解、证券支持诉讼、投资者教育等方式，为中小投资者自主维权提供教育、法律、信息、技术等服务。目前，由投服中心作为主体的公益性维权模式初见成效，相关试点工作有望全面铺开。[②] 但投服中心提起的公益诉讼缺乏必要的法律保障。我国2013年修订的《民诉法》第55条规定："对污染环境、侵害众多消费者合法权益等损害社会公共利益的行为，法律规定的机关和有关组

---

① 《证券法》第173条规定，证券服务机构为证券的发行、上市、交易等证券业务活动制作、出具审计报告、资产评估报告、财务顾问报告、资信评级报告或者法律意见书等文件，应当勤勉尽责，对所依据的文件资料内容的真实性、准确性、完整性进行核查和验证。其制作、出具的文件有虚假记载、误导性陈述或者重大遗漏，给他人造成损失的，应当与发行人、上市公司承担连带赔偿责任，但是能够证明自己没有过错的除外。该条文只规定了各证券服务中介机构与发行人的连带责任，而没有将上市保荐人包含其中。

② 陈洁：《〈证券法〉应明确投服中心的功能定位》，《中国证券报·中证网》2016年12月13日。

织可以向人民法院提起诉讼。"依此规定,投服中心是否属于"法律规定的机关和有关组织",从而以投资者保护组织名义,代表证券市场中特定的或不特定的受侵害投资者整体利益提起公益诉讼还有待明确。笔者建议,诉讼法层面应尽快明确赋予投服中心公益诉讼的主体地位,同时规定投服中心公益诉讼可以享受减免相关诉讼费用等优惠政策,①以减少投资者保护的成本、提高投资者保护的效率。

2. 示范诉讼与示范判决

所谓示范诉讼与示范判决,就是指基于投服中心的有益实践,由投服中心选取典型证券侵权案件,接受投资者委托就该侵权行为支持投资者提起损害赔偿的示范诉讼,由法院就该案共同的法律问题和事实问题进行审理,作出示范判决,判决效力及于所有授权的投资者。最高人民法院《关于进一步推进案件繁简分流优化司法资源配置的若干意见》第 7 条:"探索实行示范诉讼方式。"②最高人民法院、中国证券监督管理委员会《关于在全国部分地区开展证券期货纠纷多元化解机制试点工作的通知》也提出要建立示范判决机制,在此之后的《关于全面推进证券期货纠纷多元化解机制建设的意见》中更是明确要求实施示范判决。③ 2019 年 1 月,全国唯一的上海金融法院发布了证券纠纷示范判决的相关规定,④使示范判决机制

① 陈洁:《投服中心公益股东权的配置及制度建构——以"持股行权"为研究框架》,《投资者》创刊号(2018年 1 月)。

② 熊锦秋:《证券期货示范诉讼制度值得探索试点》,《证券时报》2017 年 9 月 6 日第 A03 版。

③ 2018 年 11 月 13 日,最高人民法院、中国证券监督管理委员会联合发布《关于全面推进证券期货纠纷多元化解机制建设的意见》。其第 13 条明确规定:"建立示范判决机制。证券期货监管机构在清理处置大规模群体性纠纷的过程中,可以将涉及投资者权利保护的相关事宜委托调解组织进行集中调解。对虚假陈述、内幕交易、操纵市场等违法行为引发的民事赔偿群体性纠纷,需要人民法院通过司法判决宣示法律规则、统一法律适用的,受诉人民法院可选取在事实认定、法律适用上具有代表性的若干个案件作为示范案件,先行审理并及时作出判决;通过示范判决所确立的事实认定和法律适用标准,引导其他当事人通过证券期货纠纷多元化解机制解决纠纷,降低投资者维权成本,提高矛盾化解效率。"

④ 2019 年 1 月 16 日,上海金融法院发布了《上海金融法院关于证券纠纷示范判决机制的规定》,共 48 条,主要对示范案件的选定、示范案件的审理、示范案件的专业支持、示范判决的效力、示范案件的审判管理等作出规定。

在示范案件的选定方面,对示范案件与平行案件的范围进行了界定。示范案件是群体性证券纠纷中在事实争点和法律争点方面具有代表性的案件,平行案件是指与示范案件具有共通的事实争点和法律争点的案件。

在示范案件的审理方面,针对示范案件审理过程中当事人诉讼主张的明确、法官释明权的行使、法官见解的公开、当事人法庭辩论权利的保障以及裁判文书的制作等作出了规定。

在示范案件的专业支持方面,法院可以经当事人申请或依职权委托第三方专业机构调取相关交易数据,进行专业分析,出具损失核定意见。诉讼当事人可以申请专家辅助人,就案件中涉及的专业性问题代表当事人发表意见。法院在示范案件审理中可引入专家陪审员,提升审判的专业化程度。

在示范判决的效力方面,明确了示范判决的效力扩张原则。在事实认定方面,除有相反证据推翻之外,对示范判决认定的具有共性的事实,平行案件的双方当事人均无需另行举证;在法律适用方面,对已由示范判决认定的法律适用标准,平行案件的原告主张直接适用的,可予以支持。示范判决生效后,平行案件原则上应先行委托调解,并通过运用诉讼费用经济杠杆,引导当事人通过证券纠纷多元化解机制解决纠纷。

即将进入到操作阶段。目前投服中心支持起诉之后法院的判决还是个案判决,虽然原被告可能会将已生效的判决作为和解的参考,但是判决本身不具有任何扩张效力,若同类案件的其他当事人提起诉讼,法院仍需个案进行认定,不利于纠纷的快速解决。示范诉讼与示范判决的引入无疑能有效提升证券民事赔偿的司法效率,有助一体化解决群体性纠纷,既满足了原告的救济赔偿需求,大大提高了违法成本,又能有效威慑资本市场的欺诈行为。

第三节　监管上的制度构建

一、分拆上市的监管难点

目前监管部门对上市公司分拆上市总体上采取的是较为严格审慎的态度,且对境内上市公司在境内分拆上市和对境内上市公司境外分拆上市采取的是不同的态度。对上市公司在境内分拆上市采取的是更为严格的态度,在制度上几乎没有规定,在实践中案例很少;而对境内上市公司的子公司赴境外分拆上市却相对宽松一些,在制度上有所规定,允许境内上市公司子公司赴境外上市,在实践也有较多的案例。可见,监管者对我国境内资本市场中上市公司分拆上市采取严格的管制态度。人们疑惑:为什么在国外被普遍认可的上市公司分拆上市在我国境内资本市场上实现就较为困难呢?为什么我国境内的上市公司分拆上市大多要到境外资本市场呢? 在笔者看来,监管部门之所以对上市公司境内分拆上市采取较为"保守"的政策,还在于允许境内资本市场上市公司分拆上市可能会带来一定的监管难题。

（一）分拆上市客观上的难点

1. 关联交易可能导致利益输送

分拆上市较为复杂,可能导致利益输送和违规关联交易,损害中小股东利益。境内资本市场中,不公允、不透明的关联交易等行为一直是控股股东进行利益输送、掏空上市公司、侵害中小投资者权益的重要工具。在母子公司组织构架下,天然隐藏着难以发现和监管的利益输送和关联交易等行为。可以预见,如果监管不到位,我国上市公司分拆过程中就会存在虚假操作行为,可能出现高估不良资产、低估优良资产的现象,从而达到转移利润、逃避债务的目的。对上市公司而言,在分拆过程中的虚假行为最终会导致上市公司中小股东的损失。① 此外,分拆上市

---

① 王正斌、洪安玲:《我国上市公司分拆行为的分析与思考》,《管理世界》2004 年第 5 期。

也可能引发不当关联交易,损害资本市场和投资者。其可能表现为:① 关联销售,被分拆公司和分拆上市公司之间进行利益输送;② 集团公司与股份公司之间的资产买卖,进行内幕交易和市场炒作等;③ 资金占用的关联交易,可能发生新申请上市公司的资产被掏空;④ 股份公司为集团公司提供担保,转嫁费用负担;⑤ 集团公司的债务与股份公司的债权冲抵,增加三角债风险[①];等等。

2. 特殊的市场结构可能诱发市场炒作

上市公司分拆上市本身就是上市公司将其子公司分拆出去,其子公司再进行公开发行。这一过程不但涉及到已是上市公司的母公司,其分拆的行为必然会影响到该公司的股票在二级市场的表现,还涉及到被分拆上市的子公司股票公开发行后,子公司也成为上市公司,该公司的股票也进入到证券市场公开交易。和上市公司收购的情况相类似,上市公司的分拆上市也极有可能成为投资者炒作的目标。尤其是我国资本市场的特殊投资者机构和不成熟的市场特征在一定程度上助长了投机文化,不利于资本市场的长期稳定发展。

我国现阶段资本市场是充满自身特色的散户型市场。中小投资者众多且高度分散是中国内地资本市场的主要特征,这与国际资本市场投资者结构的"去散户化"迥然不同。据不完全统计,截至 2017 年年底,中国内地资本市场投资者股票账户开户数达到 1.34 亿户,其中机构投资者开户数仅有 36.08 万户,个人投资者占比达 99.7%以上。[②] 散户投资者比机构投资者多的局面是每个资本市场初期发展的必经之路,但以中国内地资本市场如此巨大的散户人数并占绝对多数的情况,是境外成熟资本市场从未遇到过的。这一鲜明的特色也使我国的投资者保护任重道远:其一,高度分散的中小投资者在证券市场作为一个个独立的个体,很难聚合形成整体力量来保护自身利益;其二,广大中小投资者的资金实力、投资能力、信息渠道、专业知识、法律意识、理性程度、风控水平总体较弱,且投资者在年龄、学历、背景等方面差异巨大;其三,中小投资者大多以追求交易利差为目的。与成熟证券市场不同的是,我国众多中小投资者往往短期投资多于长期投资,其更多关注的是股市行情,以期谋求股票交易的差价。长期投资、理性投资、价值投资的理念还有待进一步强化。

特殊的投资者结构,使广大中小投资者在证券市场上时刻面临着风险。相对缺乏的经济实力让中小投资者往往经不住市场波动的考验,有限的信息获取渠道致使其投资决策常常滞后于市场反应,相对感性的投资情绪与判断能力易使其跟

① 吴勇毅:《分拆上市:盛宴还是泡沫》,《新财经》2010 年第 6 期。
② 李继尊、梁永生主编:《2018 中国证券期货统计年鉴》。

风冒进,不足的专业知识和较弱的风险意识使之盲目追涨杀跌,热衷于盲目炒新、狂热炒小、博傻炒差、频繁交易"四炒"操作,而投资者利益保护机制,尤其是证券民事赔偿诉讼制度尚不健全。可以预测,分拆控股子公司上市极有可能成为炒作的对象,[①]而面对起伏不定的资本市场,中小投资者只能跟着证券市场波动,更易成为某些机构投资者操纵市场的推手,他们是资本市场的最终受害者。[②]

3. 监管资源较为有限

正因为上市公司分拆上市在境内实践不多、制度不全,而上市公司分拆上市又较为复杂,涉及的利害关系重大,要真正全面地推行分拆上市,不但要有相应的制度加以配套,还要较多的监管资源严加管理。而我国目前的资本市场需要改革创新的事项特别多,资本市场特征散户型的又特别明显,需要大量的监管资源。在监管部门采取依法监管、全面监管、从严监管的大背景下,监管部门的资源极其紧张。据不完全统计,中国证监会系统的监管人员只有区区的数千人,而面对的是我国资本市场庞大的投资者群体和范围极广的多层次、多类型的证券、基金、期货、衍生品等各种类型的市场,加之我国的资本市场成立的时间不长,还是一个新兴加转型的市场,在目前监管资源较为有限的情况下,对上市公司分拆上市的监管就显得较为困难。

(二) 分拆上市主观上的难点

1. 对分拆上市的利弊看法不一

反对者认为在上市公司分拆上市的利弊关系中,总体上弊大于利,主张我国境内目前不宜推出上市公司分拆上市。他们认为"纵观境内外分拆上市的相关实践及研究成果,分拆上市主要有如下经济动因:通过业务集中增强竞争力、提升母公司价值及股价、满足融资需求、建立有效管理层激励以提升管理效率等,但研究发现,在现阶段中国证券市场条件下,上市公司分拆控股子公司境内 A 股上市并不具备充分的现实意义和理论根据",进而认为"分拆控股子公司上市难以真正提高公司的核心竞争力和价值;现有再融资渠道可以有效满足上市公司及其控股子公司的融资需求;上市公司可以通过现有股权激励制度实现对控股子公司管理层的激励安排";[③]"国内目前上市资源充裕,在拟上市公司'排队'的情况下,允许分拆上市会加大市场扩容压力;而且分拆上市程序复杂,涉及多方面利益主体的利益协

---

① 2010 年,在中国证监会创业板发行监管业务情况沟通会与保荐代表人培训会议上,中国证监会相关人员谈及境内上市公司分拆子公司上市的若干条件,二级市场由此掀起了一股炒作分拆上市概念股的热潮,若干分拆上市概念股在短短几个交易日内的涨幅超过了 30%,和大盘指数的偏离值超过了 40%,在部分投资者获利出逃的同时,众多投资者被高位套牢。
② 梁定邦:《努力构建中国特色投资者保护的新机制》,《投资者》2018 年第 1 期,第 1 页。
③ 田正大、袁钰菲:《上市公司分拆子公司境内上市之研究》,上海证券交易所部门研究报告。

调问题,监管起来较为困难"。[①]

2. 可能引发相关政策的调整

在我国资本市场发展初期,证券发行额度有限、市场容量较小、资金匮乏,一些企业将部分优质资产单独上市成为当时证券市场发展的无奈选择,但由此也带来了非公允关联交易、同业竞争、大股东占用上市公司资金、掏空上市公司等一系列问题,长期困扰着监管部门。随着证券市场的不断扩大和成熟,整体上市成为市场进一步发展扩张的必然选择。近年来,监管部门也一直大力倡导上市公司通过整体上市做大做强,减少关联交易和同业竞争。分拆上市和整体上市的相关政策显然并不一致,允许分拆上市势必引发相关政策的调整。

3. 可能造成对交易所的不利因素

境内实施上市公司分拆上市可能引起上海证券交易所和深圳证券交易所市场资源的重新配置,对彼此已经上市的母公司在资产、经营、收入等方面形成削弱,在一定程度上也是两个交易所都不太希望看到的。

以上三个原因都有可能导致监管者在推行上市公司分拆上市时有所犹豫,极有可能在主观上使监管者对分拆上市形成一定的负面看法,进而不进一步地推进境内资本市场上市公司分拆上市相关工作。

二、分拆上市的监管模式选择

对上市公司分拆上市采取什么样的监管,涉及到资本市场的监管模式问题。笔者认为,对上市公司分拆上市的监管应选择适合我国资本市场的监管模式,变分业监管、机构监管为功能监管,在具体监管上市公司分拆上市的行为时,可根据具体的情况采取差异化的监管使其更具针对性。

(一)功能监管

金融监管模式是指一国关于金融监管机构和金融监管法规的体制安排。综观当今世界各国,因不同历史、不同监管理念、不同监管实践等,所采取的监管模式也不尽相同,各国金融监管模式纷繁复杂,莫衷一是。[②]

---

① 李园园:《上市公司分拆上市法律问题研究》,《证券市场导报》2009 年 3 月号,第 16 页。

② 这些监管体制大致分为三类模式:一类是根据金融监管权力划分的金融监管模式。该模式下主要有三种。一是双线多头模式。中央和地方都对金融机构具有监管权,同时每一级监管机构又有若干机构共同行使监管职能,如美国、加拿大等;二是单线多头监管。全国的金融监管权集中在中央,地方没有独立的权力,但在中央一级由两家或两家以上机构共同负责监管,如德国、法国等;三是集中单一金融监管。即由一家金融监管机构集中进行监管。这一机构通常是各国的中央银行。这种监管模式在历史上较为普遍,目前许多国家仍采此模式。第二类是根据监管主体数量划分。在这种模式下主要有三种监管体制:一是统一性监管,即由一家监管机构对所有的金融机构的全部金融业务进行监管,如英国、日　(转下页)

我国资本市场采取什么样的监管模式,在理论界和实务界争议较大,观点各异。有的主张统一监管①,有的主张分业监管②,有的主张功能监管③,等等。笔者认为不同的监管模式是和资本市场的不同体制和一国的具体情况相联系的。在我国目前的情况下,应采取功能监管较为合适。④

我国目前的金融监管依然采取的是根据既定的金融机构的形式和类别进行监管的分业监管的传统方式。但在实践中,金融机构业务界限日趋模糊且金融机构功能一体化日渐突出,传统的分业监管问题明显。具体体现在:其一,对混合、交叉性金融业务的监管,法律规定较为模糊,监管职责划分不清。虽然有一定的监管协调机制,比如金融句会、联席监管会议、金融监管部际协调和合作机制,但主要是一种行政性的安排,缺少法律授权和监管职责划分,效果有限。各金融监管部门仍然按照各自的监管规则履行职责。规则的不一致带来了较大的跨业监管套利空间。现阶段,对资本市场监管,除了证监会外,中国人民银行、银保监会、财政部、发改委等部门也有监管职能。这种多家监管部门分别制定和实施不同的监管标准规则,分别采取不同的监管措施,必然会形成监管的不一致,产生监管交叉与真空,出现监管套利。其二,现行的分业监管模式与混合的综合经营模式不适应。我国金融综合经营兼有美国法人隔离模式和欧洲全能银行模式的双重特征。到目前为

（接上页）本、韩国等;二是分业监管,即在银行、证券、保险三个业务领域内分别设立一个专职的监管机构,负责各行业的监管,世界上大多数国家采此模式;三是不完全统一监管。这种模式可按监管机构不完全统一和监管目标不完全统一划分可分为牵头监管和双峰式监管。前者是多头监管主体之间建立及时磋商和协调机制,特别制定一个牵头监管机构负责不同监管主体间的协调工作,如巴西;后者是指根据监管目标设立两类监管机构,一类负责对所有金融机构进行审慎监管,控制金融体制系统性风险,另一类机构负责对不同金融业务进行监管,如澳大利亚。第三类是按功能、机构和目标划分的金融监管模式。主要有三种:一是机构型监管。又称部门监管,指按照金融机构的类型设立监管机构,不同监管机构分别管理各自的金融机构。传统上,各国金融机关体制就是基于机构监管的原则设立的;二是功能监管,指依据金融体系的基本功能而设计的金融监管体制,一个给定的金融活动由同一个监管者进行监管,而无论这个活动由谁来进行;三是目标监管。即将监管目标明确定义,并且准确无误地将实现监管目标的责任委托给监管机构,使得监管有效进行。

① 吴风云、赵静梅:《统一监管与多边监管的悖论:金融监管组织结构理论初探》,《金融研究》2002年第9期;葛敏、席国民:《我国金融衍生品市场统一监管模式选择》,《法学杂志》2005年第2期;郑人玮:《金融衍生品市场统一监管法律制度的构建》,《环球法律评论》2005年第6期;朱国华、陈炳辉:《统一监管:我国场内衍生品监管模式的选择》,《上海金融》2008年第6期;王兴林、程红星:《我国金融期货市场统一监管法律模式的探讨》,《中国司法》2007年第4期。

② 我国《证券法》目前采纳了此观点,对金融监管采取分业监管模式。该法第6条规定"证券业和银行业、信托业、保险业实行分业经营、分业管理,证券公司与银行、信托保险业务机构分别设立。国务院另有规定的除外。"

③ 高国华:《提升金融监管有效性,功能性监管可堪大任》,《金融时报》2012年2月23日;肖扬清:《功能性监管:我国金融监管模式的最佳选择》,《西安财经学院学报》2007年第3期。

④ 功能性监管的概念是由哈佛商学院教授罗伯特·默顿最先提出的,是指基于金融体系基本功能而设计的更具连续性和一致性,并能够实施跨产品、跨机构、跨市场协调的监管。在这一监管框架下,政府公共政策关注的是金融机构的业务活动及其所能发挥的功能,而不是金融机构的名称。其目的是要在功能给定的情况下,寻找能够最有效地实现既定功能的制度结构。

止,我国仍未明确未来金融综合经营的模式选择,部分银行机构的跨业业务,如保险、基金管理,是通过股权投资的法人隔离模式实现的;也有部分跨业业务,如理财、债券承销,是在银行内部实现的。这种错综复杂的金融体系结构,使得金融监管协调与合作的难度更大,在完善监管体制的过程中,需要统筹配套考虑我国未来的金融体系结构性改革。其三,金融监管机构间的协作难度大。彼此之间还没有建立系统、完整、及时、高效的监管信息共享机制。监管信息共享、定期和不定期信息交换机制的缺失对金融安全与效率的影响突出。如果监管信息共享机制不能尽快建立,潜在的风险巨大。在系统性风险方面,金融监管机构目前主要还停留在信息和政策沟通的层面上,对高风险的具体处置缺乏清晰、高效的责任与协调机制。因此,在综合经营情况下,金融风险会跨行业、跨市场、跨机构传染,易于引发区域性和系统性金融危机。据此,如何在责任清晰、协调高效的监管合作基础上,构建在综合经营、复杂金融环境中的危机金融机构处置机制,对于阻断危机传染和维护资本市场信心意义重大。[1] 而功能监管对解决上述问题具有很好的效果。功能监管协调性高,监管中发现问题能够得到及时处理和解决;功能监管更能对金融机构资产组合总体风险作出判断,可以更有效、更及时地防范金融风险;功能监管可以避免重复和交叉监管现象的出现,为金融机构创造公平竞争的市场环境;功能监管更利于促进我国的金融创新,因而功能监管体制更能适应目前日趋向混业经营发展对金融监管体制提出的要求,是我国金融改革的必然选择。[2]

（二）差异化监管

在具体的监管中针对不同的市场、不同的投资者、不同的产品因在监管目标、监管规则、监管手段、监管处罚、监管资源等方面应当实行差异化。具体到上市公司分拆上市而言,也可根据分拆上市的不同阶段以及上市公司分拆上市本身的情况设置不同的监管目标、规则,采取不同的手段。

就监管目标而言:虽然资本市场的总体目标是放松管制、加强监管,但并不能一概而论。对于市场化程度高、运行较为成熟、诚信体系较为完善、风险程度较小的可以采取低门槛、松管制,放手让市场起决定性作用;对于市场化程度低、运行不太成熟、法律和诚信体系不完善、风险程度较大的,就不能完全放手,还应进行管制,设置较高的门槛,管在前面。因此,监管目标差异化就是要对不同情况在放松管制、加强监管,以及事前、事中、事后监管上有所差异。

就监管规则而言:可以根据监管对象和市场差异,制定差异化的监管规则。

① 王兆星:《机构监管与功能监管》,《中国金融》2015 年 2 月 2 日。
② 齐亚莉、伍军:《功能性监管:现代金融发展的必然选择》,《金融理论探索》2005 年第 4 期。

以上市公司分拆上市的信息披露监管规则为例,上市公司分拆上市的质量是差异化信息披露规则的衡量标准。上市公司分拆上市母子公司的优劣好坏决定了信息披露差异化。优质的上市公司理应放松管制和适当监管,而劣质上市公司理应加强管制、加强监管。在上市公司分拆上市中所涉及的信息披露方面也应遵循这样的原则,对好的上市公司,有的可以不披露、简单披露和非重点披露,而对于不好的上市公司分拆上市,则要尽量披露、详细披露和重点披露,从而体现不同的上市公司分拆上市或者出现不同情况的同一类的上市公司的分拆上市在信息披露方面的差异化。①

就监管手段而言:可根据监管中出现的不同的情况,采取不同的监管手段。对上市公司分拆上市信息披露监管,可以构建差异化信息披露的等级制度。将绩优、一般、绩差的上市公司分拆上市进行分类划分等级,②还可以根据分拆的上市公司所处的不同的行业,建立信息披露的行业监管;对证券中介机构,可以采取分类监管;③对不同分拆上市所形成的模式也可采取不同的监管手段④。

三、分拆上市的监管要点

允许上市公司分拆上市,当务之急就是积极制定境内分拆上市的有关规定。监管者要通过制度和规则对上市公司分拆行为进行严格监管,平衡好效率与公平所要解决两个问题,即哪些上市公司分拆上市是有效的,以及如何保护利益相关者的合法权益不受侵害。考察我国资本市场的现状,借鉴境外市场的成熟经验,笔者认为,构建上市公司分拆上市的监管制度应该特别关注以下几个方面。

(一)明确企业分拆上市的限制性标准

由于分拆上市势必会对企业本身及利益相关者乃至资本市场产生重大影响,而且并非每一个上市公司的各项资源和条件都适合分拆,因此,要科学设置上市公司分拆上市的资格条件,明确分拆上市的限制性标准。

---

① 徐聪:《试论我国上市公司差异化信息披露制度之构建》,张育军、徐明主编:《证券法苑》第4卷,法律出版社2011年版,第340—341页。
② 徐聪:《试论上市公司信息披露差异化》,《证券市场导报》2011年第7期。
③ 中国证监会《证券公司分类监管规定》,对证券公司建立了包括资本充足、公司治理与合规管理、动态风险监控、信息系统安全、客户权益保护、信息披露等在内的不同评价指标和体系。并以此采取不同监管措施。
④ 实际上,沪深交易所在其债券市场的监管中,对公司债券也采取了差异化的监管手段,建立了类似分类监管和等级监管制度。即根据公司债券具体的资信等级及其他指标的差异情况建立等级制度,对其发行上市交易的投资者范围和交易平台实行差异化管理。2010年11月2日,沪深交易所分别发布了《关于修订上海证券交易所公司债券上市规则的通知》《关于修订公司债券发行、上市、交易有关事宜的通知》和《深圳证券交易所公司债券上市规则》。两个交易所本次对公司债券相关规则的修订主要包括,明确对上市债券实行分类管理及具体的分类标准、不同交易平台的安排等内容。

2004 年 8 月 20 日中国证监会颁布的《关于规范境内上市公司所属企业到境外上市的有关问题的通知》对上市公司分拆上市的资格条件作了规定①。此外,2010年 4 月召开的创业板发行监管业务情况沟通会传出消息,证监会已允许境内上市公司分拆子公司到创业板上市,但需满足 6 个条件:上市公司公开募集资金未投向发行人业务;上市公司最近 3 年盈利,业务经营正常;上市公司与发行人不存在同业竞争且出具未来不竞争承诺,上市公司及发行人的股东或实际控制人与发行人之间不存在严重关联交易;发行人净利润占上市公司净利润不超过 50%;发行人净资产占上市公司净资产不超过 30%;上市公司及下属企业董事、监事、高管及亲属持有发行人发行前股份不超过 10%。从上述规定及对分拆上市的条件看,主要规定了三种情况:其一,必须满足一定的财务指标,这是分拆上市的主要条件;其二,同业竞争、关联交易、资金资产占用的禁止和资产、财务的独立;其三,关联人员的约束。笔者以为,在我国目前市场条件下,放开上市公司分拆上市仅仅规定上述条件还不够,应该有更为严格的限制性标准,必须对分拆上市需要处理的业务、资产、负债、人员,以及母公司分拆之后的资产、盈利能力、母子公司的业务依赖程度、子公司的股份分配方式等设定明确的标准,并可以考虑针对不同类型的分拆模式,分别设定具有针对性的条件和要求。至少可以增加以下内容:① 要对分拆后母公司的剩余业务及盈利要求作出规定。现有规定仅考虑业务分拆上市前的财务条件,容易造成为分拆而造假。必须规定,在新公司上市后,母公司保留有足够的业务运作及相当价值的资产,以支持母公司分拆后持续的上市地位。即母公司除保留其在新公司的权益外,自己亦须保留有相当价值的资产及足够业务的运作(不包括其在新公司的权益),以独立地符合上市规则的规定。② 要对分拆的业务提出要求,将主要业务分拆还是将次要业务分拆要做不同的规定。不能接纳以一项业务(新公司的业务)支持两个上市公司(母公司及新公司)的情况;还可以规定母子公司所属行业不同且均为国家重点鼓励行业,母子公司业绩优良,且双方业务发展到一定规模而确有必要对子公司进行分拆上市,避免单纯为了在二级市场高价减持为目的而分拆上市等。

① 该通知第 2 条规定了上市公司所属企业到境外上市的 8 个条件,即"1. 上市公司在最近三年连续盈利;2. 上市公司最近三个会计年度内发行股份及募集资金投向的业务和资产不得作为对所属企业的出资申请境外上市;3. 上市公司最近一个会计年度合并报表按权益享有的所属企业净资产利润不得超过上市公司合并报表净利润 50%;4. 上市公司最近一个会计年度合并报表中按权益享有的所属企业净资产不得超过上市公司合并报表净资产的 30%;5. 上市公司与所属企业不存在同业竞争,且资产、财务独立,经理人员不存在交叉任职;6. 上市公司与所属企业董事、高级管理人员及其关联人员持有所属企业的股份,不得超过所属企业到境外上市前总股本的 10%;7. 上市公司不存在资金、资产被具有实际控制权的个人、法人或其他组织及其关联人占用的情形,或其他损害公司利益的重大关联交易;8. 上市公司最近三年无重大违法违规行为。"

（二）规范分拆上市的运作程序

上市公司分拆上市对上市公司意义重大。在上市公司的相关当事人中，强势地位的一方由于和其他利益相关方的利益并不完全一致，往往会利用自己的优势地位做出有损中小股东、债权人、公司员工等弱势一方利益的决定。因此，在分拆上市过程中，要特别关注上市公司分拆上市的程序正义，对分拆上市过程中可能存在较大风险的环节加以规范和控制，明确决策程序和申请程序，充分体现对股东和投资者权益的保护。重点要抓以下几个环节：① 要建立类别股东表决制度。借鉴我国股权分置改革的成功经验，对涉及到可能损害中小股东等相关利害关系人的事项，要让他们充分主张权利、发表相关意见。在上市公司分拆子公司上市时，对涉及到控股股东、董事、高级管理人员股权激励等自身利益的事项，在股东大会通过的基础上，还应进行类别股东表决，即由社会公众股东[①]对涉及事项表决，由社会公众股东半数以上甚至 2/3 以上同意的，方能通过实施。② 发挥独立董事和相关专家作用。如何正确评估公司分拆时的营业或资产转让时的市场价格及计算母公司对子公司股份交换比例，是全体股东最为关心的问题，然而由于中小股东处于公司经营管理的边缘，与大股东、董事、高级管理人员所掌握的信息可能存在严重的不对称，对于分拆的资产和营业情况的真实性及股份交换比例的合理性缺乏足够的认知，因此有必要发挥独立董事作用以及听取第三方专家的意见，让公司独立董事或者第三方专家介入其中，以专业技能发表独立意见，提出合理分配建议，保障中小股东和相关利益方的权益不受侵害。③ 异议股东现金选择权，即异议股东股份收买请求权。这一权利是指当公司股东不同意公司进行某一重大基础性变更行为时，依法给予异议股东得请求公司以公平价格购买其所持股份的权利，从而赋予中小股东简便直接的救济方法，使其利益得到保障。这种安排是"对少数股东的保护与维护公司正常经营之间、多数股东的整体利益与少数股东的个别利益，公司的长远利益与部分股东的现实利益之间的一种平衡和协调"。[②] ④ 关注弱势相关利益者的其他权利，比如表决权、提案权、质询权、知情权、损害赔偿请求权等。

（三）重视利益相关者的权益保护

由于分拆上市涉及母公司资产的变化，对母公司股东及债权人的利益有较大影响，特别是中小股东的利益保护问题需要通过制度性安排加以明确。事实上，规范分拆上市的程序是与利益相关者的权益保护是密不可分的。除上述通过特别表

---

① 社会公众股东，是指除了以下股东之外的上市公司其他股东：（1）持有上市公司 10% 以上的股东及一致行动人；（2）上市公司的董事、监事、高级管理人员及其关联人。参见《上海证券交易所股票上市规则》《深圳证券交易所股票上市规则》。

② 焦津洪：《论持异议股东的股份评估及补偿权》，《国际商法论丛》第 4 卷，法律出版社 2002 年版，第 5 页。

决规则、赋予异议股东股份回购请求权等外,还要关注以下几个方面:① 要关注上市公司大股东、董事、经理人的信义义务。在现代公司中,几乎所有的一方当事人允诺另一方当事人履行某种义务的关系中,都会产生代理问题。实践中,股东和董事、经理人之间会产生代理问题,控股股东和中小股东之间,股东和债权人之间,甚至在股东和职工之间也会生产代理问题。在正常情况下,代理人会为了公司的利益和被代理人的利益从事相关工作,不会做出不利于被代理人利益的行为。但是,由于存在利益冲突的可能性,在股东与经营者的被代理与代理关系中,作为代理人的董事、经理人等经营者一旦"认为追求股东利益最大化可能侵害或威胁到其自身利益,或者当其不再满足于现状时,那么就完全有可能为了自身利益而违背代理职责"①。在控股股东与中小股东的被代理与代理关系中,当控股股东和中小股东的利益不一致时,公司经营权一旦落入控股股东,就对中小股东相当不利。同样,在股东和债权人、股东和职工的被代理与代理关系中,股东也完全可以做出不利于后者的行为。② 因此,监管者要特别注意大股东、董事、经理人的信义义务,为公司、公司全体股东及利益相关者尽注意义务和忠实义务。② 要加强对债权人的保护。比起对中小股东保护的关注,除了我国《公司法》第 20 条规定的公司法人人格否认制度对公司债权人有所保护外,上市公司分拆上市过程中对债权人的保护方面相对薄弱,③债权人很难通过股东大会、类别股东大会、股东各种权利的行使,实现或者保护自己的合法权益。因此,有必要加强对债权人的特殊保护,在上市公司分拆上市所涉纠纷时,可以引进"衡平居次"的法律制度。这一法律制度是美国法院在审理子公司破产案件时,对母公司的债权于特定情形下进行劣后处理的法律制度,它是指"如果母子公司之间存在控制关系,并且母公司基于不符合营业常规的经营或者交易行为而对子公司享有债权,那么当子公司破产或者申请重整时,母公司对子公司所享有债权应当劣后于子公司其他债权人受到偿还"④。"衡平居次"制度充分考虑了母公司债权的特殊性,规定了债权平等的例外,可以有效防止母公司股东滥用控制权侵害债权人合法权益。③ 要加强对违法违规的监管力度。建立具体的监管措施和处罚措施,重点加强对分拆上市中的利益输送、掏空公司、关联交易、内幕交易、权利滥用、市场炒作等违法违规行为的监管;还要加强事后监管,即

---

① 葛伟军:《英国公司法:原理与判例》,中国法制出版社 2007 年版,第 239 页。
② 车传波:《公司分立法律问题探析》,《东岳论丛》2010 年第 11 期,第 172 页。
③ 相关国家法律为了保护债权人利益在公司分拆时赋予其异议权,即债权人有权对公司分拆提出异议,债权人提出异议时,公司应进行清偿或提高相应担保,如日本《公司法》第 789 条。反观我国《公司法》于 2005 年修改后,取消了公司分立中的债权人异议权。有学者认为,公司法作这样的变更,是考虑程序效率,并给与当事人更多的自治空间。参见:张民安、左传卫主编:《公司法》(第 2 版),中山大学出版社,2007 年版,第 297 页。
④ 朱慈蕴:《公司法人人格否认法理研究》,法律出版社 1998 年版,第 286 页。

监管机构应加强对分拆上市后的公司治理、独立性、规范运作等情形的持续监管，避免或减少由于利益输送和不公允的关联交易所带来的负面影响。

（四）强化分拆上市信息披露的监管

要特别关注上市公司分拆上市的信息披露，阳光操作分拆上市。对上市公司分拆上市的信息披露作出更严格的规定。监管层针对分拆上市应当制定专门的信息披露规则，就分拆协议、财务顾问报告、独立董事意见，以及拟分拆业务与母公司主营业务之间的关联程度等信息的披露要求、披露程序和披露方式作出规定；同时，强调上市公司是分拆上市信息披露的法定义务人和第一责任人，中介机构是保证义务人和责任人的角色，强化连带责任制度。要处理好分拆上市过程中的母公司停牌—披露—复牌环节和过程，用好阶段式停牌手段；要特别关注子公司公开发售股票各个阶段的信息披露。母公司在分拆子公司上市以及子公司在股票公开发售过程中，操作要公开、透明，所做的信息披露要真实、准确、完整、及时；所披露的文件要齐备、一致、简单、明了，具有可理解性。

作为境内资本市场上的新问题，上市公司分拆上市制度的创建离不开《公司法》《证券法》这两个基本法律的支持，也需要具体的制度创新和监管部门的严格监管。对此问题的解决不但要将着眼点放在分拆上市本身，还应该运用联系的、整体的、全局的眼光看待问题和解决问题。综观发达国家和地区的监管情况，大多将分拆上市看成是公司重组的一种模式，没有制定专门的法规，而是将该制度纳入到整个公司法和证券法中，仅就上市公司分拆上市的特殊情况作出规定。就我国而言，上市公司分拆上市制度的建立需要系统地考虑，除了上市公司分拆上市需要具体规则外，还要着眼于上市公司分拆上市的整个过程，联系与其紧密相关的其他法律制度和监管措施，通过完善相关的法律制度和监管措施构建起上市公司分拆上市完整制度，切实使上市公司分拆上市发挥应有的效率，同时又能真正保护利益相关者的合法权益，做到公平与效率共赢。

参 考 文 献

一、学位论文类

① 周昊:《国有企业分拆上市的法律分析》,中国政法大学博士论文,2005年4月。

② 陈俐茹:《从利害关系人视野解析公司分立》,中国政法大学博士研究生论文,2006年4月。

③ 苏永三:《公司分立制度研究》,中国政法大学博士学位论文,2005年5月。

④ 陈英骅:《公司法分立的法律规制》,西南政法大学博士学位论文,2014年4月。

⑤ 左海峰:《我国优先股表决机制研究》,安徽大学硕士研究生论文,2017年5月。

⑥ 王晶:《公司分立的界定研究》,华东政法大学硕士论文,2015年4月。

⑦ 李超:《同仁堂科技分拆上市案例分析》,辽宁大学硕士论文,2013年4月。

⑧ 许昂:《论公司分立行为的界定》,华东政法大学硕士论文,2015年4月。

⑨ 张玉芳:《论分拆上市中小股东权益的法律保护机制》,对外经贸大学硕士论文,2011年5月。

⑩ 李海燕:《建立我国类别股东制度的构思》,吉林大学博士论文,2014年4月。

⑪ 宋燕:《我国上市公司分拆上市法律问题研究》,吉林大学硕士论文,2010年4月。

⑫ 蔡姗姗:《公司分立若干法律问题研究》,上海社会科学院硕士论文,2013年4月。

⑬ 李娜:《上市公司分拆上市的法律思考》,对外经济贸易大学硕士论文,2011年5月。

⑭ 向姗姗:《公司分立司法界定法律问题研究》,贵州民族大学硕士论文,2017年6月。

⑮ 李昂:《企业分拆上市研究》,对外经济贸易大学硕士论文,2015年5月。

⑯ 刘钰蓉:《国美电器分拆上市成功案例分析》,辽宁大学硕士论文,2016年4月。

⑰ 赵秘秘：《用友分拆畅捷通香港上市的财务效应研究》，安徽工业大学硕士论文，2016 年 1 月。

⑱ 徐新宇：《康恩贝分拆佐力药业案例研究》，吉林财经大学硕士论文，2016 年 5 月。

⑲ 苏瑜：《公司分立的债权人利益保护研究》，山东财经大学硕士论文，2016 年 5 月。

⑳ 李小娟：《分拆上市引发敌意收购风险的法律防范》，华东政法大学硕士论文，2011 年 6 月。

㉑ 余海宗：《分拆上市对公司绩效的影响》，西南财经大学硕士论文，2013 年 4 月。

㉒ 唐青：《分拆上市对公司经营绩效的影响》，浙江大学硕士论文，2011 年 6 月。

㉓ 赵敏：《分拆上市经济动因的实证研究》，南京理工大学硕士论文，2004 年 6 月。

㉔ 徐磊：《公司分立中劳动者利益的保护研究》，苏州大学硕士论文，2013 年 4 月。

㉕ 李瑾：《公司分立中的债权人利益保护研究》，大连理工大学硕士论文，2016 年 6 月。

㉖ 李晓梅：《公司分立与债券人保护的法律问题研究》，北京理工大学硕士论文，2005 年 6 月。

㉗ 陈国红：《公司分立的债权人利益保护研究》，华东政法大学硕士论文，2016 年 4 月。

㉘ 辛思佳：《中海油分拆上市中海油服绩效研究》，财政部财政科学研究所硕士论文，2015 年 6 月。

㉙ 周理：《中央企业整体上市和分拆上市的比较分析》，首都经济贸易大学硕士论文，2009 年 3 月。

㉚ 赵俊：《整体上市与分拆上市都上市公司信息披露质量的影响》，财政部财政科学研究所硕士论文，2015 年 5 月。

㉛ 陈振南：《上市公司分拆上市法律问题研究》，对外经济贸易大学硕士论文，2011 年 4 月。

二、著作编著类

① 严洪：《上市公司整体上市与分拆上市财务战略研究》，中国金融出版社 2013 年版。

② 徐明、黄来纪：《新证券法解读》，上海社会科学院出版社 2005 年版。

③ 黄来纪、徐明：《新公司法解读》，上海社会科学院出版社 2005 年版。

④ 郭文英、徐明：《投资者》第 2 辑，法律出版社 2018 年版。

⑤ 郭文英、徐明：《投资者》第 3 辑,法律出版社 2018 年版。

⑥ 郭文英、徐明：《投资者权益知识读本》,法律出版社 2018 年版。

⑦ 黄红元、徐明：《证券法苑》,第 9 卷,法律出版社 2013 年版。

⑧ 陈甦：《证券法专题研究》,高等教育出版社 2006 年版。

⑨ 郑顺炎：《证券市场不当行为的法律实证》,中国政法大学出版社 2000 年版。

⑩ 徐明：《证券法律制度研究》,百家出版社 2002 年版。

⑪ 徐明、卢文道：《判例与原理：证券交易所自律管理司法介入比较研究》,北京大学出版社 2010 年版。

⑫ 卢文道：《证券交易所自律管理理论》,北京大学出版社 2008 年版。

⑬ 梁上上：《论股东表决权：以公司控制权争夺为中心展开》,法律出版社 2005 年版。

⑭ 张育军、徐明：《证券法苑》第 5 卷(中),法律出版社 2011 年版。

⑮ 徐明、李明良：《证券及期货市场诸问题研究》,百家出版社 2004 年版。

⑯ 何美欢：《公众公司及其股权证券》,北京大学出版社 1999 年版。

⑰ 徐明、李明良：《证券市场组织与行为的法律规范》,商务印书馆 2002 年版。

⑱ 张舫：《证券上的权利》,中国社会科学院出版社 1999 年版。

⑲ 吴弘：《证券法论》,世界图书出版社 1998 年版。

⑳ 张巍：《资本的规则》,中国法制出版社 2017 年版。

㉑ 罗培新：《公司法的合同解释》,北京大学出版社 2004 年版。

㉒ 郑尚元：《劳动合同法的制度与理念》,中国政法大学出版社 2008 年版。

㉓ 张民安：《公司法上的利益平衡》,北京大学出版社 2003 年版。

㉔ 卞耀武：《当代外国公司法》,法律出版社 1995 年版。

㉕ 王盼、程政举等：《审判独立与司法公正》,中国人民公安大学出版社 2002 年版。

㉖ 施天涛：《商法学》,法律出版社 2003 年版。

㉗ 洪艳蓉：《金融监管治理》,北京大学出版社 2017 年版。

㉘ 蒋大兴：《公司法的展开与批判》,法律出版社 2001 年版。

㉙ 史尚宽：《民法总论》,中国政法大学出版社 2000 年版。

㉚ 陈洁：《证券欺诈侵权损害赔偿研究》,北京大学出版社 2002 年版。

㉛ 陈洁：《证券民事赔偿制度的法律经济分析》,中国法制出版社 2004 年版。

㉜ 陈洁：《证券法》,社会科学文献出版社 2006 年版。

㉝ 陈洁：《证券法的变革与走向》,法律出版社 2011 年版。

㉞ 洪伟力：《证券监管：理论与实践》,上海财经大学出版社 2000 年版。

㉟ 罗结珍：《法国公司法典(上)》,中国法制出版社 2007 年版。

三、中文译著

① 〔美〕詹姆斯·B. 阿克波尔著,郑晓舟译:《如何在美国上市》,中国财政经济出版社 1998 年版。

② 〔英〕保罗·戴维斯、莎拉·沃辛顿著:《现代公司法原理》(上下册),罗培新等译,法律出版社 2016 年版。

③ 〔英〕哈耶克著:《自由秩序原理》,邓正来译,生活·读书·新知三联书店 1999 年版。

④ 中国证监会组织编译:《德国证券法律汇编》,法律出版社 2016 年版。

⑤ 〔美〕理查德·A. 波纳斯著:《正义/司法的经济学》,苏力译,中国政法大学出版社 2002 年版。

⑥ 〔日〕前田庸:《公司法入门》(第 12 版),王作全译,北京大学出版社 2013 年版。

⑦ 〔美〕罗伯特·C. 克拉克著:《公司法则》,胡平等译,工商出版社 1999 年版。

⑧ 〔韩〕李哲松著:《韩国公司法》,吴日焕译,中国政法大学出版社 2000 年版。

⑨ 〔美〕弗兰克·伊斯特布鲁克,丹尼尔·费希尔著:《公司法的经济结构》,张建伟、罗培新译,北京大学出版社 2005 年版。

⑩ 〔韩〕李哲松著:《韩国公司法》,吴日焕译,中国政法大学出版社 2000 年版。

⑪ 〔英〕凯瑟琳·巴纳德著:《欧盟劳动法》,付欣、郭捷译,中国法制出版社 2005 年版。

⑫ 〔德〕汉斯·布洛克斯、沃尔夫·迪特里希·瓦尔克著:《德国民法总论》,张艳、杨大可译,中国人民大学出版社 2012 年版。

⑬ 〔德〕托马斯·赛莱尔、吕迪格·法伊尔著:《德国合资公司法》,高旭军、单晓光、方晓敏等译,法律出版社 2005 年版。

⑭ 〔美〕阿瑟·奥肯:《平等与效率》,四川人民出版社 1998 年版。

四、期刊论文类

① 陈洁、徐聪:《上市公司分拆上市的利弊分析及监管要点》,《证券法苑》2017 年第 19 卷。

② 程茂军、徐聪:《投资者导向信息披露制度的法理与逻辑》,《证券市场导报》2015 年第 11 期。

③ 冯彦君:《劳动权的多重意蕴》,《当代法学》2004 年(第 18 卷)第 2 期。

④ 冯彦君:《公司分立与劳动权保障——我国应确立劳动契约继承制度》,《法学家》2005 年第 5 期。

⑤ 张颖杰、李松:《论我国分立制度之构建和完善》,《经济特区》2008 年 3 月。

⑥ 高耀清：《论公司分立中债权人利益保护》，《法制与社会》2015 年第 11 期。

⑦ 神作裕之：《日本公司法中的公司分立制度》，《清华法学》2015 年第 5 期。

⑧ 车传波：《公司分立法律问题探析》，《东岳论丛》2010 年第 11 期。

⑨ 王志诚：《论公司合并及其他变更营运政策之重大行为与少数股东股份收买请求权之行使》，《东吴法律学》1999 年版。

⑩ 王伟：《论异议股东股份回购请求权》，《中国法学文档》2005 年第 1 期。

⑪ 罗培新：《论股东平等及少数股股东之保护》，《宁夏大学学报（人文社会科学版）》（第 22 卷）2000 年第 1 期。

⑫ 焦津洪：《论对持少数股份股东的法律保护》，《中外法学》1995 年第 5 期。

⑬ 刘道远：《效率与公平：公司法制度涉及的价值选择》，《中国工商管理研究》2013 年第 12 期。

⑭ 汪青松：《论股份公司股东权利的分离》，《清华法学》2014 年第 2 期。

⑮ 邹开亮、汤印明：《论股东平等制度及中小股东权利之保护》，《江西社会科学》2006 年第 4 期。

⑯ 刘大红、张晓明、蒋银华：《类别股东表决制度研究》，《华南理工大学学报（社会科学版）》2005 年第 6 期。

⑰ 王红一：《论公司自治的实质》，《中山大学学报（社会科学版）》2002 年第 5 期。

⑱ 李园园：《上市公司分拆上市法律问题研究》，《证券市场导报》2009 年 3 月号。

⑲ 郭海星：《分拆上市相关研究综述》，《证券市场导报》2010 年 2 月号。

⑳ 李青原等：《分拆上市与股东价值创造》，《经济管理》2004 年第 4 期。

㉑ 念延辉：《我国创业板分拆上市问题探究》，《现代经济信息》2010 年第 16 期。

㉒ 毛蕴诗、许倩：《范围紧缩为特征的公司重构与我国企业战略重组》，《管理世界》2000 年第 5 期。

㉓ 王彦明、傅穹：《论公司转投资及其立法完善》，《吉林大学社会科学学报》1997 年第 5 期。

㉔ 朱大明：《分立公司方式的构建与选择——以中日公司法比较为中心》，《清华法学》2015 年第 5 期。

㉕ 朱大明：《上市公司分立中的法律问题研究》，《湖北社会科学》2015 年第 9 期。

㉖ 王正斌、洪安玲：《我国上市公司分拆行为的分析与思考》，《管理世界》2004 年第 5 期。

㉗ 季爱华：《上市公司分拆上市的深层次分析》，《经济研究参考》2005 年第 88 期。

㉘ 陈敏：《我国证券市场应用公司分立制度研究》，《法学论丛》2011 年第 9 期。

㉙ 王宗奇：《浅议上市公司的股东分类表决机制》，《法学杂志》2005 年第 4 期。

㉚ 杨正洪：《论流通股与非流通股分类表决制度的建立》，《金融法苑》2004年第1期。

㉛ 彭冰：《论公司分立行为的界定》，《证券法苑》2013年第9卷。

㉜ 凤建军：《防御视角下公司分立中的股东权益保护问题研究》，《商事论集》2011年第1期。

㉝ 公司监管一部：《上市公司分拆分立专题研究报告》。

㉞ 刘永泽等：《境内上市公司创业板分拆上市的价值创造机制》，《优论网·经济学·中国经济》。

㉟ 白慧林：《控制权在公司分立中的规制》，《前沿》2005年第5期。

㊱ 陈英华：《论公司分立在司法实践中的界定》，《杭州师范大学学报（社会科学版）》2004年第2期。

㊲ 张颖杰、李松：《论我国公司分立制度之构建和完善》，《经济特区》2008年第3期。

㊳ 念延辉：《我国创业板分拆上市问题探析》，《现代经济》2016年第16期。

㊴ 吴丹：《上市公司分拆上市财务战略研究》，《企业科技与发展》2001年第12期。

㊵ 贺丹：《上市公司分拆上市的差异性分析》，《证券市场导报》2009年3月号。

㊶ 季爱华：《上市公司分拆上市的深层次分析》，《经济研究参考》2005年第88期。

㊷ 张诗华：《上市公司分拆上市经济后果研究——来自佐力药业的案例研究》，《财会通讯》2013年第9期。

㊸ 周黎、赵亚男：《上市公司分拆上市研究——基于对同仁堂分拆上市的案例分析》，《财会通讯》2009年第7期。

㊹ 陈英骅：《公司分立动因论》，《浙江社会科学》2014年第4期。

㊺ 朱大明：《我国公司分立法制的现状与改革》，《商事法论集》2013年第1期。

㊻ 周子辉：《我国公司分立上市制度完善之我见——从东北高速分立上市引发的思考》，《内蒙古师范大学学报（哲学社会科学版）》2012年（第41卷）第3期。

㊼ 王正斌：《我国上市公司分拆行为的分析与思考》，《管理世界》2004年第5期。

㊽ 湛泳、李礼、唐如海：《我国上市公司分拆上市的市场反应研究——基于东北高速的案例分析》，《上海金融》2011年第11期。

㊾ 陈敏：《我国证券市场应用公司分立制度研究》，《理论界》2011年第9期。

㊿ 皮海洲：《现阶段不宜提倡分拆上市》，《武汉金融》2010年第5期。

51 田正大、袁钰菲：《上市公司分拆子公司境内上市之研究》，《上海证券交易所公司监管部研究报告》2010年5月。

㉜ 吴勇毅：《分拆上市：盛宴还是泡沫》，《新财经》2010 年第 6 期。

㉝ 王冉：《分拆上市的是非与价值》，《法人杂志》2009 年第 7 期。

㉞ 天亮：《分拆上市监管应堵疏相宜》，《董事会》2013 年第 3 期。

㉟ 韩涛：《分拆上市在我国的发展与价值创造效应：回顾与思考》，《商业会计》2014 年第 22 期。

㊱ 马其家：《公司分拆上市中中小股东权益保护研究》，《社会科学战线》2011 年第 10 期。

㊲ 杨正洪：《论流通股与非流通股分类表决制度的建立》，《金融法苑》2004 年第 1 期。

㊳ 王宗奇：《浅议上市公司的股东分类表决机制》，《法学杂志》2005 年第 4 期。

㊴ 赵立彬：《分立、公司治理与市场反应——东北高速公路股份有限公司案例研究》，《华东经济管理》2011 年第 11 期。

㊵ 孟继超：《公司分立中债权人利益保护研究》，《哈尔滨学院学报》2012 年第 1 期。

五、各国分拆上市法律汇总资料

（一）中国大陆分拆上市的相关法规出处

1.《关于规范境内上市公司所属企业到境外上市有关问题的通知》（证监发〔2004〕67 号）第 2 条，中国证监会，2004 年 7 月 21 日。

2.《证监会发行上市部关于 IPO 财务会计若干问题的处理意见征求意见稿的通知》第 8 条，中国证监会，2011 年 9 月 13 日。

3.《证监会不鼓励分拆子公司创业板上市》第 3 段，文华财经，2010 年 11 月 18 日，参考文献网址：http://finance. sina. com. cn/stock/newstock/cyb/20101118/08208971089. shtml.

（二）香港分拆上市的相关法规出处

香港联合交易所《主板上市规则》第 15 项应用指引《有关发行人呈交的将其现有集团全部或部分资产或业务在本交易所或其他地方分拆独立上市的指引》，香港联合交易所官网，2013 年 1 月 1 日最新修订，相关法规网址：http://sc. hkex. com. hk/TuniS/cn-rules. hkex. com. hk/tr/chi/browse. php? root＝9c57f7926b6816a1128d8eae33bffb73&id＝8782&type＝0.

（三）台湾地区分拆上市的相关法规出处

1.“台湾证券交易所股份有限公司有价证券上市审查准则”第 19 条，台湾证券交易所官网，2018 年 7 月 9 日最新修订，相关法规网址：http://twse-regulation.

twse. com. tw/TW/law/DAT0201. aspx？ FLCODE＝FL007326.

2. "台湾证券交易所股份有限公司营业细则"第 53－18 至 53－27 条,台湾证券交易所官网,2018 年 12 月 24 日最新修订,相关法规网址：http://twse-regulation. twse. com. tw/TW/law/DAT0201. aspx？ FLCODE＝FL007304.

（四）美国分拆上市的相关法规出处

1. SEC V. Datronics Engineers Inc. ，490 F. 2d 250（4th Cir. 1973），cert. denied 416 U. S. 937（1974）,原版案例下载于 Lexis Nexis 法律数据库。

2. SEC V. Harwyn Industries，326 F. Supp 943（S. D. N. Y. 1971）,原版案例下载于 LexisNexis 法律数据库。

3. 《Staff Legal Bulletin No. 4》（中文名：美国证券交易委员会关于公司分拆的第四号公报）,美国证券交易委员会官网,1997 年 9 月 16 日,原版资料的网址：https://www. sec. gov/interps/legal/slbcf4. txt.

4. 《Spin-off Guide》（中文名：美国分拆业务指导）,Wachtell, Lipton, Rosen & Katz 律师事务所出版,2016 年 3 月,原版资料下载于 Thomson Reuters Practical Law 数据库。

5. 《Internal Revenue Code》（中文名：美国国内税收法规）第 355 部分股份分拆,2018 年 3 月 23 日最新修订,网址：https://irc. bloombergtax. com/public/uscode/doc/irc/section_355.

6. 《美国 1933 年证券法》第 5 条,《美国法典注释》15 § 77e,原版法规参见 Westlaw 法律数据库。

7. 《美国 1933 年证券法》第 144 条,《联邦法典》17 § 230. 144,原版法规参见 Westlaw 法律数据库。

8. 《纽约证券交易所上市公司规则》,纽约证券交易所官网,相关规则的网址：http://wallstreet. cch. com/LCM/.

9. 《关于同意修改纽约证券交易所上市公司规则》第 303A 条款《关于首次公开发行或通过分拆方式上市提供一年过渡期以满足 303A. 07(c)条款下内部审计要求的命令》,美国证券交易委员会发布（发布号：34－70246,文件号：SR-NYSE-2013-40）,2013 年 8 月 22 日,纽约证券交易所官网,相关法规的网址：https://www. nyse. com/publicdocs/nyse/markets/nyse/rule-filings/sec-approvals/2013/(SR-NYSE-2013-40)％2034-70246. pdf.

（五）日本分拆上市的相关法规出处

1. 王作全译,《新订日本公司法典》第五编关于公司分立、股份交换及股份转让,北京大学出版社 2016 年版。

2.《证券上市规则》第2条、第201条、第208条、第209条、第212条、第216条、第403条、第801条,东京股票交易所发布,2018年6月1日最新修订,日本交易所集团官网,原版法规的网址:https://www. jpx. co. jp/english/rules-participants/rules/regulations/tvdivq0000001vyt-att/securities _ listing _ regulations_[rule1-826]_20180601. pdf.

3.《上市审核指南》第3条、第5条、第6条、第8条、第10条、第13条、第Ⅲ-2部分第4项第4(a)款,东京股票交易所发布,2015年5月1日最新修订,日本交易所集团官网,原版法规的网址:https://www. jpx. co. jp/english/rules-participants/rules/regulations/tvdivq0000001vyt-att/listing _ examination _ guidelines_20150501. pdf.

4.《证券上市执行条例》第204条、第212条,东京股票交易所发布,2018年5月1日最新修订,日本交易所集团官网,原版法规的网址:https://www. jpx. co. jp/english/rules-participants/rules/regulations/tvdivq0000001vyt-att/enforcement_rules_securities_listing_regulations_[rule1-822]_20180501. pdf.

(六) 英国分拆上市的相关法规出处

1. 葛伟军译,《英国2006年公司法(2012年修订译本)》第27部分第3章关于公司分立,法律出版社2012年版。

2. 中国证监会组织编译,《英国2000年金融服务与市场法》第六部分第72-103条,法律出版社2014年版。

3.《英国上市规则》第6. 4条、第9. 2. 20条、第10. 2. 8条、第10. 5条、第13. 5. 1条,2018年12月20日最新修订,英国金融行为监管局官网,相关法规的网址:https://www. handbook. fca. org. uk/handbook/LR. pdf.

4.《伦敦股票交易所上市申请及披露标准》,2018年10月1日,伦敦股票交易所官网,相关资料的网址:https://www. londonstockexchange. com/companies-and-advisors/main-market/documents/admission-and-disclosure-standards-new2018. pdf.

六、外文资料

① The Choice of Going Public:Spin-offs VS. Care-outs. Financial Management,Vol. 24,No. 3,Autumn 1995.

② Chintal A. Desai,Mark S,Sattar A. Mansi:On tuhe Acquisition of Equity Carve-Outs. This version:May 24,2011. Published in 35 Journal of Banking and Finance (2011).

③ Nancy Stempin: The Impact of Financial Statements For SEC Spin-Offs Entities On The Market's Ability To Anticipate Feture Earnings. Georgia State University ScholarWorks@Georgia State Universty.

④ Guide Concerning Listing Examination, etc. (as of may. 2015) Tokyo Stock Exchange. Inc.

⑤ Securities Listing Regulations (Rule 1 througu Rule 826) (as of Novermber 4, 2016), Tokyo Stock Exchange. Inc.

⑥ Enforcement Rule for Securities Listing Regulations (Rule 1 througu Rule 822) (as o June 3, 2016), Tokyo Stock Exchange. Inc.

⑦ Wachtell, Lipton, Rosen & Katz: Spin-Off Guide. March 2016.

⑧ James k Seward. James p Walsh: The Governace and Control of Volutary Corporate Spin-offs. Strategic Manangement Joural Vol. 17 (1996).

⑨ Joongi Kim: Recent Amendments to The Korean Commercial Code and Their Effects on Internatioal.

⑩ Competition. University of Pennsylvania Journal of International Economia Law Summer 2000.

⑪ The Risks and Rewards of Spin-offs, Equity ..., Jan/Feb 2001. 2001 WL. 36588961, Corporate Finance Rewiev.

⑫ Returns Related To Equity Carve-Outs, Jul/Aug 2001.

⑬ WGL-Corpfinr (2001). 2001 WL. 36588977, Corporate Finance Rewiev.

⑭ Shipper and Fmith: A comparison of equity carveouts and seasoned equity offerings: share price effects and corporate restructuring [J]. Journal of Financial Economics, 1986, 15(1/2).

⑮ Vijh: long-term retunms from equtycarveouts [J]. Joural of Financial Economics, 1999, (51).

⑯ Comment and aJarrell: Corporatediverstiture [J]. Journal of Financial Economics, 1995, 37.

⑰ Allen and McConnell: Equity careouts and managerial discretion [J]. Journal of Finance, 1998, 53(2).

⑱ Baker and Wurgler: Market timing anda capital structure [J]. Journal of Finance, 2002, 57(1).

⑲ Nanda: On the good news in equity careve-outs [J]. Journal of Finance, 1991, 46(5).

⑳ Aron: Using the capital martek as a monitor: Corporate spinoffs in an agence framework [J]. RAND Journal of Economics, 1991, 22(4).

㉑ Sten: Internal capital markets and the competition for corporate resources [J]. Journal of Finance, 1997, 52(1).

㉒ Williamson: Markets and Hierachies: Analysis and Antitrust Inpications [M]. The Free Press, 1975, New York.

㉓ Hubourt: Equity carve-outs and changes in corporate control [J]. The journal of Applied Business Research, 2003, 19(1).

㉔ West & Tinie: *On the Differences between Internal and External Efficienecy*, Financial Analysts Journal. Nov. /Dec. , 1975.

㉕ Fana, Eugen: *The Behavior of Stock Market Prices*, Journal of Business January 1995. Fana, Eugen: *Efficient Capital Market: A review of Theory and Emprical Work*, Journal of Finanace, May 1970.

㉖ Hersh Shefrin and Meir Statman: *Ethics, fairness and Efficency in Financial Markets*, Financial Analyss Journal, Nov-Dec. 1993.

㉗ Black's Law Dictionary, 8th ed 2004.

㉘ Robert W. Hamilton: The Law of Corporatipns.

㉙ Baker and Wurgler: Marker timing anda capital structure [J]. Journal of Finance, 2002, 57(1).

㉚ Myers and Majluf: Corporate financing and inverstment decisions when firms have imformation that inverstors do not have [J]. Journal of Financial Economics, 1984, 13(2).

㉛ Hulburt Equity Carve-outs and Changes in Coporate Control [J]. Journal of Applied Business Resarch, 1996, 51(4).

㉜ Schipper and Smith: A corporison of equity carve-outs and seasoned equity offerings: share price effects and corporate restructuring [J]. Journal of Financial Economics, 1986, 15(1/2).

㉝ Comment and Jarrell: Corporate Focus and Stock Returns [J]. Journal of Financial Economics, 1995(37).

㉞ Stapleton, Subrahmanyam: Market Imperfections, Capital Market Equilibruim and Corporat Finance Journal of Finance, 1997, (32).

㉟ Amihud, Mendelson: Asset Pricing and the Bid-ask Spread. Joumnal of financial ecnomic, 1986, (17).

㉟ Stulz：Globalization Corporate Finacnce and the Cost of Capital［J］Joumal of Appli Corporate Finance，1999，(12).

㊲ G. William Schwert：Markup Pricing in Mergers and Acquisitions，41 J. Fin. Econ. 153，199.

索　引

后　记

2019 年 2 月 5 日,猪年悄然而至。或许是一种巧合,当新年的钟声敲响之际,我的博士论文初稿也就此搁笔了! 伴随着新年的鞭炮声和祝福声,我的论文如呱呱坠地新生儿的诞生,令我兴奋、激动,感慨万千! 无数个不眠之夜,漫漫的聚思凝想,一幕幕求学、笔耕的场景历历在目!

三年前,我跨入中国社科院法学所的大门,1 000 多个日日夜夜,作为一个异地且在职的学生,我身兼学习与工作两职,在上海和北京两城市之间往返穿梭,一路走来充满了激情也充满了艰辛! 投资银行的工作是辛苦的,高压而繁杂,是一个既要满足各方项目客户无序需求,又必须充分展示投行专业素养与能力的苦差,常常一出差就身不由己天南海北地飞,时间被工作切割得鸡零狗碎,能完整而系统地学习和写论文实属奢侈。幸运的是,这份工作恰恰有机会让我接触到了证券市场大量的企业并购重组的案例,也激发了我宝贵的学习及写作论文的灵感,尤其让我深切感受到了与企业并购重组同样重要的上市公司分拆上市,在我国极具广阔前景。经过初步梳理与分析,我发现在上市公司分拆问题上,法律法规并不完善,学者的研究也不系统,尤其是涉及我国上市公司分拆上市的法律制度及研究更是欠缺。这一现状,激发了我对上市公司分拆上市法律制度研究的强烈兴趣,也坚定了我将上市公司分拆上市法律制度研究作为博士论文并由此深度钻研的初衷,并且,这一想法也得到了我的导师陈洁教授的肯定与支持。

论文完稿,初释重负,但时光飞逝,我也将面临毕业暂别母校,然而母校——中国社科院研究生院在心目中的分量却越来越重! 她位于北京远郊的良乡,这里远离市中心的喧嚣,交通并不便捷,校园不大,学生也有限,不如通常大学校园那种热闹、生机勃发的景象。然而,正是这难得的宁静平和,人在其中也少了一些杂念与浮躁,专心读书、潜心学问也就顺理成章、水到渠成了。与我而言,虽无法像全日制的同学那样一年四季在校园里生活学习,但也尽最大努力在校园里求师问教,上课、读书做学问，尽享校园生活学习的乐趣！几年来，良乡校区在我心目中变得神圣而不可或缺，那里有给我知识、教我做人的老师，那里有互帮互助、携手同行的同学——师兄师弟、师姐师妹！

在攻读博士学位的三年多时间里，我的恩师陈洁教授，以极其严谨的治学态度，影响、鞭策着我不断提高自己的学术水平。陈洁老师不但外表优雅美丽、气质不凡，更是以治学严谨、学术高深著称，做学问严肃认真、对学术敏锐执着、对弟子要求严格。我的博士论文更是凝集着老师的大量心血，大到研究思路、论文结构、写作提纲、论证角度、核心观点等重大问题，小到标题拟定、目录摘要、文章注解、参考书目、遣词造句等，陈洁老师花费了大量的时间给我提出具体的修改及指导意见。我写作过程就是被陈洁老师不断教导点拨的过程。当我遇到一些重大问题和理论瓶颈时，陈洁老师总能孜孜不倦地和我反复讨论，使我思路清晰明了起来。没有陈洁老师的严格要求和悉心指导，便不会有本书的顺利完成，更不会有围绕此题目的若干论文在核心期刊上发表。应该说，读博期间我的所有的成长和进步都与老师悉心教导培养息息相关。在此，我衷心感谢陈洁老师对我的悉心栽培，一日为师终身为母！

中国社科院法学所商法室是学术成果丰硕的研究室，更是一个充满温暖的大家庭。在陈洁老师带领下，商法室的发展与收获有目共睹。《商法界》公众号和众多师长的论文著作都给了我丰富的学术营养。商法室的每一位老师也都给了我很多帮助，尤其是尊敬的陈甦教授，在我博士生涯中起到了举足轻重的作用！除了老师们的培养，法学所同学们之间共同学习与相互的帮助也令我难以忘怀，同学之间对课程及学术的研讨也同样对我论文的写作深有启发；还有热情睿智的杨文尧天等同学，在这些年里给了我许多无私的帮助，经常与我分享专业知识与见解。一日同窗，终生难忘！

在此，还要衷心感谢投服中心行权事务部的高级经理闫婧女士，在外文资料收集方面给了我极大的帮助；感谢上海证券交易所科创板审核中心的王升义博士、法律部的陈亦聪博士、谭婧博士、武俊桥博士，巡回审理协作部的吴明晖副总监，感谢他们在我写作过程中所提供的各种支持帮助！

最后，我要郑重地感谢我的父母。我的父亲徐明博士，是证券市场的一名老兵，是法律专家，也是一名资深的博士生导师。我是幸运的，近水楼台先得月，亦师亦友的父亲像对待自己的博士生一样，对我耐心而严谨地启发和引领，和我深度地研讨，关注我写作的全过程。父爱如山，我和我的著作，同样都是我父亲此生最为珍视的作品！我的母亲郭溧鸣女士曾在高校从事法学教育，又长期从事证券实务工作，因此，也常常参与我的论文的讨论，给予我许多宝贵的意见和建议。在我工作和学习需兼顾、论文写作紧张或茫然时,我的父母总是热情地安慰鼓励我,并全力为我做好相关服务支持工作。在此,我要向我的父母表达深深的敬意与谢意!

　　猪年第一天写完这篇后记已是凌晨,新的一天又开始了! 新年万象更新,在感谢所有帮助过我的师长、同学、亲朋好友们的同时,我也衷心地祝福大家,祝愿我的师长、至亲挚友们,新年快乐、诸事顺遂、吉祥幸福!

徐　聪

2019 年春节